KU-102-931

TOM
BIDDLE
C.

CURSO SUPERIOR DE ESPAÑOL

Ejercicios. Notas gramaticales. Textos

Clave de los ejercicios y vocabulario

CONCHA MORENO GARCIA

CURSO SUPERIOR DE ESPAÑOL

Ejercicios. Notas gramaticales. Textos
Clave de los ejercicios y vocabulario

DECIMA EDICION

MADRID, 1991

Primera edición, 1991 (SGEL)
Segunda edición, 1993
Tercera edición, 1994
Cuarta edición, 1995
Quinta edición, 1996
Sexta edición, 1997

Produce: SGEL - Educación
          Avda. Valdelaparra, 29 - 28108 ALCOBENDAS (MADRID)

© Concha Moreno García, 1991
© Sociedad General Española de Librería, S. A.
   Avda. Valdelaparra, 29 - 28108 ALCOBENDAS (MADRID)

ISBN: 84-7143-459-8
Depósito Legal: M. 5.062-1997
Impreso en España - Printed in Spain

Imprime: NUEVA IMPRENTA, S. A.
Encuaderna: F. MÉNDEZ

Estamos ante la décima edición del CURSO SUPERIOR DE ESPAÑOL, del que no quiero dejar de señalar, una vez más, las características.

Consta de dos partes:

1. En la primera, hay 35 unidades encabezadas por:

— títulos gramaticales: el subjuntivo, el estilo indirecto, el relativo, etc., con sus correspondientes ejercicios.

— prácticas de vocabulario: sinónimos, verbos que se prestan a confusión, modismos y frases hechas.

— situaciones de la vida cotidiana con su vocabulario apropiado, que sólo pretende ser una sugerencia que profesores y alumnos pueden utilizar, ampliar, recortar...

— el «recuerda» que suele ser una conexión con el tema de la lección y el «repasa» a partir de la U. 25, para hacer más hincapié en lo visto anteriormente.

2. La segunda parte abarca desde la U. 36 hasta la U. 66 e incluye textos para completar, textos para leer, ejercicios gramaticales y de vocabulario más específicos en ambos casos.

Las situaciones han quedado sustituidas por «temas de debate» que son, como siempre, sugerencias para usar en clase como pretexto para la conversación o bien como tema de redacción.

Y, por último, aprovecho esta oportunidad para recordar que existe un libro con el que se puede seguir trabajando, es el CURSO DE PERFECCIONAMIENTO. Va dirigido a los que desean profundizar en el aprendizaje del español. En dicho curso, además de ejercicios, lecturas, prácticas, etc., al principio de cada lección aparece la teoría gramatical correspondiente.

Este manual cuenta también con una clave o guía independiente.

Quiero, desde estas líneas, dar las gracias a los profesores que se sirven de estos libros y cuyas sugerencias y palabras de ánimo me han sido de tanta utilidad y a los alumnos que siguen trabajando con ellos y sin cuya buena acogida no serían posibles.

LA AUTORA

PRIMERA PARTE

EQUIVALENCIAS DEL PRESENTE

a) *Sustituye el **presente** por una forma de futuro o pasado o imperativo o estar + gerundio donde sea posible*

1. En este momento el avión **llega** al aeropuerto.
2. En los museos **se conservan** los recuerdos de nuestro pasado.
3. Mi hermano **es** un tipo muy alto, **mide** casi dos metros.
4. Todos estábamos asustadísimos y en eso **se abre** la puerta.
5. Aún no sé si **voy** a esa fiesta.
6. Tú haces lo que te han dicho y sin protestar.
7. «El que **calla, otorga**».
8. Esa **es** mi profesora y sus clases **me gustan** mucho.
9. Ayer tuve que subirme al tejado a arreglar una gotera y por poco **me caigo**.
10. Si me dices qué día **tengo** que hacerlo, yo misma **entrego** tu trabajo y así **puedes** irte.
11. ¡Niña, escúchame! Te **hablo** y tú no me **prestas** atención.
12. Mira, tú **vas** y le **dices**... «no **quiero** hacerlo».
13. Eso que **afirmas** es una tontería.
14. A mí no me **haces** creer esas mentiras, ni ahora ni nunca.
15. El dibujo **te queda** muy bien; cuando lo termines me lo **regalas** ¿de acuerdo?

b) *Completa usando los siguientes comparativos: mejor, peor, mayor, menor, superior, inferior (en algunos casos hay más de una posibilidad)*

1. No tengo el ...... deseo de verlo de nuevo.
2. Tú te crees ...... a los demás, por eso actúas como un dios.
3. ¿Por qué te quejas? Eso es ...... que no tener nada.
4. La mercancía que nos han enviado es de calidad ...... a la que habíamos solicitado.
5. Lo ...... de todo fue que nadie sabía nada y resultó muy desagradable.
6. Hoy día no se puede sostener que haya razas ......
7. No tenía la ...... posibilidad de ganar.
8. En estos casos lo ...... es tratar de olvidarlo.
9. Para hacer un buen negocio debe acudir la ...... cantidad posible de gente.
10. La ...... resistencia a la aprobación de esa ley ha venido de las clases ......

c) *RECUERDA: Los comparativos* [1]

Los comparativos pueden ser de

IGUALDAD

(I) Tan + adjetivo + como

o

Adverbio

Ej.: Es **tan** alto **como** su madre.

Mi casa está **tan** lejos **como** la tuya.

(II) Tanto, -a-os-as + sustantivo + como

Ej.: Tiene **tantos** amigos **como** amigas.

(III) Tanto como

Ej.: Estudia **tanto como** sus compañeros.

(IV) Igual a, que

Ej.: Es **igual** a su padre.

Es **igual que** su padre.

SUPERIORIDAD

(I) Más + adjetivo, sustantivo + que

Ej.: La Literatura es **más** interesante que la Física.

Yo tengo **más** libros **que** tú.

(II) Mejor que

Ej.: Mi trabajo es **mejor** que el tuyo.

(III) Mayor que

Ej.: Mi hermano es **mayor** que tú.

(IV) Superior a

Ej.: Su capacidad es **superior** a lo normal.

INFERIORIDAD

(I) Menos + adjetivo, sustantivo + que

Ej.: Ese tipo es **menos** inteligente **que** yo.

En tu balcón hay **menos** macetas **que** en el mío.

(II) Peor que

Ej.: Lo has hecho **peor** que tu amigo.

(III) Inferior a

Ej.: La calidad de esa tela es **inferior** a su precio.

(IV) Menor que

Ej.: El número de alumnos es **menor que** el de alumnas.

d) *VOCABULARIO: Grupos de verbos que se prestan a confusión:* **Ir, venir, traer, llevar.** *Completa las frases, usándolos de acuerdo con el sentido*

1. Cuando ...... a la montaña, ... una tienda de campaña y un saco de dormir.
2. Todavía, en algunos barrios, el lechero ...... por las casas repartiendo la leche.

3. ¿Vas a ...... a mi fiesta? ¿Sí? Pues entonces debes volver a tu casa para ...... tus discos nuevos.

4. La próxima vez que ...... a tu casa, te ...... ese libro del que te he hablado.

5. Si tú ...... a su casa, ... esto de mi parte.

Dos amigos se encuentran en la calle:

Pepe: ¡Hola Luis! ¿Adónde ......?

Luis: ...... a tomar unas cañas y luego al cine. ¿Te apetece ...... conmigo?

Pepe: Depende de la película; si no la he visto, de acuerdo, ... contigo.

Luis: ...... a la reposición de «Tristana», de Buñuel. ¡Decídete, hombre! ¿...... o no?

Pepe: ¡Vale! espérame en ese bar,...... a casa a coger una chaqueta y ...... dentro de un momento.

Luis: Pues si subes a tu casa ...... me ese libro que te he pedido tantas veces.

Pepe: Lo siento, pero se lo ...... mi hermana para hacer un trabajo de Literatura.

Luis: Bueno, es igual, ¡hala! ¡date prisa en bajar!

SITUACIÓN

Hans es un estudiante vienés que ha llegado a Salamanca para hacer el curso intensivo de español. Quiere alojarse en un piso para tener independencia en sus horarios. Decide comprar el periódico y leer los anuncios de pisos que se alquilan. Toma nota de todos y por la tarde recorre la ciudad buscando el piso que más le convenga por el precio y sus condiciones de habitabilidad. ¿Quieres acompañarlo?

Imagina los diálogos entre Hans y las personas que alquilan pisos.

Aquí tienes un **vocabulario apropiado.** Tú puedes añadir más cosas.

—Piso amueblado.
—Derecho a cocina.
—Calefacción y agua caliente.
—Gastos de comunidad.
—Presidente-a de la comunidad.
—Asociación de vecinos.
—Patio de luces.
—Piso soleado.

—Estar por las nubes.
—Salir muy caro/barato.
—Dejar en depósito.
—Cobrar un mes por adelantado.
—Llevar comisión.
—Estar bien situado/ser céntrico.
—Tener vistas a la calle.
—Piso/habitación interior.

EQUIVALENCIAS DEL PRESENTE DE INDICATIVO

a) *Sustituye el presente por una forma de futuro, pasado, imperativo o estar + gerundio, donde sea posible*

   1. La próxima semana **empezamos** el nuevo curso.
   2. Vosotros os **estáis** callados y yo **hablo** en nombre de todos.
   3. «El que **se pica**, ajos **come**».
   4. Si me lo **ofrece**, naturalmente yo **acepto**.
   5. Casi me **rompo** una pierna cuando **intenté** limpiar la lámpara subido en la silla coja.
   6. Tú **renuncias** a ese dinero, me lo **das** a mí y yo te lo **agradezco** hasta el día de mi muerte.
   7. Durante la República, en España, se **legaliza** el divorcio, pero esta situación **dura** muy poco.
   8. Ultimamente **trabaja** con mucho interés.
   9. Le **digo** a Vd. lo que **sé**, no **soy** adivino para contarle todo lo que quiere averiguar.
   10. La próxima vez no **abro** la boca y así no te **enfadas** conmigo.
   11. El coche en el que **viaja** el Presidente se **acerca** en estos momentos al lugar donde le **espera** el Primer Ministro.
   12. Ya estábamos todos de acuerdo y sin venir a cuento **dice** que **quiere** otra votación.
   13. **Cruzas** la avenida, **sigues** todo recto y enfrente de la farmacia **está** su casa.
   14. Dentro de poco **son** los exámenes y todavía **me pregunto** si me **presento** o no.
   15. Me **llamas** por teléfono y me **dices** cuándo **puedes** pasarte por casa.

b) *Completa usando las siguientes palabras: cuanto; de lo que; que; que (lo, la, los, las, el) que; que (el, la, los, las, lo) de*

   1. ...... más lo pienso, menos me gusta esa idea.
   2. Han venido muchos más estudiantes ...... el año pasado.
   3. Las cosas han cambiado más ...... tú imaginas.
   4. No insistas; ...... más te oigo, más segura estoy de mi decisión.
   5. Este libro me gusta más ...... me prestaste el otro día.
   6. Este trabajo requiere más atención ...... tú piensas dedicarle.

7. Estos temas son mejores ...... nos proponen en la Universidad.
8. Te has portado mejor ...... yo esperaba.
9. ¿Te pasa a ti lo mismo? Yo, ... más duermo, más sueño tengo.
10. La música en esta discoteca está menos alta ...... en la de ese amigo tuyo.
11. La poesía de Miguel Hernández me llega mucho más ...... Juan R. Jiménez.
12. Estos árboles son más altos y frondosos ...... mi tierra.

c) *RECUERDA: Los comparativos* [2]

(I) *Cuanto:* Se usa para indicar un progreso o un regreso en el proceso de una acción.
   Ej.: Cuanto más estudio, más aprendo.
   Cuanto menos salgo a la calle, menos ganas tengo de ver a la gente.
Frases como éstas son erróneas:
   * Lo más estudio, lo más aprendo.
   * Lo menos salgo..., lo menos ganas tengo.

(II) *De lo que:* Se usa cuando los complementos directos de las frases son idénticos:
   Ej.: Tiene más **libros** de **los** que pensaba.
—O cuando los verbos son distintos:
   Ej.: **Trabaja** más de lo que **puede**.
Frases como éstas son incorrectas:
   * Trabaja más que puede.
   * Tiene más libros que pensaba.

(III) *Que el que:* Se usa para no repetir el mismo sustantivo de la frase anterior.
   Ej.: Esta película me gusta más que la (película) que vi ayer.

(IV) *Que el de:* Se usa en el mismo caso que el anterior pero cuando sigue un sustantivo y no un verbo.
   Ej.: Este coche es mejor que el (coche) de Juan (sustantivo).
   Este coche es mejor que el (coche) que tiene Juan (verbo).

d) *VOCABULARIO: Grupos de verbos que se prestan a confusión: **quitar; dejar; abandonar; coger; soltar; recoger***

Completa las frases usando el más apropiado. (En algunos casos hay más de una posibilidad).
1. ...... te el pelo, estás más guapa.
2. Sí, hijo, puedes jugar con todas tus cosas, pero después debes ...... las.
3. Mamá, durante el recreo, un niño mayor me ...... el bocadillo.
4. Si tienes hambre, abre el frigorífico y ...... lo que quieras.
5. ...... encima de la mesa la merienda, y gracias por traérmela.
6. Tengo remordimientos porque ...... a mis amigos en una situación muy difícil.
7. ...... todo el material que he podido para mi tesis, ahora me pondré a trabajar.
8. ...... las sábanas y vamos a doblarlas.
9. ¿Pero no ves que puedes hacerte daño? ...... el cuchillo ahora mismo.
10. ...... las cosas como están, si no quieres meterte en problemas.

11. ...... al niño de ahí, está demasiado cerca del fuego y puede quemarse.
12. A pesar de las dificultades, no ...... mis proyectos.

SITUACIÓN

Nuestro amigo Hans ya tiene alojamiento; un piso precioso que comparte con estudiantes españoles y otros extranjeros. En su país, él había oído hablar del sol español pero no sabía que el invierno en Salamanca es tan frío como en cualquier país de Europa. Por eso no tiene mucha ropa de abrigo; algunos jerseis y una chaqueta de pana, nada más. Aprovechando las rebajas que hay en la ciudad quiere salir de compras, ¿por qué no le acompañas en su búsqueda de ropa, buena, bonita y barata? Imagina la situación en las tiendas.

Aquí tienes algunas expresiones útiles para el caso:

—Talla.
—Medida.
—Número.
—Costura.
—Dobladillo.
—Tacón alto/bajo.
—Horma.
—Apretar..
—Calzar.
—Hacer ampollas/daño.

—Ver las estrellas.
—Los zapatos me están matando.
—Tener buena/mala percha.
—Quedar bien/mal.
—Sentar bien/mal.
—Quedar que ni pintado.
—Probarse la ropa, los zapatos.
—Hacer arrugas, gordo/delgado.
—Meter/sacar las costuras.
—Estar estrecho/ancho.

LOS PASADOS

a) *Transforma el infinitivo en una forma correcta del pretérito perfecto o del indefinido*

1. En aquella ocasión nadie (mencionar) ...... ese tema.
2. Te (decir, yo) ...... muchas veces que te (equivocar) ...... al designar a Juan para el puesto de Relaciones Públicas.
3. Nunca (gustar, a mí) ...... los que hablan sin decir nada.
4. Todo (pasar) ...... de repente, nadie (darse) ...... cuenta de nada.
5. ¿Qué (pasar) ......? no vuelvo a ir a la cocina cuando la película está en lo más emocionante.
6. En cuanto (saber, yo) ...... la noticia, (venir, yo) ...... para acá.
7. ¿Te (enterar) ...... de la última noticia? Pues que Pepe se nos (casar) ......
8. Hoy todos (responder) ...... como a mí me gusta. Se nota que (estudiar, vosotros) ...... la lección.
9. (Querer) ...... mucho a mi primer novio, pero eso ya (quedar) ...... atrás. Ahora veo que esa forma de querer es infantil.
10. Como (terminar, yo) ...... la carrera en junio, creo que encontraré trabajo, ahora en septiembre.
11. Las grandes mujeres (luchar) ...... mucho para llegar a serlo.
12. Sí, me (enfadar, yo) ...... contigo por lo que (decir, tú) ...... el otro día de mí; hasta ahora no te (disculpar, tú) ......, por lo tanto sigo enfadada.
13. Anoche (llegar, él) ...... a casa, (sentarse) ...... a ver la «tele», (pedir) ...... la cena sin notar para nada mi estado de ánimo.
14. (Llegar, tú) ...... a tiempo, no puedo resolver esto sin ayuda, (preguntar, yo) ...... a mi hermana pero no sabe nada del tema.
15. Este año mis ingresos (ser) ...... superiores. Tendré que pagar más impuestos. El año pasado (comprar) ...... algunas cosas que me (desgravar) ...... en la declaración Fiscal.

b) *Completa las frases usando los siguientes adjetivos:* **máximo, mínimo, supremo, ínfimo, óptimo, pésimo**

1. Lo que te ha pasado no le importa lo más ......
2. Ese es un local público de ...... reputación.
3. Hay que hacer un ...... esfuerzo para rendir al ......

4. Como no estaba de acuerdo con el veredicto del jurado, apeló al Tribunal ......
5. Esperamos del nuevo jefe de ventas ...... resultados.
6. Fabrican unos productos de calidad ......, nadie los compra por eso.
7. Ayudarte a salir de aquella situación tan difícil es lo ...... que podía hacer por ti, después de tu colaboración.
8. Para que la producción sea rentable hay que fabricar un ...... de 10.000 unidades.
9. Estás en ...... situación para obtener de él lo que quieras.
10. Juan es de ...... extracción social, pero ha alcanzado un puesto importante en la sociedad.
11. Eso que has hecho demuestra tu ...... educación. Una persona educada no lo habría hecho.
12. Lo ...... que puedo ofrecerte es un millón de pesetas. Si te presto todo eso, me quedaría al descubierto en mi c/c.

c) *RECUERDA: Los comparativos* [3]

(I) Cuando **más** y **menos** van seguidos de una cantidad, no se usa **que** sino **de**:
    Ej.: Tengo aquí **más** de 100 pts.
         Hay **menos** de 20 personas en el bar.
Frases como éstas son erróneas:
    * Tengo más que 500 pts.
    * Hay menos que 20 personas.

(II) **Más que** } En forma negativa adquieren un significado especial:
     Más de }
     No más que = solamente
     No más de = hasta
     Ej.: No tengo más que 500 pts. = Tengo solamente 500 pts.
          No tengo más de 500 pts. = Menos de 500 pts. ó 500 pts.

(III) **Mayor** y **menor** pueden tener un significado especial:
      Mayor = mucha edad. Ej.: Las personas mayores = ancianas.
      Menor = poca edad. Ej.: Los menores = Los niños.

(IV) Los superlativos: **ínfimo, óptimo, supremo,** tienen un carácter eminentemente culto.
     Los superlativos: **máximo, mínimo, pésimo,** tienen un uso más frecuente.

d) *VOCABULARIO: Ejercicios de sustitución*

Sustituye el verbo HACER por otro, de forma que no se repita ninguno:
1. Te gusta **hacer** el papel de protagonista ¿verdad?
2. ¿Cuándo aprenderás? Siempre **haces** los mismos errores.
3. Ahí al lado están **haciendo** mucho jaleo, vamos a ver qué pasa.
4. **Hacéis** que me ponga de mal humor siempre que estoy contenta.
5. ¿Quieres **hacer** estas cuentas por mí? A mí los números me fastidian.
6. Está **haciendo** una sinfonía sobre un tema clásico.

7. Están **haciendo** muchas centrales nucleares últimamente.
8. Se están **haciendo** nubes que amenazan lluvia.
9. No **haces** lo que dices, no se puede confiar en ti.
10. Han **hecho** una fortuna con el alquiler de bicicletas.

SITUACIÓN

Hans ya se encuentra acomodado en un piso con gente agradable. Ha comprado ropa de abrigo para protegerse del frío y hoy decide dar un paseo por la ciudad. De vez en cuando mira el plano de la ciudad, pero de pronto se da cuenta de que se ha perdido y debe preguntar cuál es el camino de vuelta a su casa. Imagina que tú eres la persona que debe indicarle la dirección: explícale a Hans cómo se llega a su piso desde donde él está... (Inventa tú mismo un recorrido).

Vocabulario apropiado:

—Seguir - todo recto.
—Seguir - todo derecho.
—Seguir - en línea recta.
—Cruzar - la calle.
—Cruzar - el parque.
—Cruzar - la plaza.
—Torcer ⎫
—Doblar ⎭ a la derecha / a la izquierda.
—Doblar una / la esquina.

—Tirar por su / la derecha.
—Tirar por su / la izquierda.
—Tirar por el centro.
—Seguir por la acera de la izquierda.
—Preguntar a un guardia.

LOS PASADOS

a) *Transforma el infinitivo en una forma correcta del **indefinido** o del **imperfecto** de indicativo*

1. ¿Cómo (saber, tú) *sabías* que (estar, yo) *estaba* en casa a pesar de que nadie te (abrir) *abrió* la puerta?
2. (Yo) me (dar) *di* cuenta porque (tener) *tenía* la luz de tu habitación encendida y (ver, yo) *vi* tu sombra desde abajo.
3. ¿Por qué (entrar) *entró* Vd. en la casa si nadie (salir) *salió* a abrir?
4. Porque la puerta no (estar) *estaba* cerrada y (pensar) *pensé* que me (esperar, ellos) *esperaban* como (hacer, ellos) *hacían* otras veces si yo (anunciar) *anunciaba* mi visita.
5. Yo le (seguir) *seguí* en el coche durante 3 horas y no lo (notar, él) *notó*.
6. ¡Vaya por Dios! precisamente hoy que (querer) *quería* ir a la piscina, amanece nublado.
7. Si yo pudiera hacerlo, ahora mismo te (dar) *daba* el permiso y así (poder, tú) *podías* irte inmediatamente.
8. ¡Qué animal! le (pegar) *pegó* a su hijo unas palizas que lo (matar) *mató*.
9. Recuerdo una tarde de verano en que mi abuelo se (proponer) *propuso* enseñarme a leer. Yo (tener) *tenía* entonces cuatro años.
10. Yo (empezar) *empecé* a leer con dificultad. Aquella presión (frenar) *frenó* mi deseo de continuar.
11. Hasta que yo lo (decir) *dije* nadie (saber) *sabía* nada de lo que (pasar) *pasaba* en aquellos momentos en la calle, porque todos (estar) *estaban* absortos en la discusión.
12. Lo (citar) *citó* la policía y le (entrar) *entró* un pánico de muerte.
13. El otro día (soñar, yo) *soñé* que (venir, él) *venía* y al día siguiente realmente (llegar) *llegó*.
14. ¡Perdone! ¿(Poder) *podía* Vd. decirme dónde está la calle Zamora?
15. Siempre (ocurrir) *ocurría* lo mismo cuando (acercarme) *me acercaba*: Ella (levantarse) *se levantaba* y (irse) *se iba*.

b) *Equivalencias del pretérito perfecto*

Sustituye al pretérito perfecto por **acabar de** + **infinitivo** o **llevar** + **gerundio** donde sea posible:

1. Esta semana **he trabajado** más que otras veces y estoy muy cansada.
2. **Habéis llegado** hace un momento y ya queréis marcharos, sois unos impacientes.
3. **Durante un año te he dicho** lo mismo pero tú no haces caso.
4. **He trabajado** en este colegio más de 8 años.
5. Su influencia **ha sido** grande en los novelistas famosos.
6. ¡Oye! **han dicho** en las noticias lo de la subida de salarios.
7. **He defendido** esos principios durante toda mi vida.
8. Te lo **he explicado** hace 5 minutos y no pienso repetírtelo.
9. Siempre me **han tenido** por una ingenua y una ilusa.

c) *RECUERDA*

(I) **Acabar de** + **infinitivo** = Pretérito perfecto.
Esta equivalencia se da cuando el pretérito perfecto tiene valor inmediato.
Ej.: Ha entrado hace un momentito.
     Acaba de entrar.
Para mantener ese sentido **acabar de** sólo se usa en los presentes e imperfectos (o en los tiempos de probabilidad).
    Acaba de entrar = Ha entrado hace un momento.
    Acababa de entrar = Había entrado hacía un momento.
    (Probablemente) **acabará de entrar** = Habrá entrado hace un momento.
    (Probablemente) **acabaría de entrar** = Habría entrado hacía un momento.
Usado en los demás tiempos **acabar** recobra su sentido de terminar:
    Acabó de escribir: Terminó (por fin) de escribir.
    Acaba de escribir: Termina (de una vez) de escribir.

(II) **Llevar** + **gerundio** = Pretérito perfecto.
Esta equivalencia se da cuando el pretérito perfecto tiene un matiz durativo al añadirle *durante* y *una cantidad de tiempo*.
Ej.: Llevo estudiando español un año = He estudiado español un año.
Para mantener este sentido *llevar* + *gerundio*, sólo se usa en los presentes e imperfectos (o en los tiempos de probabilidad).
    Ha estudiado español durante un año = Lleva estudiando español un año.
    Había estudiado español durante un año = Llevaba estudiando español un año.
    (Probablemente) habrá estudiado español = Llevará estudiando español un año.
    (Probablemente) habría estudiado español = Llevaría estudiando español un año.
Un pequeño matiz de diferencia es que el pretérito perfecto puede presentar la acción terminada, y llevar + gerundio con la idea de continuarla.

d) *VOCABULARIO: Grupos de verbos que se prestan a confusión: faltar; hacer falta; hacer faltas; echar de menos; equivocarse; fallar*

Completa las frases usándolos de acuerdo con el sentido:
1. Tengo ganas de irme de vacaciones, pero aún ...... muchos días.
2. Escríbeme una lista con los ingredientes que ...... para hacer una buena sangría.

3. Has vuelto a ...... el disparo. La próxima vez tienes que apuntar mejor.
4. Tú ...... una vez más en la elección de las personas que pueden ayudarte.
5. Cuando estoy lejos de casa, ... a mis amigos y todas mis cosas.
6. Procura no ...... al pasar el borrador a máquina, es un documento muy importante y no lo admiten con correcciones.
7. Para mejorar el acento ...... tener mucha paciencia y practicar.
8. He nacido en una ciudad de la costa y cuando paso temporadas en el interior ...... el mar.
9. Nos ha ...... la persona en quien más confiábamos.
10. Vosotros ...... al darle ese puesto a Juan; en mi opinión Pedro está más preparado.
11. Para mejorar la situación ...... cambiar muchas cosas.
12. Al hablar, la gente ...... por dejadez y descuido.
13. No podemos cursar la solicitud, ... una póliza de 25 pesetas y 1 fotografía; Vd. ha traído sólo una, se piden dos.
14. ¿Quién ha cogido dinero? Aquí ...... 500 pesetas.

SITUACIÓN

Hoy Hans ha tenido su primer día de clase y ha llegado tarde. La profesora le ha pedido que explique los motivos de su retraso y nuestro amigo, con buen sentido del humor, ha enumerado todas las cosas que ha tenido que hacer desde que sonó el despertador hasta que llegó a clase. ¿Tú sabes qué se hace en ese período de tiempo? Cuéntaselo a tus compañeros.

Vocabulario apropiado:

—Colchón.
—Sábana.
—Manta.
—Colcha.
—Alfombra.
—Armario.
—Cepillo de dientes.
—Pasta de dientes.
—Jabón.

—Toalla.
—Esponja.
—Albornoz.
—Grifo.
—Cisterna.
—Lavabo.
—Papel higiénico.
—Potingues.
—Trapos.

—Acicalarse.
—Ponerse de punta en blanco.
—Emperejilarse.
—¿Te has mirado a un espejo?
—Pegársele a uno las sábanas.
—Ir hecho un adefesio.
—¡Qué facha!
—Ir de trapillo.

LOS PASADOS

a) *Transforma el infinitivo en una forma correcta del **indefinido,** del **imperfecto** o del **pluscuamperfecto** de indicativo*

1. Cuando (darnos, nosotros) ...... cuenta, (desaparecer) ...... de la mesa las cosas más ricas.
2. ¿No (decidir, nosotros) ...... que (ser) ...... mejor guardar el secreto hasta el día de su cumpleaños?
3. (Ser) ...... las siete de la tarde y ya (anochecer) ......
4. Siempre (repetirse) ...... la misma historia. después de que su padre (irse) ......, todos (empezar) ...... a hacer lo que les (dar) ...... la gana.
5. (Ir, él) ...... a pedir aquel trabajo y a la media hora ya se lo (conceder) ......
6. ¿No (llamar, tú) ...... antes por teléfono? ¿Por qué vuelves a llamar ahora?
7. ¿Qué me dices de la película? —Está muy bien. Ya la (ver, yo) ......, pero no me (acordar) ...... por eso (ir, yo) ...... anoche a verla.
8. Ya (recibir, ellos) ...... la noticia cuando yo (entrar) ...... a dársela como una sorpresa.
9. (Quedar) ...... en salir pronto de excursión y no (presentarse) ...... nadie a la hora fijada.
10. No me negarás que ya te lo (advertir) ...... y todo ha ocurrido como yo te lo (anunciar) ......
11. Yo te (preparar) ...... tu plato favorito y tú ya has cenado ¡qué lástima!
12. (Soñar, yo) ...... tantas veces con aquel momento y todo,(desarrollarse) ...... de la manera más vulgar.
13. Ella lo (organizar) ...... todo para darte una sorpresa y tú lo (estropear) ...... con tu brusquedad.
14. (Estar) ...... seguro de ganar porque (entrenarse) ...... a fondo.
15. Nunca (ver, yo) ...... una cosa así hasta llegar aquí.
16. ¿No (decir, tú) ...... que no saldrías nunca más con ese chico? —Sí, lo (decir, yo) ...... pero ya no lo digo.

b) *Pon las siguientes frases en el pasado que corresponda*

1. Cuando nieva, la temperatura se suaviza.
2. Este año las inundaciones han causado muchas pérdidas.

3. Me parece que te estás dejando influir por sus opiniones.
4. De pronto llega Juan y nos propone ir con él, y todos le seguimos. Tiene gancho ese chico.
5. Siempre es lo mismo. Los padres te mandan sin tener en cuenta tus gustos.
6. Te he dicho muchas veces que no me gusta verte con esos chicos.
7. Estoy segura de que el médico me oculta la gravedad de la situación.
8. No he podido dormir en toda la noche, por eso estoy que me caigo de sueño.
9. Has estado muy bien en tu intervención pero lo estropeas después con tus respuestas cortantes a las preguntas.
10. Este mes nos hemos propuesto avanzar más rápidamente que otras veces.

c) *RECUERDA*

(I) Los adjetivos demostrativos: **este, ese** y **aquel**, indican tiempo.

$$\textbf{Este se refiere al} \begin{cases} \text{Presente} \\ \text{Pretérito perfecto} \\ \text{Futuro} \end{cases}$$

Ej.: **Este** año es mucho mejor que el anterior.
Este año el curso ha empezado más tarde.
Este año cambiaré de vida.

$$\textbf{Aquel se refiere al} \begin{cases} \text{Indefinido} \\ \text{Imperfecto} \\ \text{Pretérito Pluscuamperfecto} \end{cases}$$

Ej.: **Aquel** día tenía mucho trabajo.
Aquel día llegué tarde a clase.
Aquel día había dormido mal.

Ese está menos definido en sus marcas temporales pero se asimila a las de *aquel*.

(II) Los adverbios **aquí, ahí** y **allí** se asocian a los pronombres:
Este va acompañado por el adverbio: Aquí.
Ese va acompañado por el adverbio: Ahí.
Aquel va acompañado por el adverbio: Allí.

d) *VOCABULARIO: Ejercicios de sustitución*

Sustituye el verbo TENER por otro de forma que no se repita ninguno:
1. Ese partido **tiene** muchos miembros.
2. Ese producto **tiene** una cantidad de arsénico que mataría a un elefante.
3. Esa urbanización **tiene** todo lo necesario para sentirse cómodo.
4. **Tiene** una de las bibliotecas más completas del país.
5. Tú siempre **tienes** la responsabilidad por los actos de los otros.
6. **Tengo** una idea, vamos a tu casa a tomar la penúltima copa.
7. Esa ley **tiene** varios artículos que son muy discutibles.
8. **Tienes** 5 minutos para contestar.
9. Esta situación **tiene** muchas dificultades que no se notan a primera vista.
10. El salón de su casa **tiene** 25 metros cuadrados.

e) *Lee las siguientes frases:*

1. Ganó en el concurso 1/4 de millón.
2. El 10,8 % de 1.000 es 108.
3. La $\sqrt{144}$ es 12.
4. $3^4 = 81$.
5. El 0,1 % de los estudiantes extranjeros sabe perfectamente el subjuntivo.
6. La 1/10 parte de los estudiantes extranjeros sabe perfectamente el subjuntivo.
7. 17:3 a 5 y sobran 2.
8. El 11.º hijo de Jacob se llamaba José.
9. Alfonso X fue apodado el Sabio.
10. En España los siglos XVI y XVII recibieron el nombre de Siglo de Oro.

SITUACIÓN

Los compañeros de piso de Hans han ido de excursión, Hans estaba muy a gusto en la ciudad y no quiso ir. Decide limpiar la casa y así darles una agradable sorpresa a sus amigos. Busca las cosas que necesita pero faltan algunas. Va a la tienda a comprarlas y luego se pone a la tarea. Acompaña a Hans con la imaginación al menos y dinos qué tiene que hacer para dejarlo todo brillante.

Vocabulario apropiado:

—Barrer.
—Fregar.
—Planchar.
—Coser.
—Frotar.
—Trajinar.
—Freír.

—Cocer.
—Hervir.
—Cocinar.
—Guisar.
—Liarse.
—Sacar brillo.
—Limpiar el polvo.

—Estar empantanado.
—Estar hecho una porquería.
—Estar (todo) patas arriba.
—Estar hecho polvo.
—Estar reluciente.
—Estar molido.
—Dejarlo todo como un espejo.

LOS FUTUROS

a) *Transforma el infinitivo en una forma correcta del futuro simple o perfecto*

1. La próxima semana (empezar) ...... ese ciclo de películas que (tener, nosotros) ...... que discutir en las clases.
2. Me recibió con una sonrisa culpable. Yo pregunté, aunque ya sabía la respuesta: «Supongo que ya me lo (hacer, tú) ...... ¿verdad»?
3. No tienes remedio, nunca (cambiar) ...... siempre (ser) ...... el mismo.
4. Siempre estás criticando. ¡Ya está bien! (tener) ...... muchos defectos pero cuando lo necesitas, lo buscas.
5. (Cometer) ...... muchos errores en su vida, sí, pero los está pagando.
6. Tú lo (hacer) ...... sin protestar, porque te lo mando yo.
7. ¡Qué miedo! ¿Quién (llamar) ...... a estas horas? (Ser) ...... los vecinos que (sentirse) ...... solos y (venir) ...... a buscar compañía.
8. Tú (decir) ...... lo que quieras, pero a mí ese chico me parece extraño.
9. ¿Por qué le (dar, él) ...... un sobresaliente? Ha hecho el examen igual que yo y a mí me han dado sólo aprobado.
10. ¿Dónde (estar) ...... los chicos? (salir, ellos) ...... a dar una vuelta.
11. ¡Qué peinado tan bonito! ¿Se lo (hacer) ...... ella misma?
12. Voy a decirle lo que pienso de él ahora mismo ¿(Ser, tú) ...... capaz?
13. No me lo discutas, estoy segura. ¡Si lo (saber) ...... yo, que me he pasado la vida explicándolo!
14. Ya sabe la noticia, ¿quién se lo (anunciar) ...... antes de la fecha prevista?
15. He dicho que no lo (aceptar, yo) ...... Otros lo (hacer) ...... pero yo, no.

b) *Señala los errores de las frases siguientes y propón una solución más adecuada*

1. Hoy está llevando un traje de chaqueta verde.
2. El mes pasado hemos trabajado mucho.
3. Hoy te levantaste tarde y por eso llegaste a clase con retraso.
4. Hablaba con él durante 3 horas y me explicaba sus proyectos.
5. No ha venido a clase; probablemente no oirá el despertador.
6. No recuerdo exactamente a qué hora me acostaba anoche.
7. De pronto se apagaba la luz y todos nos asustábamos.
8. Creía que lo supo todo.

9. Cuando fui pequeña siempre tuve el pelo largo.
10. ¡Perdona! ¿Qué dijiste? Estuve pensando en otra cosa.

c) *RECUERDA*

Quizás + Presente de Subjuntivo + pero = Futuro + pero
Quizás + Imperfecto de Subjuntivo + pero = Condicional + pero
Quizás + P. Perfecto + pero = Futuro Perfecto + pero.
Quizás + P. Pluscuamperfecto de Subjuntivo + pero = Condicional perfecto + pero

Ej.: Quizás sea simpático pero
no me gusta.
} = Será simpático pero no me gusta

Quizás fuera simpático
pero no me gustaba.
} = Sería simpático pero no me gustaba

Quizás lo haya hecho pero
lo dudo.
} = Lo habrá hecho pero lo dudo.

Quizás lo hubiera hecho
pero lo dudo.
} = Lo habría hecho pero lo dudo.

Esta equivalencia se refiere también a los sinónimos de QUIZAS: tal vez, acaso, etc.

d) *VOCABULARIO: Grupos de verbos que se prestan a confusión: Encargar(se) de; cargar; cargarse a; cargarse de; hacer/dar un encargo; tener un cargo; ser una carga; estar cargante*

Completa usándolos de acuerdo con el sentido:
1. El niño ...... porque tiene sueño.
2. No queremos tener a las personas mayores con nosotros porque ......
3. Me han ...... muy importante, hasta que no lo realice no estaré tranquila.
4. Eres una inconsciente, tan joven y ya te ...... de hijos.
5. Vamos a ...... el coche y luego nos pondremos en camino.
6. ...... muy importante en el Gobierno.
7. Tú ...... de las bebidas. Si faltan es culpa tuya.
8. La mafia ...... a uno de sus miembros por delator.
9. ¿Es que no puedo ...... sin que protestes tanto?
10. Ya ...... todo lo que necesitamos a la tienda, lo traerán ahora mismo.
11. Creo que no podré ...... todos mis muebles en esa furgoneta.
12. José ...... de responsabilidad al aceptar ese puesto.
13. Si no tienes más cuidado vas a ...... todas las piezas de cerámica.
14. Ocuparse de ese tipo de tareas ...... muy grande.
15. ¿Cuando se pone enfermo siempre ...... tan ......?

e) *Preposiciones que indican dirección, movimiento, distancia. A, CONTRA, EN, HACIA, PARA, POR, SOBRE*

Completa las frases usando las preposiciones anteriormente citadas. (En algunos casos caben varias posibilidades):
1. Ten calma, no hagas nada, vamos ...... allá en seguida.

2. Fuimos preguntando de puerta ...... puerta.
3. Cuando iba ...... tu casa, me encontré con él y casi me obligó a acompañarle.
4. Se dice que la falsa moneda va de mano ...... mano y en ninguna se queda.
5. Todos se echaron ...... la calle para verlo.
6. Los corredores se aproximan ...... la meta.
7. Cogimos el coche y nos pusimos en camino ...... el sur.
8. Este niño va ...... cantante de ópera ¡qué pulmones!
9. Ya han salido y vienen ...... aquí.
10. Lo empujó ...... la pared.
11. Lanzó la piedra ...... el policía.
12. Los soldados cayeron ...... el grupo de guerrilleros.
13. Arrojaron ...... la multitud de niños que esperaba, caramelos, monedas y golosinas.
14. Pásate ...... casa y te enseñaré lo que hemos comprado.
15. Ningún lugar le gustaba e iba dando tumbos ...... el mundo.

SITUACIÓN

Hans ya conoce a algunos amigos españoles, además de sus compañeros de piso. Este fin de semana quiere hacer una pequeña fiesta en su casa y ha pedido a sus invitados que preparen un plato típico de su país o de su región. Será una cena internacional. Tú también puedes colaborar explicándonos los ingredientes y la preparación de un plato de tu país que te guste especialmente. ¡Que aproveche!

Completa las siguientes expresiones de todas las formas posibles. Modelo: Un paquete de tabaco, de café, de azúcar, etc.

—Una caja de ......

—Una bolsa de ......

—Un cartón de ......

—Una botella de ......

—Estar salado-sabroso.

—Estar insípido-soso.

—Estar de rechupete-rico.

—¡Qué bien huele! ¡Mejor sabrá!

—¡Huele que alimenta!

—Una lata de ......

—Un bote de ......

—Un tarro de ......

—Un frasco de ......

—¡Qué { buen aspecto tiene! / buena pinta!

—Pica como un demonio.

—Ser { una bazofia / un comistrajo

LOS CONDICIONALES

a) *Transforma el infinitivo en una forma correcta del condicional simple o perfecto*

1. Yo, en tu lugar no lo (hacer) ......
2. Eso, (tener, tú) ...... que haberlo hecho antes.
3. ¿Por qué dijo aquello? No lo sé. Lo (decir, él) ...... para molestarnos.
4. ¡Pobrecillo! ¡Estuvo solo, sin ayuda de nadie! —Hombre, yo le (ayudar) ......, pero él no me lo pidió.
5. ¡Cómo te pones, chico! ¡Cualquiera (decir) ...... que te han insultado!
6. Eso que Luis hizo, no lo (hacer) ...... yo, ni siquiera por todo el oro del mundo.
7. Tú, en mi lugar y en aquellas circunstancias, (reaccionar) ...... igual que lo hice yo.
8. (Ser) ...... una pena desaprovechar el talento de esta chica para la danza. Todavía es joven y puede triunfar.
9. Los padres de esta chica no le permitían dedicarse a la danza. Ahora es famosa. (Ser) ...... una pena desaprovechar su talento.
10. ¿(Querer) ...... Vd. indicarme el camino del colegio?
11. (Portarse, él) ...... mal, no te lo discuto, pero después cambió de actitud.
12. Yo te (acompañar) ...... con mucho gusto, pero me fue totalmente imposible.
13. Viviendo con tus padres, nunca (salir, tú) ...... con esa gente como lo has hecho.
14. ¿(Poder, yo) ...... participar en ese baile? Me (gustar) ...... muchísimo.
15. Llegó a mi casa y yo no lo esperaba. Tú lo sabías ¿no? (deber, tú) ...... avisarme por teléfono.
16. No te enfades con ellos. Lo (evitar, ellos) ......, pero no pudieron hacerlo.

b) *Pon en pasado las siguientes frases*

1. En este momento serán más o menos las 9.
2. Asegura que nos pagará el día 30.
3. Lo habrá hecho para darme una sorpresa.
4. Será una suerte encontrar un trabajo como ése.
5. Tendrá todos esos años que tú dices, pero no los aparenta.
6. Con el tiempo dejarás de pensar así.

7. No te importará que llegue un poco tarde ¿verdad?
8. Sé que, tarde o temprano, comprenderás mis motivaciones.
9. Están seguros de que antes de las 10 habrán llegado a su casa.
10. Te recuerdo que mañana empezarán a trabajar.
11. Lo habrá leído, pero no lo parece.

b1) *Explica la diferencia que existe en las siguientes parejas de frases*

1) Lo haré con mucho gusto.
    Lo haría con mucho gusto.

2) Será muy bonito pero no me gusta.
    Sería muy bonito pero no me gustaba.

3) Para el verano lo habrán terminado.
    Para el verano lo habrían terminado.

4) No te importará venir conmigo ¿verdad?
    ¿Te importaría venir conmigo?

c) *RECUERDA*

(I) **El condicional simple** puede funcionar como futuro en el pasado.
    Ej.: Te digo que lo haré.
         Le dije que lo haría.
— También puede expresar una acción futura cuya realización se ve problemática.
    Ej.: Me gustaría acompañarte (pero hay algún inconveniente que no está expresa-
         do en la frase).

(II) El condicional de los verbos *querer*, *deber* y *poder*, es equivalente al *imperfecto
de subjuntivo terminado* en -ra.
         querría = quisiera
         podría = pudiera
         debería = debiera
El valor de estas formas suele ser de CORTESIA.
Ej.: Querría hablar con Vd. = Quisiera hablar con Vd.

(III) El condicional perfecto de cualquier verbo es equivalente al pluscuamperfecto de
subjuntivo terminado en -ra.
    Ej.: Lo habría hecho = Lo hubiera hecho (pero no pude).
         Te habría ayudado = Te hubiera ayudado (pero no pude).

d) *VOCABULARIO: Ejercicio de sustitución*

Sustituye el verbo PONER por otro, de forma que no se repita ninguno:
1. **He puesto** un rosal en un tiesto.
2. **Pon** toda la ropa en la maleta.
3. Ya me **han puesto** el teléfono.
4. ¿Qué película **ponen** hoy en el cine Español?
5. Quiero **poner** unos detalles que se me habían olvidado.

6. ¿Por qué **pondrán** los coches en las aceras?
7. Me **puse** a la entrada para vigilar a la gente.
8. **Pon** tus cosas donde estaban.
9. **Póngame** su nombre y dirección en este papel.
10. **Se puso** detrás de la puerta para que no le viera.

SITUACIÓN

Hans y sus compañeros quieren aprovechar un largo puente para hacer un viaje por los alrededores de la ciudad donde estudian. Tienen que averiguar los precios de los autobuses y trenes. También los horarios. Imagina los diálogos entre Hans o sus compañeros y los encargados de información.

Vocabulario apropiado:

—Billete de ida y vuelta.
—Despacho de billetes/taquillas.
—Largo recorrido.
—Cercanías.
—Consigna.
—Facturación de equipajes.
—Suplementos.
—Tarifas especiales.

—Enlace de trenes.
—¡Qué paliza de viaje!
—Ir pisando huevos.
—Ir a estirar las piernas.
—Estar de bote en bote.
—Ir como sardinas en lata.
—Hacer el viaje solos.

LA PROBABILIDAD

a) *Completa las frases usando una forma de probabilidad*

1. ¿Te gusta «El Quijote? Me encanta, por lo menos lo (leer) ...... tres veces.
2. ¿Quién ha roto esa pieza de cerámica? No sé quién (ser) ...... Yo no, por supuesto.
3. ¿Por qué (hacer) ...... Pepe esas tonterías? Las (hacer) ...... para llamar la atención.
4. ¿No fue Pepe con vosotros al cine? No, y no dijo por qué, suponemos que ya (ver) ...... la película.
5. Han llamado ¿verdad? Sí ¿quién (ser) ......? Yo no espero a nadie.
6. ¿Cuánto dinero debía cuando le pilló la policía? (Deber) ...... una fortuna a juzgar por la sentencia.
7. ¿Tú crees que les resultó difícil hacerlo? No sólo difícil, les (resultar) ...... imposible, porque no llegaron a terminarlo.
8. ¿Cuántos estudiantes vinieron a Salamanca el año pasado? (venir) ...... unos diez mil.
9. ¿No hay tabaco? Lo (terminar, yo) ...... sin darme cuenta. Ahora voy a comprar un paquete.
10. Están jugando con pistolas. ¿Dónde (aprender, ellos) ...... a jugar así? Lo (ver) ...... en la «tele».
11. ¿Por qué estabas tan cansada cuando te encontré? Porque (corregir, yo) ...... unos cincuenta exámenes, por lo menos.
12. ¿Quién (llamar) ...... anoche por teléfono a unas horas tan intempestivas? Perdona, fui yo, pero luego me arrepentí y colgué. No (estar, tú) ...... enfadada, ¿verdad?
13. ¡Qué rabia! ¡No están! (salir, ellos) ...... porque no se ve luz.
14. Mamá, Pepito me ha pegado. Claro, porque tú le (hacer) ...... algo antes ¿a que sí?
15. ¿Cuánto (costar) ...... esa blusa tan bonita? Ni la mires, chica (costar) ...... más de lo que puedes pagar.

b) *Sustituye el adverbio y el verbo por una forma de probabilidad*

1. No encuentro el monedero, probablemente lo he perdido.
2. Ha caminado 19 kilómetros más o menos.
3. Mide unos 20 m².
4. Son aproximadamente las 5.
5. Seguramente lo sabía.
6. Me acosté sobre las 3 de la madrugada.
7. Había caminado 19 kilómetros más o menos.
8. Probablemente había estado allí antes.
9. Me llegaron aproximadamente 40 tarjetas de Navidad.
10. Había alrededor de 100 personas.

c) *RECUERDA*

La probabilidad se expresa de acuerdo a este esquema:
Probabilidad en Presente .... Futuro simple
Probabilidad en P. Perfecto .... Futuro Perfecto
Probabilidad en Imperfecto .... Condicional simple
Probabilidad en Indefinido .... Condicional simple
Probabilidad en P. Pluscuamperfecto Condicional perfecto.

—El uso de la probabilidad no es obligatorio.
No cambia el sentido de la frase original.
Ej.: Probablemente ha llegado Juan = Habrá llegado Juan.

d) *VOCABULARIO: Grupo de verbos que se prestan a confusión. Rodear; rodar; rondar; dar vueltas; dar una vuelta; dar(se) la vuelta; volverse; girar; circular*

Completa las frases usándolos de acuerdo con el sentido:

1. Si no quiero pasar por delante de su casa, tengo que ...... toda la manzana.
2. ...... para que pueda verte la cara.
3. Está prohibido ...... a más de 100 km/h. en las autopistas.
4. Lo veo ...... por aquí a menudo, me parece un tipo sospechoso.
5. Se cree el centro del mundo, pretende que todo ...... en torno suyo.
6. Se cayó ...... por las escaleras y se ha roto varias costillas.
7. Estoy harto de estudiar, voy a ......
8. Creo que me he perdido, hace rato que estoy ...... sin llegar a ningún sitio.
9. Cada vez que ......, me quitas toda la ropa y me dejas destapado.
10. Se echó a llorar y ...... de espaldas.
11. ...... el charco para evitar mojarse.
12. Cuando ese candidato llegue al poder, ... muchas cabezas.
13. La cabeza me ......, tengo que acostarme.
14. ...... al jersey antes de ponértelo, está del revés.
15. La tierra ...... alrededor del sol.
16. ...... algunos rumores de cierre en esa empresa.

e) *Preposiciones que indican localización:* A, ANTE, BAJO, DE, DESDE, EN, ENTRE, POR, SOBRE, TRAS

Completa las frases usando las preposiciones anteriormente citadas: (En algunos casos caben varias posibilidades):

1.   Ponte ...... el espejo y comprobarás tú mismo cómo te queda el traje.
2.   Los calcetines están ...... el cajón de la derecha.
3.   ...... la ventana de mi cuarto puedes hacer una foto preciosa de la ciudad.
4.   No pongas el vaso de café ...... mis apuntes, los vas a manchar.
5.   Le dio tal ataque de risa que se revolcaba ...... el suelo.
6.   Con todas esas preguntas lo has colocado ...... la espada y la pared.
7.   Lo encontré ...... la orilla del mar.
8.   En el pueblo no tenían agua corriente, la sacaban ...... el pozo.
9.   Siempre quedamos en vernos ...... el reloj de la Plaza.
10. Se escondió ...... la puerta.
11. Hay una mosca posada ...... la pared.
12. No, no quiero entrar, te espero ...... la puerta.
13. Se enfadó tanto que se acercó a él y lo agarró ...... el cuello.
14. Me da pena irme, me encuentro tan bien ...... vosotros .....
15. ...... ese rincón podías observarlo todo sin ser visto.

SITUACIÓN

En el viaje que hicieron nuestros amigos lo pasaron estupendamente, pero al llegar ya no se sentían muy bien. Probablemente el exceso de sol tomado en el Sur o la comida a la que no están acostumbrados les hizo daño.

Como su estado de salud va empeorando, deben ir al médico. Imagina la consulta, las preguntas del médico y las respuestas de nuestros amigos.

Vocabulario apropiado:

—Doler.
—Hacer daño.
—Sentirse mal.
—Tener náuseas/ardores.
—Estar mareado.
—Sentir picores/picar.
—Sentir escozores/escocer.
—Estar como un roble.
—Tener una salud de hierro.
—(A un anciano). Estar hecho un mozo.
—Tener buen/mal aspecto.

—Dolor agudo, fuerte.
—Pinchazo.
—Inyección.
—Supositorio.
—Erupción.
—Alergia.
—Toser.
—Estornudar.
—Dar vueltas la cabeza.
—Estar/Quedarse en los huesos.

EL ESTILO INDIRECTO

a) *Pon el texto siguiente en estilo indirecto; el verbo introductor debe expresarse en indefinido: dijo que, contó que...*

Cuando viajo me gusta revisar el coche antes de salir, porque nunca se sabe lo que puede ocurrir en carretera.

Como éste es un viaje especialmente largo y complicado he tomado más precauciones de las habituales. Incluso he pedido prestada una segunda rueda de repuesto. Así, si se me pincha una, podré cambiarla tranquilamente sin tener que pararme a ponerle un parche a la «accidentada»: tendré otra. Ya lo dice el refrán: «Hombre precavido...». Me pondré en camino mañana muy temprano.

Al día siguiente:

Creo que ayer lo dejé todo preparado, metí todo lo necesario para un viaje tan largo; sólo falta mi equipaje. Ayer resultaba peligroso dejarlo dentro del coche, y como no tenía bastante dinero en efectivo, tuve que esperar hasta las nueve para sacar algo de mi c / c, por tanto me puse en marcha más tarde de lo que había planeado.

b) *Repite el mismo ejercicio con el siguiente texto de Juan Ramón Jiménez*

Platero: el canario de los niños ha amanecido hoy muerto en su jaula de plata. Es verdad que el pobre estaba muy viejo... El invierno último lo pasó silencioso y al entrar esta primavera, cuando el sol hace jardín la estancia abierta y abren las mejores rosas del patio, él quiere también la vida nueva y canta; pero su voz es quebradiza y asmática, como la de una flauta cascada. El mayor de los niños que lo cuida se apresura llorando a decir:

—¡Pues no l'a faltao ni comida, ni agua!

No, no le ha faltado nada, Platero. Se ha muerto porque sí (...).

Platero ¿hay un paraíso de los pájaros? (...).

Por la noche bajamos el pájaro muerto al jardín los niños, tú y yo, la luna está llena y a su pálida plata el pobre cantor parece el pétalo mustio de un lirio amarillento. Y lo enterramos en la tierra del rosal grande. En primavera veremos al pájaro salir del corazón de una rosa blanca. El aire fragante se pondrá canoro y habrá por el sol de abril un errar encantado de alas invisibles y un reguero secreto de trinos claros de oro puro.

«Platero y yo»
(Texto adaptado)

c) *RECUERDA*

(I) *El estilo directo:* Reproduce literalmente (al pie de la letra) lo que otra persona o yo hemos dicho o pensado.

Ej.: Tú me dijiste exactamente: No quiero ir con vosotros mañana.

—Yo pensé: Si abro la puerta con cuidado, no me oirán.

(II) *El estilo indirecto:* Reproduce lo dicho o pensado por medio de transformaciones gramaticales y la oración subordinada se une a la principal mediante la conjunción **que.**

Ej.: Tú me dijiste exactamente que no querías ir/venir con nosotros.

—Yo pensé que si abría la puerta con cuidado, no me oirían.

(III) Las transformaciones afectan al **verbo** (quiero = querías; abro = abría; oirán = oirían), al **pronombre:** (yo = tú; vosotros = nosotros) y a veces al **adverbio** (mañana = hoy).

(IV) A veces la conjunción **que** se suprime.

—Cuando el verbo principal y el subordinado están muy próximos.

Ej.: Me pidió (que) le dijera la verdad.

—También si se trata de una oración interrogativa indirecta.

Me preguntó (que) quién había llegado.

Me preguntó (que) cómo se hacía.

Me preguntó (que) si me gustaba el cine.

(V) Esquema de transformación verbal en el estilo indirecto.

El Presente de indicativo	.... Imperfecto (indefinido para acciones puntuales)
El Futuro	.... Condicional
El Futuro Perfecto	.... Condicional Perfecto
El P. Perfecto de indicativo	.... P. Pluscuamperfecto
El Indefinido	.... P. Pluscuamperfecto o no cambia

El Imperativo
El Presente de subjuntivo ....$\Big\{$ Imperfecto de subjuntivo
El P. Perfecto de subjuntivo .... P. Pluscuamperfecto

Los condicionales simple y perfecto
Los imperfectos de indicativo y subjuntivo $\Big\{$ no cambian
Los pluscuamperfectos de indicativo y subjuntivo

Ej.: Cuando tenía 6 años, jugaba siempre con una pelota que me habían regalado el día de Reyes de 2 años antes, porque me gustaban los colores. Siempre pedía que me la arreglaran si por casualidad se pinchaba.

Estilo indirecto:

Ella nos contó que cuando tenía ...... jugaba ...... que le habían regalado ......, porque le gustaban ...... Siempre pedía que se la arreglaran si ...... se pinchaba.

d) *VOCABULARIO: Grupos de verbos que se prestan a confusión: Aprovechar, aprovecharse de; gozar; disfrutar; pasarlo bien; abusar de; beneficiarse*

Completa las frases usándolos de acuerdo con el sentido. (En algunos casos hay más de una solución):

1. El niño es pequeño, por eso no debes ...... de su ingenuidad.
2. Las reformas de la Administración ...... a las clases poco favorecidas económicamente.
3. En mi casa nunca tiramos la comida, solemos ...... para la cena.
4. Nos invitaron a una fiesta y ......
5. Si quieres mantenerte en forma, no debes ...... de los hidratos de carbono.
6. Yo nunca ...... de las becas ofrecidas por el Ministerio de Educación.
7. A pesar de sus años, ... de muy buena salud.
8. Durante las vacaciones ...... y no gastamos mucho dinero.
9. ...... ahora que eres joven y puedes hacerlo.
10. Debes ...... el tiempo al máximo, puesto que no tienes mucho.
11. No está bien ...... de una situación privilegiada para obtener beneficios.
12. Han puesto la música que le gusta y la está ...... muchísimo.
13. No ...... de su paciencia. Cuando se enfada es terrible.
14. Los niños ...... muchísimo en el campo, al aire libre.
15. ...... esa oportunidad de viajar al extranjero, no tendrás otra.

SITUACIÓN

Una amiga de Hans le ha propuesto ver una película estupenda que han estrenado hace poco; pero Hans prefiere reunirse con un grupo de amigos españoles y extranjeros para organizar algo juntos: Una fiesta, una merienda en el campo ......

Imagina cómo Hans trata de convencer a su amiga o viceversa de que su plan es mejor. ¡Suerte!

Vocabulario apropiado:

—Pasarlo bomba.
—Pasarlo pipa.
—Ser un rollo.
—Estar amuermado.
—Ser un aguafiestas.

—Ser un palizas.
—Dar la vara a alguien.
—Dar la paliza a alguien.
—Dar la lata a alguien.
—Enrollar (se).

DIFERENCIA ENTRE ESTILO DESCRIPTIVO Y ESTILO NARRATIVO

a) *Transforma los infinitivos en el tiempo correcto. Se trata de un párrafo DESCRIPTI-VO de E. Pardo Bazán*

(Comenzar) ...... a amanecer, pero las primeras y vagas luces del alba a duras penas (lograr) ...... colarse por las tortuosas curvas de la calle de los Castros, cuando el Sr. Rosendo, el barquillero que (tener) ...... más clientes y popularidad en el pueblo, (asomarse) ...... bostezando a la puerta de su mezquino cuarto bajo. (Vestir) ...... el madrugador un desteñido pantalón y (estar) ...... en mangas de camisa. (Mirar) ...... al poco cielo que (blanquear) ...... por entre los tejados y (volverse) ...... a su cocinilla.

b) *Haz el mismo ejercicio. Esta vez se trata de un párrafo NARRATIVO de Miguel de Unamuno*

Y (llegar) ...... el día de su comunión, ante el pueblo todo, con el pueblo todo. Cuando le (llegar) ...... la vez a mi hermano, (yo, poder) ...... ver que D. Manuel, tan blanco como la nieve de enero y temblando como (temblar) ...... el lago cuando le (hostigar) ...... el cierzo, se le (acercar) ...... con la sagrada forma en la mano. Y de tal manera (temblar) ...... ésta al arrimarla a la boca de Lázaro, que se le (caer) ...... la forma al tiempo que le (dar) ...... un vahído. Y (ser) ...... mi hermano mismo quien (recoger) ...... la hostia y se la (llevar) ...... a la boca.

c) *RECUERDA*

Los tiempos del indicativo los podemos «dibujar» o clasificar así:

               (Condicional perfecto)

Línea del pasado: P. pluscuamperfecto ← Imperf./Indefinido → Condicional
        ↑   ↑   ↑   ↑

Línea del presente: P. perfecto   ←   Presente   → Futuro
                                         (Futuro perfecto)

El **presente** es el **aquí** y el **ahora** o bien lo **habitual**.
El **futuro** es lo que viene **después** del presente.
El **p. perfecto** es lo que está **antes** del presente (en relación con él).
El **futuro perfecto** es una acción futura **anterior** a otra también futura.

En la línea del pasado tenemos una equivalencia perfecta (al menos en teoría) con los tiempos de la línea del presente: (Es lo que indican las flechas del esquema).

La dificultad aparece si observamos que la «casilla» del presente está ocupada por dos tiempos en pasado.

El **imperfecto** es el **aquí** y el **ahora** (es decir el presente, la acción vista en su desarrollo). También lo **habitual**.

El **indefinido** es la acción **puntual, momentánea** o bien vista desde su término y no durante su desarrollo.

Ej.: Su voz se alejaba (el hablante «está oyendo» cómo se aleja la voz).

Su voz se alejó (el hablante nos lo cuenta después de que ha dejado de «oír» en su mente esa voz).

El **pluscuamperfecto** es una acción pasada anterior a otra también pasada.

El **condicional** expresa acción futura respecto a un pasado. El **condicional perfecto** es acción futura respecto a un pasado pero anterior a otro momento que se señala en la oración.

Por supuesto todos los tiempos tienen más usos de los aquí señalados.

d) VOCABULARIO: *Grupos de verbos que se prestan a confusión: ensayar; entrenar(se); practicar; ejercer; probar(se); intentar; tratar*

Completa las frases usándolos de acuerdo con el sentido:

1. He ...... a hacerlo de todas las maneras posibles y no me sale bien de ninguna.
2. Me voy a ....., estrenamos la obra de teatro el sábado próximo.
3. Para ganar una medalla de oro en las Olimpiadas hace falta ...... mucho.
4. Ese título te permite ...... tu profesión en todo el territorio nacional.
5. Siempre he ...... de ser fiel a mis amigos antes que a mis ideas.
6. ...... (tú) de hacerlo aunque ya sé que te resultará difícil.
7. Desde que se rompió el brazo, no ha vuelto a ...... ningún deporte.
8. He ...... el papel principal desde el principio y ahora se lo dan a otro, es una faena.
9. ¿Por qué no vienes a casa y así ...... un poco el inglés?
10. No creas que por ...... tu autoridad de una manera consecuente te van a querer menos.
11. Ese futbolista no ...... para jugar el domingo, está lesionado.
12. ...... lo una vez más antes de darte por vencida. Recuerda eso de «Zamora no se ganó en una hora».
13. ...... la comida y dime qué te parece, es un invento mío y no quiero que me critiquen demasiado en la mesa.
14. ¡Qué barato es ese vestido! Voy a ...... melo; si me vale, me lo compro.
15. ¿Por qué no ...... de comprenderme?

e) *Señala los errores del texto siguiente y propón una solución más adecuada*

Somos aficionadas a las excursiones. Hace un año más o menos que nos conocemos y desde entonces haríamos 50 ó 60 salidas. La verdad es que nuestra amistad empezaba gracias a esa afición. Yo habría ido a la Federación para preguntar si habrá refugios de .

montaña desocupados y solicitar el permiso de acampada. María estuvo allí con la misma intención.

Después de comentar la casualidad que suponían dos chicas que quisieron ir a la montaña en pleno invierno, decidimos hacer la subida y la acampada juntas, para ver qué tal nos entenderemos.

Y nos habíamos entendido muy bien. Y volveremos a hacer otra excursión con el mismo resultado y así han pasado los meses y hoy hemos sido dos buenas amigas que se habrán compenetrado mucho, porque pasar fines de semana rodeadas del silencio de los pájaros y los arroyos nos llevaría a comunicarnos entre nosotras de forma que la armonía de esos «ruidos» no se viera amenazada.

SITUACIÓN

Hans se ha levantado con ganas de bromas y afirma que la gente que tiene gafas o lentillas es más inteligente que las personas que no las tienen. (Naturalmente él usa gafas). Lo defiende tan en serio que sus compañeros tratan de sacarlo de su error. Participa tú también en el juego buscando razones y argumentos contra la afirmación de Hans. ¡Que te diviertas!

—Miope.
—Corto de vista.
—Vista cansada.

—Cuatro ojos.

—Gafotas.

—¡A quién se le ocurre...!
—¡Qué chorradas dices!
—¡No seas majadero!

—No me vengas con ⎰ cuentos
                         memeces
                         sandeces

—¡Qué va a ser cierto!
—¡Que sí, que te lo digo yo!

LOS PASADOS: REVISION

a) *Transforma los infinitivos en un tiempo correcto. Punto de vista: pasado*

Moyano (emigrar) ...... a América cuando (ser) ...... un chiquillo y (emplearse) ...... en el almacén de comestibles de Rómulo Cussi. El patrono (ser) ...... un hombre tiránico y de feroz tacañería que (explotar) ...... implacablemente a su servidor. Para ver si (cambiar) ...... en protector al despiadado patrono, el pobre muchacho le (pedir) ...... la mano de su hija. Si le hubiera pedido una lata de salmón en conserva, don Rómulo (reírse) ...... cruelmente de sus pretensiones; pero como su hija no le (servir) ...... para nada, se la (ceder) ...... Desde entonces Moyano (tener) ...... que vestir y alimentar a la joven y todo (ser) ...... peor. La situación (llegar) ...... a ser insostenible y el dependiente (dedicar) ...... las pocas horas que se le (conceder) ...... para el sueño a buscar un recurso para vengarse de su suegro.

(Haber) ...... que proceder con tanto cuidado, que otro que no hubiera estado tan desesperado como Moyano, (desistir) ...... de sus propósitos.

Pero Moyano (hacer) ...... algo singular: (comprarse) ...... un coche aprovechando las facilidades que se (conceder) ...... para ese tipo de compras, (adiestrarse) ...... en su manejo y (esperar) ......

Un domingo, de madrugada, cuando el señor Cussi (salir) ...... del Casino, Moyano, que le (aguardar) ...... en las inmediaciones, (poner) ...... en marcha su coche y (avanzar) ...... hacia él. Puede que D. Rómulo estuviera ya sobresaltado, puede que obedeciera a una corazonada del momento. El caso es que apenas (ver) ...... que (aproximarse) ...... el coche de su yerno, (calarse) ...... el sombrero y (apretar) ...... a correr.

El automóvil de Moyano (poder) ...... hacer 80 kilómetros a la hora, pero D. Rómulo lo (mantener) ...... mucho tiempo detrás, zigzagueando, corriendo alrededor de las farolas y apelando a otros trucos que, en una carrera normal, (ser) ...... suficientes para descalificarlo. Aun así, (llegar) ...... a desarrollar una media de cuarenta.

Moyano (poder) ...... llevarlo hacia una avenida, donde D. Rómulo no (tener) ...... más remedio que correr en línea recta. Entonces (empezar) ...... a perder terreno. (Deber) ...... de darse cuenta porque (exclamar) ...... en tono dolorido: —¡Y yo que he salido con mi sombrero nuevo! Y poco después:

—Si escapo de ésta, los zapatos por lo menos no (servir) ...... para nada.

Al tomar una curva se le (escapar) ...... el sombrero, un sombrero carísimo, su único lujo y su único amor; y no (poder, él) ...... recogerlo.

El coche de Moyano se lo (aplastar) ......

—Bueno, ¡esto ya (ser) ...... el colmo! —(gruñir) ...... el señor Cussi y se (dejar) ...... atropellar sin hacer el menor esfuerzo.

Moyano lo (heredar) ...... y como su coche (estar) ...... asegurado para esta clase de accidentes, la compañía (pagar) ...... por el tendero un buen puñado de dinero que, naturalmente, (cobrar) ...... el propio Moyano.

Esta (ser) ...... la historia; y me (gustar) ...... saber si ustedes (conocer) ...... de las leyes de cualquier país, una manera más apacible y sin riesgos de librarse de un tirano.

Los periódicos apenas (dedicar) ...... unas líneas al hecho, bajo el título de «Accidente de circulación».

«El Hombre que compró un automóvil»
(Texto adaptado)
W. Fernández Flórez

b) *Tiempos del indicativo: revisión*

Coloca el tiempo del indicativo que exija el sentido de la frase:
1. Sabía que, cuando fuera a buscarlo, ya lo (hacer, él) ......
2. ¿Quién (llamar) ...... ayer por teléfono? Cuando lo (coger) ...... ya (colgar) ......
3. Ese chico (saber) ...... mucho, pero cuando le preguntas, no dice ni pío.
4. Cuando tú (ponerte) ...... pesado, no (haber) ...... quien te aguante.
5. Ayer (imaginar, yo) ...... cómo (ser) ...... mi casa si fuera rica, y no me (gustar) ...... Eso lo (decir) ...... ahora porque no (tener) ...... dinero.
6. Ya les (anunciar) ...... la llegada de Juan, por eso no (poder) ...... darles una sorpresa.
7. Acaba de llegar María vestida de una manera rara. ¿Por qué (vestirse) ...... de esa forma?
8. Nunca (comer, yo) ...... en un restaurante chino.
9. Tú ¿qué (hacer) ...... en mi lugar?
10. (Decirte, yo) ...... muchas veces que no me molestes cuando estoy trabajando.

c) *RECUERDA*

Todas estas expresiones de tiempo son sinónimas:
—Hace un año que estudio español.
—Estudio español (desde) hace un año.
—Llevo un año estudiando español.
—Llevo estudiando español (desde) (hace) un año.

La preposición DESDE expresa tiempo (además de otras cosas). Puede construirse de las siguientes formas:

Te espero desde
- el tres de enero
- la una
- la semana pasada
- el año 1969
- diciembre
- Navidad
- siempre, entonces...

En cambio es incorrecto decir:
* Desde tres días te espero.
Hay que decir:
Desde hace tres días te espero, o hace tres días que te espero.

Situación

En la clase de Hans. La profesora les ha propuesto diseñar una ciudad ideal. ¿Quieres ayudarles? Imagina cómo sería esa ciudad.

Vocabulario apropiado:

—Guarderías.
—Zonas peatonales.
—Zonas verdes.
—Aparcamiento subterráneo.
—Pasos elevados.
—Semáforos.
—Estanques.
—Auditorios.
—Poner multas.
—Ruido infernal.

—Aceras.
—Autopistas.
—Arcén.
—Parque Infantil.
—Merendero.
—Polideportivo.
—Pistas de patinaje, de baile...
—Pegar carteles.
—Horas punta.

EL IMPERATIVO

a) *Coloca el imperativo necesario*

1. (Hacer, tú) .Haz. lo que te mandan sin protestar.
2. (Meter, tú) Mete las flores en ese jarrón y (ponerlas) ponlas encima de la mesa.
3. (Oír, tú) .Oye. lo que he escrito, a ver si te gusta.
4. (Venir, tú) .Ven.. a verme en otro momento, ahora estoy ocupada.
5. (Ir, tú) .Ve.. a su casa y (preguntarle) *pregúntale* si tiene el libro que necesitamos.
6. (Pedirle, tú) pídele un aumento y (dejar) deja. de quejarte.
7. (Volver, tú) vuelve a leerlo; no me ha gustado la entonación.
8. (Salir, tú) .Sal. de esta casa, no quiero verte más.
9. (Tener, tú) .Ten. más cuidado, (mirar) mira por dónde vas. *mírate*
10. (Decir, tú) .di.. de una vez lo que piensas y (guardarte) guárdate. tus reticencias.
11. (Reírte, tú) Ríete con ganas, hombre, que eso es muy sano.
12. (Vestirte, tú) Vístete. rápido, si no, llegaremos tarde.
13. (Oler, tú) huele. la colonia que acaban de regalarme.
14. (Ser, tú) Sé. bueno, (portarte) pórtate bien.
15. (Estarte, tú) Estate. quieto y (soltar) suelta eso de una vez.
    —Repite el ejercicio con las formas Vd. y Vosotros.
    —Pregunta a un compañero lo que acaba de decir el que ha hecho la frase:
    Ej.: «Haz lo que te mandan...», ¿Qué ha dicho? Ha dicho que haga(s)
    lo que te (le) mandan.

b) *Pon en la forma negativa*

1. ¡Ten cuidado! No tengas cuidado
2. ¡Abre la ventana! no abras
3. ¡Ríete, hombre! no te rías
4. ¡Salid a la calle! no salgáis
5. ¡Di la verdad! no digas
6. ¡Estaos quietos! no os estéis
7. ¡Ponte el abrigo! no te pongas
8. ¡Pedid y se os dará! no pidáis.
9. ¡Ve a comprarme tabaco! no vayas
10. ¡Haced el ejercicio! no hagáis
11. ¡Oíd el nuevo disco! no oigáis
12. ¡Miénteme! no me mientas.
13. ¡Huid, rápido! no huyáis
14. ¡Cógelo con cuidado! no lo cojas
15. ¡Corrige los ejercicios! no corrijas

b1) *Sustituye el Imperativo por otras fórmulas de ruego o mandato*

1. Ama a Dios sobre todas las cosas.
2. Estudiad un poco más.
3. Ve a su casa y dale este paquete de mi parte.
4. Cambia de imagen si quieres tener éxito.
5. Comamos, la comida está servida.
6. Trabajad, y no protestéis.
7. Pásame la sal, por favor.
8. Díme la verdad o me mato.
9. Dígame donde está la catedral, por favor.
10. Préstame tu coche esta tarde ¿eh?

c) *RECUERDA*

Las formas de obligación: **Tener que, deber + inf.**, evitan el uso del imperativo o del subjuntivo.

Ej.: ¡Trabaja! = ¡Tienes que trabajar!

¡No trabajes! = ¡No tienes que trabajar!

Frases como éstas son erróneas:

* ¡Ten que trabajar!
* ¡No tengas que trabajar!

d) *Preposiciones que indican procedencia: DE, DESDE*

Completa las frases con la preposición adecuada:

1. Quiero que salgas ...... aquí y no vuelvas a aparecer.
2. Veremos el partido ...... el balcón de mi casa.
3. Estoy libre ...... las cuatro.
4. Trabajo ...... nueve a dos.
5. Puedes encontrarlo en la oficina ...... las nueve en adelante.
6. Este oro se extrajo ...... las minas del rey Salomón.
7. ...... un tiempo a esta parte estás muy raro.
8. Te advierto que este caviar me lo traen ...... Rusia.
9. Procede ...... una familia de nobles.
10. La enseñanza es obligatoria ...... los 6 años.

e) *VOCABULARIO: Busca un sinónimo de las siguientes expresiones y haz una frase para usarlas*

1. Echar en cara. to reproach / tell off.
2. Echar chispas. to be really angry
3. Echar una cana al aire. let your hair down
4. Echar raíces. to take root
5. Echar a perder. waste an opportunity.

Situación

«Hoy, vamos a hacer Publicidad» —dice la profesora de Hans—.

Buscad fotos en periódicos y revistas. Entregádselas a vuestros compañeros y en grupos de 3 ó 4 debéis hacer la Publicidad de ellas usando imperativos. También podéis hacer la Publicidad de un objeto curioso, por ejemplo un «flotador».

EL SUBJUNTIVO

Verbos de voluntad y emoción: Construcciones con ser y estar
a) *Transforma el infinitivo en el tiempo y modo adecuados*

1. **Me decía siempre que** le (gustar) ...... que (nosotras, vernos) ...... más veces.
2. **Le ordené** que lo (hacer) ...... inmediatamente.
3. **No era natural que** (él, comportarse) ...... de aquel modo después de decir lo que todos ya (saber) ......
4. Se puso muy grave, **fue necesario que** le (hacer) ...... una transfusión de sangre.
5. **Lamento que** te (perder) ...... esa conferencia; **ha sido lo mejor que** (oírse) ...... en estas aulas.
6. **Dile a tu amigo que** (yo, esperarle) ...... a las 8 en la Plaza.
7. **Dile que** me (esperar) ...... si llego un poco tarde.
8. **Sentiría que** tú no (poder) ...... venir con nosotros; sin ti la fiesta no será igual.
9. **Es lógico que** (alegrarse) ...... Encontrar un trabajo no es una tontería en estos tiempos.
10. **Os recomiendo que** (ver) ...... esa película, es fabulosa.
11. **Todos sentimos que** la temperatura (bajar) ......; por eso nos fuimos a casa pitando.
12. **Te advierto que** (tú, ir) ...... con pies de plomo, puedes meter la pata muy fácilmente.
13. **No sabes cuánto** te (agradecer, nosotros) ...... que siempre nos (animar) ...... a seguir adelante.
14. **Te advierto que** todos (ir) ...... vestidos de trapillo, así que no te acicales demasiado.
15. **Me fastidia** que (él, dárselas) ...... de enterado cuando todos sabemos que no (coger) ...... un libro.
16. **Era obvio que** allí (nosotros, estar) ...... de más. La parejita quería que la (dejar) ...... tranquila.
17. **Fue pura casualidad que** aquella noche yo no (salir) ...... de casa cuando tú llegaste. Habitualmente lo hago a esas horas.
18. **Es un rollo que** (nosotros, tener) ...... exámenes con este tiempo tan bueno.
19. **¡Hijo mío! no me gusta que** (salir) ...... con esa gente, no te conviene.
20. **Quisiera que alguien** me (explicar) ...... por qué existe el subjuntivo en español.

21. **Es de agradecer que** (él, hacerlo) ...... personalmente.
22. **No era de esperar que** (él, cumplir) ...... su palabra. No lo ha hecho nunca.

b) *Completa*

1. Te recomiendo que ......
2. Le he pedido que ......
3. He conseguido que ......
4. Tus palabras han hecho que ......
5. Me ha fastidiado que ......
6. Es evidente que ......
7. Me gusta que ......
8. Le hemos convencido de que ......
9. A los participantes se les exige que ......
10. Estoy segura de que ......
11. Me niego a que ......
12. Es una lata que ......
13. Fue una suerte que ......
14. Están de acuerdo con que ......
15. Era peligroso que ......
16. Te he dicho mil veces que ......
17. Me haría mucha ilusión que ......
18. Para todos es notable que ......
19. Me apetecería que ......
20. Está demostrado que ......

c) *RECUERDA*

Hay verbos de voluntad que admiten el infinitivo en alternancia con el subjuntivo manteniendo el mismo significado y con distinto sujeto.
Ej.: Te mando que trabajes.
        Te mando trabajar.
        Les obligo a que trabajen.
        Les obligo a trabajar.

d) *VOCABULARIO: Grupos de verbos que se prestan a confusión*

Completa los espacios en blanco usando uno de los siguientes verbos: **Dejar; dejar de; acabar de; acabar por o acabar + gerundio; acabar a; quitar:**
1. Me he propuesto muchas veces ...... fumar y siempre vuelvo a empezar.
2. No voy a aceptar ese trabajo que me han ofrecido, no me gusta ...... el puesto a nadie.
3. Aunque ahora te parece difícil, sé que ...... aprender el subjuntivo.
4. Empezamos jugando un partido y ...... patadas.
5. No, gracias, no quiero otro cigarrillo, ... tirarlo ahora mismo.
6. No seas tonto, no lo molestes, ... enfadarlo y no te dará permiso para salir.
7. ¿Alguien ha visto un libro de ejercicios? Lo ...... ayer aquí olvidado.

8. Me voy corriendo, he ...... al niño solo en casa.
9. Si las clases no nos gustan, ... asistir.
10. ...... decírmelo y ya no me acuerdo. Soy una calamidad.
11. Cuando llevas una navaja, las peleas pueden ...... navajazos.
12. No puedo ...... la mancha de tinta.
13. ...... escribir yo misma la solicitud, no se puede confiar en ti.
14. ...... dándote cuenta de quiénes son tus amigos y quiénes tus enemigos.
15. ...... de una vez esa pistola, me da miedo que pueda dispararse.

d1) *Explica el sentido de las siguientes expresiones*

—Hacer la pelota.   —Hacer el ganso.
—Hacer novillos.   —Hacer el primo.
—Hacer una faena.   —Hacerse el sueco.
—Hacer manitas.   —Hacerse el tonto.

SITUACIÓN

La profesora quiere comprobar la imaginación de sus alumnos y les dice que deben llevar a clase fotografías recortadas de revistas y dárselas a sus compañeros para que, por grupos de 3 ó 4, inventen la «historia» de la foto que les haya tocado.

EL SUBJUNTIVO

Verbos de lengua, entendimiento, percepción. Frases interrogativas indirectas
a) *Transforma el infinitivo en el tiempo y modo adecuados*

1. Nadie me **ha preguntado si** me (interesar) ...... o no, por eso no he dicho nada.
2. **Imagino que** ya (saber, tú) ...... la noticia, pero **te advierto** que no (querer, yo) ...... oír más comentarios.
3. **No sabía que** (tú, sacar) ...... las oposiciones. ¡Qué suerte!
4. **No sabía cómo** lo (tomar) ...... mi padre, y no se lo dije.
5. **¿Crees que** el expediente (servir) ...... para algo a la hora de elegir a los profesores?
6. Oye, **no veo que** (llegar) ...... tanta gente como tú anunciabas.
7. **Espero que** no (molestarte) ...... que (ir) ...... contigo, **es que** no (gustarme) ...... salir sola.
8. **Me pregunto cómo** se lo (montar) ...... Pepe para haber llegado tan alto en tan poco tiempo.
9. Si no puedes venir, no (preocuparte) ......, yo **te contaré lo que** (pasar) ...... con pelos y señales.
10. **No me explicó lo que** le (decir) ...... en la secretaría porque, según ella, eran bobadas.
11. **No puedo imaginar quién** (ser) ...... capaz de decirle al niño una cosa semejante.
12. Aún **no he pensado qué** menú (resultar) ...... mejor para una cena tan elegante.
13. **He pensado que** (vosotros, leer) ...... ese libro porque tiene un vocabulario muy útil y es divertido.
14. **Nunca había pensado** que (ser) ...... tan difícil enseñar un idioma.
15. **Entiendo que** (estar) ...... cansado, pero ¡hombre! tú no eres el único en trabajar 8 horas diarias.
16. **¿Has notado que** ya no nos (invitar) ...... a ir a su casa como antes?
17. Soy de un despistado... Yo **no había observado** que (tener) ...... ese tic.
18. **No creas que** yo (ir) ...... a hacer tu capricho.
19. **No digáis que** el examen (ser) ...... difícil.

20. **Admito que** (ella, sufrir) ...... mucho en la vida, pero de ahí a pasarse la vida llorando...
21. Llego tarde, ya lo sé, **es que** siempre (entretenerme) ...... a última hora.

b) *Completa*

1. Admito que ......
2. Me han contado que ......
3. Me pregunto cómo ......
4. No veo quién ......
5. He visto que ......
6. Entendemos que ......
7. Parecía que ......
8. Esperaban que ......
9. Esperaré a que ......
10. Le conté lo que ......
11. Le contaré lo que ......
12. Sé que ......
13. No sabía dónde ......
14. No sabía si ......
15. No sabía que ......
16. He decidido que ......
17. Te advierto que ......
18. No he pensado cómo ......
19. No pensaba que ......
20. Ya me parecía a mí que ......

c) *RECUERDA*

No se puede decir:

$$\left.\begin{array}{l} \text{algo} \\ \text{nada} \end{array}\right\} \text{de} + \text{adjetivo}$$

Frases como éstas son erróneas:
  * Tengo algo de interesante que contarte.
  * No tengo nada de divertido que contarte.

Lo correcto es:
  —Tengo algo interesante que contarte.
  —No tengo nada divertido que contarte.

En cambio sí se puede decir:

$$\left.\begin{array}{l} \text{algo} \\ \text{nada} \end{array}\right\} \text{de} + \left\{\begin{array}{l} \text{infinitivo} \\ \text{sustantivo} \end{array}\right.$$

Ej.: ¿Queda algo de comida?
   ¿Queda algo de comer?
   No, no queda nada de comida.
   No, no queda nada de comer.

d) VOCABULARIO: *Grupos de verbos que se prestan a confusión*

Completa los espacios en blanco usando los siguientes verbos: **quedar, dejar, faltar, sobrar, durar, tardar:**

1. He hecho demasiada comida, por eso ha ......
2. Si viene tanta gente....... sillas.
3. Se ruega puntualidad, la película ...... 3 horas y media.
4. Ve a comprar el pan y no ...... mucho.
5. El correo ..... mucho en llegar porque los trenes no son muy rápidos.
6. Ya no me acuerdo si he ...... la puerta abierta o cerrada.
7. Después de hablar con calma las cosas han ...... aclaradas.
8. Con este detergente maravilloso la'ropa ...... muy limpia.
9. He ...... todo sin hacer, por venir lo antes posible.
10. Aquí ...... un bombón ¿quién se lo ha comido?
11. Todos hemos entendido, así que tus aclaraciones ......
12. Este año el verano está ...... más de lo habitual.

d1) *Explica el sentido de las siguientes expresiones*

—No faltaría más.
—Sólo faltaba eso.
—Se ha quedado de una pieza.
—Déjate de cumplidos.
—Lo sé de sobra.
—Aquí estamos de sobra.
—¿Te quieres quedar conmigo o qué?
—Pepe y María se han dejado.
—Eso deja mucho que desear.
—¿En qué quedamos?

SITUACIÓN

Vamos a practicar el subjuntivo:
Dividíos en grupos de 3; dadles a vuestros compañeros frases sueltas en las que aparezca el subjuntivo ya estudiado. Tienen que hacer un diálogo insertando esas frases (¡No seáis malos!).

EL SUBJUNTIVO

Frases de relativo o adjetivas
a)   *Transforma el infinitivo en el tiempo y modo adecuados*

1.   Te pasas la vida buscando un remedio que (solucionar) ...... todos tus problemas de un plumazo.

2.   He encontrado el libro que (necesitar) ...... para hacer ese trabajo. ¡Estoy más contenta...!

3.   No hay ningún medicamento que (curar) ...... de la misma forma a todos los enfermos.

4.   No he conocido a nadie que (resistir) ...... la lectura de ese libro.

5.   ¿Hay alguien a quien le (interesar) ...... una cámara y un teleobjetivo muy baratos?

6.   Ya lo dice el refrán: «El que (querer) ...... comer peces...», que se (meter) ...... a cogerlos.

7.   Yo os invito a todos; los que (venir) ......, serán bien recibidos, los otros... ¡allá, ellos!

8.   Los ejercicios que (nosotros, hacer) ...... después, serán más difíciles, claro.

9.   Trataré de convencerlo, le buscaré las vueltas y no habrá ningún argumento que no (usar) ......

10.   No hay persona más feliz que la que (conformarse) ...... con lo que (tener) ......

11.   Nadie que se (estimar) ...... medianamente, podría admitir una cosa así.

12.   ¡Chica, cualquiera que te (ver) ...... pensaría que te (dar) ...... una paliza! ¡Vaya aspecto que tienes!

13.   Claro que cierro los cajones con llave; no puedo fiarme del primero que (llegar) ......

14.   Papá, no quiero que (controlar) ...... a mis amigos; yo salgo con quien me (apetecer) ......

15.   ¿Estamos de acuerdo entonces? El primero que (encontrar) ...... algo, que avise a los otros.

16.   Para ser alguien que (viajar) ...... tanto, tienes unas ideas bastante estereotipadas de las cosas.

17.   Un tipo que (acabar) ...... de llegar del pueblo, no se dejaría·engañar como tú.

18.   Nunca haré lo que me (mandar) ...... si no me dan alguna razón para ello.

19. Yo creo que hoy día no quedan personas que (pensar) ...... así.
20. No quiero tener nada que ver con alguien que se (comportar) ...... tan a lo lo-
    co.

b) *Completa*

1. Tengo algunas dudas que ......
2. Necesito algunas aclaraciones que ......
3. Estoy buscando un libro que ......
4. Estoy buscando el libro que ......
5. ¿Has visto a alguien que ......?
6. ¿Has encontrado a la persona que ......?
7. No existe nada que ......
8. No existen problemas que ......
9. No conozco una sola persona que ......
10. Serán difíciles las preguntas que ......
11. Eran difíciles las preguntas que ......
12. Tendrá jardín la casa donde ......
13. Aprobarían sólo los alumnos que ......
14. Aprobaron sólo los alumnos que ......
15. Me gustará la manera en que ......
16. Me gustó como ......
17. Tendrán que ayudar los que ......
18. Deben inscribirse quienes ......
19. Dejen sobre la mesa los libros que ......

c) *RECUERDA*

SI NO: Es una condicional negativa. Se ha elidido el verbo, por eso debe llevar una
         coma detrás de «no».
         Ej.: Hazlo, si no, me enfadaré.

SINO: (I) Es una adversativa que excluye enteramente lo afirmado en la primera
         frase y contrapone una frase afirmativa a otra negativa.
         Ej.: No he dicho que esté triste sino enfadado.
             Es incorrecto decir:
                 * No he dicho que esté triste pero enfadado.

         (II) Si detrás de **sino** hay un verbo hay que añadir **que**.
         Ej.: No he dicho que no quiera hacerlo sino que no tengo tiempo.

         (III) Puede significar *más que*.
         Ej.: «No esperas de mí sino apoyo incondicional».

PERO: También es una adversativa. Se usa con valor restrictivo. Es decir, la oposi-
         ción entre las dos oraciones tiene un sentido de limitación.
         Ej.: «No me gusta eso pero lo haré».
             «He dicho eso pero lo retiro».

c1) *Completa los espacios en blanco usando correctamente: si no, pero, sino*

1. Es muy inteligente ...... no estudia nada.
2. Hazme ese favor, ..., te acordarás de mí.
3. Nadie le ha dicho nunca la verdad, ... yo lo haré.
4. No es a ti a quien quiero ver ...... a tu hermana.
5. No necesito que hagas por mí todo el trabajo ...... que me ayudes un poco.
6. No has hecho todo lo que esperaba de ti ...... estoy bastante satisfecha de tus logros.
7. No la envidies, ..., sufrirás mucho.
8. No me molesta que oigas música ...... que la pongas a ese volumen tan alto.
9. Estudia un poco más intensamente, ... vas a suspender.
10. Hoy no hay ...... sinvergüenzas y vagos.
11. No tengo ganas de comer ...... de beber.
12. Con hacer una dieta tan estricta no conseguirá ...... enfermar.

d) *VOCABULARIO: Explica el significado o la diferencia de las siguientes expresiones o palabras relacionadas con el cine:*

—Rodar ⎤
—Estrenar ⎥
—Proyectar ⎬ Una película
—Poner ⎥
—Echar ⎦
—Tener buena (mala) crítica
—Ser nominada para un Oscar
—Conceder un Oscar
—Ser galardonada
—Interpretar
—Hacer de
—El/la guionista

—El cineasta
—El director
—El productor
—El cámara
—La estrella
—Actor/actriz consagrado-a
—Actor/actriz secundario-a
—El/la extra
—El/la especialista
—El estudio
—El plató

SITUACIÓN

Hans ha ido al cine con algunos amigos y se ha propuesto convencer a sus compañeros de que vayan a ver la misma película porque le ha parecido estupenda. Busca tú también razones convincentes para animar a tus amigos a ver una película. Usa el vocabulario del cine.

EL SUBJUNTIVO

Frases temporales y concesivas (adverbiales)

a) *Transforma el infinitivo en el tiempo y modo adecuados*

1. Cuando (tú, llegar) ......, empieza la discusión.
2. Cuando (tú, llegar) ......, habíamos terminado de comer.
3. Cuando (tú, llegar) ......, envíanos un telegrama. ¿De acuerdo?
4. Hasta que (tú, aprenderlo) ...... no saldrás de casa.
5. Hasta que (saberse) ...... la noticia, estuvimos muy preocupados.
6. Te portarías bien sólo hasta que (darte, nosotros) ...... ese permiso que deseas.
7. Lo hice antes de que me lo (mandar) ......
8. Lo haré antes de que me lo (pedir) ......
9. Tan pronto como lo (saber) ......, te lo diré.
10. En cuanto (tú, cobrar) ...... , te compraste lo que querías.
11. Aunque (él, estudiar) ...... como un loco, no aprueba.
12. Aunque (él, trabajar) ...... como un animal, nunca será rico.
13. A pesar de que (tú hacer) ...... lo que te dijo, se enfadó contigo.
14. A pesar de que le (vosotros, dar) ...... lo que os pida, nunca estará satisfecho.
15. Por más que (correr) ...... y (saltar) ......, no se cansa.
16. Por más que te (esforzar) ......, no lo comprenderás.
17. Por mucho que (gritar) ......, no os oirá.
18. Por mucho que (trabajar) ......, mi abuelo no se hizo rico.
19. Por muchos libros que (tener) ......, no creo que (ser) ...... una persona culta.
20. Por muy feliz que (parecer) ......, no te fíes de las apariencias.
21. Por muy lejos que te (ir) ......, nunca podrás olvidarme.
22. Por difícil que (ser) ......, yo haría eso y más por ti.

b) *Cambia las siguientes frases según este modelo*

Leo cuando tengo tiempo.
   a) Leía cuando tenía tiempo.
   b) Leeré cuando tenga tiempo.

1. Me pongo a trabajar después de que se van los niños al «cole».
   a)
   b)

2. **Apenas** llueve, la gente se mete bajo los soportales de la Plaza.
   a)
   b)
3. **Tan pronto como** conoce a alguïen, le cuenta la historia de su vida.
   a)
   b)
4. **Según** van llegando, van sentándose.
   a)
   b)
5. **A medida que** avanzo, tengo la impresión de saber menos.
   a)
   b)

b1) *Cambia las siguientes frases según este modelo*

Aunque es española no habla español.
   a) Aunque era española no hablaba español.
   b) Aunque sea española, no hablará español.
   c) Aunque fuera española, no hablaría español.

1. **Aunque** está a dieta, no adelgaza.
   a)
   b)
   c)
2. **A pesar de que** trabaja mucho, gana poco.
   a)
   b)
   c)
3. **Por más que** me lo explicas, no lo entiendo.
   a)
   b)
   c)
4. **Aun cuando** es muy inteligente, dice tonterías increíbles.
   a)
   b)
   c)
5. **Por muchos** amigos que dice tener, está siempre solo.
   a)
   b)
   c)

b2) *Transforma según el modelo*

Me llamaron antes de salir yo = Me llamaron antes de que saliera.
1. Después de marcharse el tren, vi que no le había dado el paquete.
   —
2. A pesar de saber mucho, te han suspendido.
   —

3. Hasta llegar a casa, no nos enteramos de la noticia.
—

4. Por mucho estudiar a última hora, no aprenderás lo que no sabes.
—

5. Lo haré antes de pedírmelo tú.
—

6. Después de llegar él, podremos empezar.
—

c) *RECUERDA*

Llevan siempre **de + infinitivo** los verbos siguientes: presumir, acordarse, aprovecharse, quejarse, abusar, tratar, burlarse, etc.
Haz una frase con cada uno de estos verbos.
También pueden construirse estos verbos con **de + sustantivo**.
Ej.: Acordarse de un nombre.
    Aprovecharse de una situación..., etc.

d) *VOCABULARIO: Completa los espacios en blanco usando correctamente las siguientes construcciones: darse prisa; tener/llevar prisa; meter prisa; correr prisa*

1. Si quieres que lleguemos al cine, ... en arreglarte.
2. ¿Podría ponerles tapas a los zapatos ahora mismo? Es que me ...... mucha prisa.
3. ¡Hombre! no me ...... prisa que me pongo nervioso y lo hago mal.
4. Luego te llamo por teléfono, ahora no puedo pararme, ... prisa.
5. Si le ...... prisa, irá más despacio, le gusta llevar la contraria.
6. No puedo esperarte, ... prisa.
7. Me ...... prisa saber el resultado de la prueba.
8. Si nos ...... prisa, podremos alcanzarlo en la parada del autobús.

d1) *Explica el sentido de las siguientes expresiones*

—Dar coba   —Darse aires de
—Dar la lata   —Darse una paliza
—Dar la paliza   —Dar(se) de alta, de baja
—Dar una paliza   —Darse por contento
—Dar pie a, para   —Darse muy bien, muy mal una cosa

SITUACIÓN

Los que ayer no defendieron la película hoy deben convencer a sus compañeros de que lean un libro estupendo que les haya encantado.

EL SUBJUNTIVO

Frases modales, concesivas, temporales (adverbiales)
a) *Transforma el infinitivo en el tiempo y modo adecuados*

1. Haz las cosas como te (decir) ......
2. No te quejes, siempre haces las cosas como tú (querer) ......
3. Lo expliqué según lo (saber) ......
4. Explícalo de la manera que mejor (saber) ......
5. Lo cuenta de modo que (parecer) ...... verdad.
6. Lo contó de modo que (parecer) ...... verdad.
7. Me quedaré hasta que me (llamar, ellos) ...... por teléfono.
8. Mientras no te (ir) ......, no tuve miedo.
9. Mientras no te (ir) ......, no tendré miedo.
10. Mientras yo (bañar) ...... al niño, prepárale tú la cena.
11. Siempre que (salir) ...... con ese chico, sus padres se enfadaban.
12. Siempre que se lo (permitir) ...... sus ocupaciones, pasa algunos días en el campo.
13. Siempre que (tener, yo) ...... ocasión, iré a visitarte, te lo prometo.
14. Por muy cansada que (estar) ......, siempre le cuenta un cuento a su hijo al acostarlo.
15. Por muy difícil que (ser) ...... la pregunta, siempre encontraba una respuesta.
16. Por muy rico que (ser) ......, yo no me habría casado con él.
17. Por mucho que (comer) ......, siempre tiene hambre.
18. Por más que le (corregir) ......, siempre cometía los mismos errores.
19. Por mucho interés que (poner) ......, su cerebro no daba para más.
20. Puedes preparar el pollo como más te (gustar) ......

b) *Preposiciones que indican TIEMPO (1): A, CON, DE-A, DESDE, EN, ENTRE*

Completa los espacios en blanco usando una de las preposiciones anteriormente citadas:

1. Estaremos en casa ...... el día uno de agosto.
2. Te ayudaré a hacerlo ...... el ratito que tengo libre ...... las once.
3. Iremos a la playa ...... el 15 y el 20.

4. Hace jornada intensiva, trabaja ...... 9 ...... 3.
5. Se levanta ...... el alba.
6. Te estoy esperando ...... las 9. ¿Crees que se puede hacer esperar a la gente tanto tiempo?
7. Yo puedo hacer eso ...... la mitad de tiempo que tú.
8. La verdadera juventud empieza ...... los 30 ¿verdad?
9. Esa sala de fiestas no la abren ...... semana.
10. ...... lunes ...... viernes me encierro en casa a trabajar.
11. ...... medianoche salen las brujas en sus escobas.
12. Eres un tipo muy extraño; aquí nadie se acuesta ...... las gallinas.
13. Esas cosas ocurrían ...... tiempos, afortunadamente, ya pasados.
14. Eso te lo arreglo yo ...... un periquete.
15. ...... esas horas no anda un alma por la calle.

c) *RECUERDA*

En frases subordinadas, las conjunciones temporales no pueden llevar nunca ni el futuro, ni el condicional.
Frases como éstas son incorrectas:
       * Cuando **volveré** a mi país, sabré más español.
       Lo correcto es:
       Cuando **vuelva** a mi país, sabré más español.
       * Me dijo que se lo prestaría cuando terminaría.
       Lo correcto es:
       Me dijo que se lo prestaría cuando terminara.
Pero las conjunciones temporales pueden llevar el futuro o el condicional en frases interrogativas:
       Ej.: ¿Cuándo volverás?
           ¿Cuándo tendría yo una oportunidad como ésa?
No hay que olvidar que, de entre todas las conjunciones temporales, sólo CUANDO, funciona como adverbio interrogativo.

d) *VOCABULARIO: Sustituye el verbo DECIR de forma que no se repita ninguno*

1. **Dijo** que él había cometido el robo.
2. **Dice** que no se equivoca nunca.
3. No sé cómo **decir** lo que pienso.
4. **Ha dicho** a la policía que fue él quien cogió el dinero.
5. La madre **dijo** al juez que no condenara a su hijo.
6. Me **dijo** un secreto.
7. Quiero **decirte** todos los platos que sé preparar.
8. El presidente **dijo** un discurso que gustó mucho a todos.
9. No supo **decir** razones de peso.
10. **Ha dicho** a la prensa que se retirará del cine el año próximo.
11. «Me estáis discriminando» —**dijo** ella—.
12. **Dijo** con mucha insistencia que era un acto muy importante.
13. Todo el tiempo **estaban diciendo** cosas en voz muy baja.

14. No me gusta que **digas cosas** de los demás cuando no están presentes.
15. **Dijo** una tontería cuando nadie se lo esperaba.

d1) *Lee las siguientes frases*

1. Temperaturas de ayer en Madrid: + 8º de máxima a las 14 h. y 1º de mínima a las 3,30 h.
2. 2/3 del sueldo se me van en pagar la casa y la comida, y el otro 1/3 apenas me llega para todo lo demás.
3. Una estadística hecha en 1983 demuestra que todavía un 0,1 % de la población es analfabeta.
4. Horario al público: Mañanas 9,30 - 1,30. Tardes 4,15 - 7,45 h.
5. Las sesiones para ir al cine en Salamanca empiezan a las 5, a las 7,45 y a las 10,45 h.

SITUACIÓN

Hoy debéis comentar en clase el siguiente refrán: «La letra con sangre entra». Podéis hacerlo hablando o por escrito.

Vocabulario apropiado

—Ser un hueso.
—Estar pegado en...
—Chapar la lección.
—Ser un empollón.
—Ser un-a trasto-a.
—Ser un armadanzas.
—Ser un-a revoltoso-a.

—Cargar en...
—Meter un rollo.
—No mirar el libro ni por el forro.
—Saber algo a papagayo.
—Meter en cintura.
—Dar una lección / un escarmiento.
—¡Te la vas a cargar!

LA EXPRESION DE LA CONDICION: SI

a) *Completa usando el tiempo y modo adecuados*

1. Si (nosotros, comprar) ...... el «stereo», fue porque era una ganga.
2. Me dijeron que, si (querer) ......, (poder) ...... irme.
3. Se acercaba paseando hasta nuestra casa y, si (ver) ...... luz (entrar) ...... a saludarnos.
4. Si tú (ver) ...... algo que te haya parecido raro, dínoslo; todo puede sernos útil.
5. Si al llegar a casa, tú (observar) ...... que alguien había entrado, (deber) ...... avisar a la policía.
6. No me digas más; yo no vi la carrera, pero si (ir) ...... vestido de rojo, verde y azul, ese tipo del que hablas (ser) ...... mi vecino.
7. Si (tener) ...... más tiempo, me quedaría un rato.
8. Te llamaré mañana si (haber) ...... alguna novedad.
9. Si la vida de las personas (durar) ...... mil años, ya no (caber) ...... en el mundo.
10. Veo que no te has enterado de nada, si (escuchar) ...... atentamente cuando yo hablaba, no (hacer) ...... ahora esa pregunta.
11. Si ayer no (nevar) ......, hoy no (hacer) ...... tanto frío.
12. Si ese tío (ser) ...... un pobretón, no le (robar) ...... el otro día.
13. No le dijo la verdad porque, si se la (decir) ......, nunca más (volver) ...... a confiar en él.
14. Te advirtieron que, si no (cambiar) ...... de actitud, (tomar) ...... medidas más severas.
15. Si te (molestar) ...... lo del otro día, lo siento; no (ser) ...... mi intención ofenderte.
16. Comprende que si (prohibirte, yo) ...... hacerlo, (ser) ...... por alguna razón.
17. Si durante el curso (vosotros, trabajar) ......, ahora (hacer) ...... un examen brillante.
18. Si tú no (tener) ...... ese carácter, no te (echar) ...... del trabajo. ¿Qué piensas hacer ahora?
19. Si ya (pensar) ...... en esa posibilidad ¿por qué no nos lo (decir) ......?
20. Todas las noches encontraba una excusa para sacar la botella de coñac; si (pasar) ...... un día agradable, (estar) ...... eufórico y (emborracharse) ...... por ese motivo; si, por el contrario (tener) ...... algún disgusto en el trabajo o con

su amiga,(ponerse) ...... melancólico y (beber) ...... para olvidar; ahora ya no hay remedio, está alcoholizado. Pero si le (informar) ...... a tiempo de los peligros de la bebida, no (empezar) ...... a beber y ahora (ser) ...... una persona normal.

b) *Coloca el artículo necesario*

1. ...... señora Ramírez es ...... mujer muy ocupada.
2. «...... señora Ramírez ¿podría dedicarnos ...... minutos de su precioso tiempo?».
3. Tenemos ...... tienda de campaña para salir ...... campo ...... fines de semana.
4. Tenemos ...... tienda de campaña estropeada.
5. Me fumé ...... paquete entero, yo solito.
6. ...... paquete que me regalaron desapareció, me quedan ......cigarrillos.
7. La aspiración de ...... jóvenes de esta escuela es ...... de hacerse ...... buenos profesionales de ...... enseñanza.
8. ...... señor Presidente no puede recibirle. Está en ...... reunión muy importante.
9. Su vocabulario es impropio de ...... persona de su posición y categoría.
10. ...... persona que devuelva ...... pulsera perdida ayer en ...... baile recibirá ...... gratificación. Se trata de ...... recuerdo de familia.
11. ...... coche se hace imprescindible hoy día como ...... instrumento de ......,.. trabajo.
12. «...... dinero no da ...... felicidad».
13. Le dio ...... cólico terrible. Lo pasó fatal.
14. Hoy estás de ...... pesado... No hay quien te aguante.
15. Es insoportable: se cree ...... Dios.

c) *RECUERDA*

Los verbos **querer, deber** y **poder** tienen un comportamiento especial en indefinido:

quise ir al cine ⟨ y fui
= hubiera querido ir al cine
(pero algo me lo impidió)

debí avisar a la policía ⟨ y la avisé
= hubiera debido avisar a la policía
(pero no fue necesario)

pude comprarlo ⟨ y lo compré
= hubiera podido comprarlo
(pero me pareció muy caro)

Es decir: El contexto nos aclarará si el verbo expresa la realización del hecho o sólo la posibilidad de haberlo hecho.

Ej.: Ayer quise ir al cine, pero llegaron unos amigos y nos quedamos en casa charlando.

Ayer quise ir al cine y telefoneé a un amigo para que viniera conmigo. Lo pasamos muy bien.

d) *VOCABULARIO: Sustituye el verbo LLEVAR por otro o explica las siguientes frases*

1. **Lleva** media hora tratando de hablar con él por teléfono.
2. Mi hermano me **lleva** dos años.
3. Quince entre 2 a 7 y me **llevo** una.
4. Estos chicos **se llevan** como el perro y el gato.
5. Hasta ahora **llevo** estudiadas 15 lecciones.
6. Quiero hacerme un buen traje, pero creo que el sastre me va a **llevar** mucho.
7. Olvidar los errores de una guerra **lleva** tiempo.
8. Me he **llevado** un susto de muerte.
9. **Lleva** su enfermedad con alegría.
10. A pesar de su edad **lleva** los negocios de su padre con buena mano.

SITUACIÓN

Dividíos en grupos de 3 ó 4, buscad un objeto cualquiera y describidlo a través de rasgos secundarios; por ejemplo: un abanico, puede servir para matar moscas. Vuestros compañeros deben adivinar de qué objeto se trata.

EL SUBJUNTIVO

Frases condicionales y finales (adverbiales)

a) *Transforma el infinitivo en el tiempo y modo adecuados*

1. Te voy a comprar un helado para que no me (dar) ...... más la lata.
2. Te acompañaré a fin de que (aprender) ...... cómo (hacerse) ...... estas cosas.
3. En caso de que (llegar) ...... a casa y no (haber) ...... nadie, pídele la llave a la vecina.
4. He venido a que me (prestar) ...... tus apuntes.
5. Como (portarte) ...... mal, se lo diré a tu madre y no te llevará al circo.
6. Puedes asistir a la clase con tal de que (estarte) ...... calladito.
7. Yo creo que no debes decírselo, a menos que (insistir) ...... mucho para que se lo (contar) ......
8. Ve donde quieras siempre que no me (pedir) ...... dinero a mí.
9. Con que tú (asistir) ......, la fiesta será ya maravillosa para mí.
10. Explícamelo de nuevo, que lo (entender, yo) ...... mejor.
11. Habla en voz baja, que no (enterarse, ellos) ......
12. Deja ese jarrón, no sea que se (romper) ......
13. Estoy acumulando puntos con vistas a que me (dar) ...... esa plaza.
14. Con que me (dejar) ...... el coche, es suficiente; yo pondré la gasolina.
15. Como le (hacer) ...... enfadar, no conseguirás nada de él.
16. Mientras (tener) ...... dinero, no te faltarán amigos.
17. Puedes venir a casa, salvo que (preferir) ...... estar en otro sitio.
18. Con tal de que tú (ser) ...... feliz, yo sería capaz de cualquier cosa.
19. Con que (tener) ...... solamente el dinero de la entrada, podrías comprar fácilmente el coche.
20. Te lo conté para que (aprender) ...... la lección, no para que (ir) ...... comentándolo por ahí.

b) *Sustituye la frase con si por otra, usando una conjunción condicional diferente*

1. **Si no haces** lo que te piden, te echarán del grupo.
2. Lo haré con mucho gusto **si tú estás** conmigo.
3. Yo sé continuar el trabajo **si alguien me lo empieza.**
4. No abras la boca **si no te preguntan.**

5. **Si tienes dudas,** puedes preguntarle, es un tipo enterado.
6. **Si no pagas** las multas por aparcamiento indebido, te retirarán el permiso de conducir.
7. **Si tienes tiempo,** haz unas cuantas flexiones; te sentirás mucho mejor después.
8. **Si no pones** un poco de tu parte, la situación no mejorará.
9. **Si le regalas** un sencillo ramo de flores, te lo agradecerá más que cualquier otra cosa.
10. Garantizamos su compra; **si el aparato se estropea,** le devolvemos su dinero.

c) *RECUERDA*

La conjunción condicional **SI** nunca debe llevar su verbo en futuro ni condicional; tampoco en presente ni pretérito perfecto de subjuntivo.
Frases como éstas son incorrectas:
    * 1. **Si tendré tiempo,** lo haré.
    * 2. **Si tenga tiempo,** lo haré.
    * 3. **Si haya tenido tiempo,** lo habrá hecho.
    * 4. **Si tendría tiempo,** lo haría.
        Lo correcto es:
        1 y 2: Si tengo tiempo, lo haré.
        3: Si ha tenido tiempo, lo habrá hecho.
        4: Si tuviera tiempo, lo haría.

No hay que confundir el **SI** condicional con el SI que se usa para introducir las frases interrogativas indirectas: Este último admite el futuro y el condicional y casi nunca el subjuntivo.
Ej.: Me preguntó si lo haría.
Me ha preguntado si lo haré.

d) *Preposiciones que indican TIEMPO (2): HACIA, HASTA, PARA, POR, SOBRE, TRAS*

Completa los espacios en blanco usando una de las preposiciones anteriormente citadas.
1. Llegaremos ...... las 3 de la tarde.
2. ...... la tormenta viene la calma.
3. ...... esas fechas habremos terminado.
4. Me lavo la cabeza 3 veces ...... semana.
5. Fue un espejismo, la alegría me duró sólo ...... unos minutos.
6. ¿Qué te parece si lo dejamos ...... otro día?
7. Va ...... una hora que salió, tendría que haber vuelto ya.
8. Trabajamos ..... la salida del sol.
9. ...... unos minutos de silencio, la discusión se reanudó.
10. Las obras fueron aplazadas ...... el verano.
11. ...... aquel entonces nadie se atrevía a hacer esas cosas.
12. ...... el mediodía se ocultó el sol y parecía de noche.
13. ¿Te gustaría vivir ...... los cien años?

14. Han aprendido la lección; no lo repetirán ...... mucho tiempo.
15. Quedan cinco días ...... la fiesta.
16. ...... los 18 años no puedes votar.
17. Fue ...... los años 30 cuando el abuelo empezó su negocio ¿no?
18. Va ...... los 40 pero se conserva tan ágil y bella como a los 20.
19. Anoche llegué a casa ...... la una, pero ya estabais dormidos y no quise despertaros.
20. ...... un momento me pareció estar hablando con mi padre. Dices las mismas cosas que él.

e) *VOCABULARIO: Grupos de verbos que se prestan a confusión*

Completa los espacios en blanco usando los siguientes verbos, **consistir en, componerse de, constar (de), conformarse con, adaptarse a, amoldarse a.**

1. No soy muy exigente ...... que no me quiten el trabajo.
2. El agua ...... dos partes de hidrógeno y una de oxígeno.
3. Todo ...... mantener la serenidad hasta el momento adecuado.
4. La nueva Ley ...... 15 artículos.
5. A mí ...... que tiene interés aunque no viene mucho a clase.
6. Me ...... fácilmente a las nuevas situaciones.
7. Su encanto ...... su naturalidad.
8. Una mesa ...... un tablero y patas.
9. Este plato ...... arroz, verdura y condimentos al gusto.
10. No podemos comprarte lo que quieres, ... (imperativo) ese balón de fútbol.
11. Debes ...... las normas del centro si quieres seguir en él.
12. Te evitarás muchos problemas si aprendes a ...... cada circunstancia.
13. Su nombre no ...... en el Registro Civil.
14. Podéis ir y bañaros en ese río, sois adultos, pero que ...... que yo os he avisado.
15. Suiza ...... varios cantones que funcionan con autonomía.

SITUACIÓN

Hans tiene nostalgia de sus amigos vieneses y quiere poner una conferencia. Va a la telefónica y habla con la señorita encargada de atender al público. Imagina el diálogo entre ambos.

Vocabulario apropiado

—Conferencia a cobro revertido.
—Marcar un número.
—Estar comunicando.
—No dar la señal.
—Esperar el tono.

—Cortarse la comunicación.
—Cruzarse las líneas.
—Estar sobrecargadas las líneas.
—Estar bloqueadas las líneas.
—Oírse muy lejos/mal.

UNIDAD-20

EL SUBJUNTIVO (III)

Frases consecutivas y causales (Adverbiales)

a) *Transforma el infinitivo en el tiempo y modo adecuados*

1. Has crecido tanto que la ropa ya no te (valer) ......
2. Eres de un cinismo tal que no (poderse) ...... creer.
3. ¡Tranquilo, hombre! No corra tanto que (ir) ...... a estrellarse.
4. Ya habéis aprendido mucho, por lo tanto no me (necesitar) ......
5. Como ya (hacer) ...... lo que te mandé, puedes salir a jugar a la calle.
6. He comprobado que me has mentido, conque (cerrar) ...... la boca, por lo menos.
7. ¡Conque tú no (saber) ...... nada! ¿eh? y ¿qué es esto que he encontrado en tu habitación?
8. La carrera fue aplazada pues las carreteras (estar) ...... intransitables a causa de las lluvias.
9. Baja el volumen de la radio, que no (oír, yo) ...... bien lo que dices.
10. Puesto que te (creer) ...... tan mayor, arréglatelas tú solo.
11. No bebió tanto como para que le (dar) ...... aquel ataque.
12. No está tan lejos que (tener, nosotros) ...... que coger un taxi.
13. No he pisado tanto el acelerador como para que me (poner) ...... esa multa.
14. Como nadie me (prestar) ...... atención, me callo y en paz.
15. Visto que nada te (gustar) ......, a partir de ahora te preparas tú mismo la comida.
16. Gracias a que (nosotros tener) ...... azúcar guardada, no tuvimos que pasarnos sin ella, cuando la racionaron.
17. No puede gastar el dinero de tanto como (tener) ......
18. Lo hago porque me (apetecer) ......, no porque me lo (mandar) ......
19. No lo voy a hacer porque tú lo (decir) ......, sino porque (ser) ...... una cosa de justicia.
20. Llegué tan cansado que no (poder) ...... con mi alma.

b) *Di si las siguientes frases son correctas. En caso negativo, señala la razón y propón una solución mejor*

1. Estudio para que yo aprenda.

2. Te lo explico para que lo aprendas.
3. Me dijo de venir a tu casa.
4. Le pedí contarlo todo.
5. Me ha obligado a hacerlo.
6. Me ha obligado a que lo haga.
7. Te advertí no decir nada a nadie.
8. Te advertí que sería muy difícil.
9. He venido a que me dejes tus apuntes.
10. He estudiado a que saque buenas notas.
11. Le he animado a que siga luchando.
12. Quiero que yo tenga suerte.

c) *Coloca el artículo necesario*

1. ...... tiempo es ...... oro.
2. ...... tiempo es lo que necesito yo, no ...... consejos.
3. ...... Madrid, hoy en día, está tan contaminado que no se puede respirar.
4. ...... Madrid de hoy día es ...... ciudad monstruosa.
5. Su marido es ...... médico y gana ...... buen sueldo en el hospital.
6. Su marido es ...... médico famoso y cada consulta cuesta ...... ojo de ...... cara.
7. No puedo terminar de leer esos libros porque no tengo ...... tiempo.
8. Con ...... poco de dinero, haría yo ...... maravillas en esta habitación.
9. Con ...... poco dinero que gana hace milagros para llegar a fin de ...... mes.
10. Esto es ...... poco dinero para comprar lo que quieres.
11. Todos tenían ...... hambre de lobo y comían ...... filetes y ...... huevos como si fueran avellanas.
12. Estás de ...... quisquilloso insufrible.
13. ...... jefe de mi amigo es ...... hombre tiránico y de ...... tacañería feroz.
14. ...... esperanza es ...... último que se pierde.
15. ...... verde es ...... de mis colores favoritos.

d) *RECUERDA*

EN, PARA y **POR** expresan tiempo, pero:

EN: Localiza de un modo preciso en pasado, presente o futuro.
        —Me casé en marzo.
        —Me toca en este momento.
        —Me iré en abril.

PARA: Expresa límite temporal referido al futuro, no expresa duración, sino plazo o límite de (la acción) tiempo.
        —Lo dejaremos para la semana próxima.
        —Para mañana, haced el ejercicio siguiente.

POR: Localiza de modo impreciso, aproximado, lo mismo que EN, expresa lapso de tiempo o duración.
        —Por los años 20 hubo un gran incendio ¿verdad?
        —Tienes que sustituirme por unos momentos.

e)   *VOCABULARIO: Compuestos del verbo VOLVER: devolver; desenvolver(se); envolver; revolver; volverse*

Usa uno de los verbos anteriormente citados de acuerdo con el sentido.

1. Te presto el libro a condición de que me lo ...... lo antes posible.
2. Oyó que alguien pronunciaba su nombre y ...... rápidamente.
3. Por favor, ¿puede ...... me el libro para regalarlo?
4. A pesar de haber vivido siempre en un pueblo, ... en las fiestas de sociedad con seguridad y elegancia.
5. Niño, no ...... todo el armario para buscar unos calcetines.
6. No tengo paciencia para ...... los regalos, normalmente rompo el papel.
7. Sí, lo he prometido y no pienso ...... atrás.
8. La comida le sentó mal y ......
9. Las injusticias me ...... el estómago.
10. ¡Tiene una labia...! Siempre que quiere algo, me ...... de tal manera que no puedo negarme.
11. La blusa que compré ayer tiene un defecto. Voy a la tienda a que me den otra o me ...... el dinero.
12. Llegó al país sin dinero, sin amigos y sin hablar el idioma, y ahora ...... como si hubiera nacido en él.
13. No ...... a decir eso en mi presencia.
14. ...... para que te vea bien el traje.
15. No os vayáis, ahora ......

SITUACIÓN

Hoy vais a comentar por escrito el siguiente refrán: «El que a buen árbol se arrima, buena sombra le cobija».

Vocabulario apropiado

—Ser un aprovechado.
—Ser un arrivista.
—Ser un pelota.
—Ser un vividor.
—Estar enchufado.
—Tener mano en.
—Tener influencias.

—Sacar tajada de.
—Sacar partido de.
—Dejarse llevar.
—Todo se pega.
—Hacer sombra.
—Vivir de las rentas.
—Vivir del cuento.

EL SUBJUNTIVO

Expresiones de deseo, duda y reduplicadas

a) *Transforma el infinitivo en el tiempo y modo adecuados*

1. ¡Así se le (arruinar) ...... el negocio! Se lo tiene merecido por miserable.
2. Voy a recoger la papeleta de lingüística ¡Ojalá (aprobar, yo) ......!
3. Me han suspendido ¡Ojalá (estudiar) ...... más en vez de salir tanto!
4. No me sé la lección y seguro que hoy me pregunta «el profe» ¡Ojalá no (tener) ...... clase!
5. ¡Que (os divertir) ......!
6. No te preocupes si no puedes venir. ¡Ah! y ¡que te (mejorar) ......!
7. Le han tocado 50 millones de pesetas. ¡Quién (ser) ...... él!
8. ¡Quién (ir) ...... a decir que haría una cosa así!
9. ¡Quién (poder) ...... dejarlo todo y marcharse!
10. Estoy completamente de acuerdo. ¡Así se (hablar) ......!
11. A lo mejor no (poder) ...... salir de casa o quizás su padre (enterarse) ...... de todo.
12. Seguramente lo (saber) ......, así que no es necesario que se lo digamos.
13. Puede que (haber) ...... mentido, pero hay que darle otra oportunidad.
14. Que yo (recordar) ......, no hay ninguna farmacia por aquí.
15. (Ser) ......, tal vez, la mejor película que he visto sobre ese tema.
16. Si (irse, él) ......, que (irse) ......, ya volverá cuando quiera.
17. De acuerdo, que no lo (hacer, ellos) ......, ya veremos quién ríe el último.
18. (Vivir, ella) ...... como (vivir) ...... no es asunto tuyo juzgarla.
19. (Hacer, él) ...... lo que (hacer) ......, todo le salía bien.
20. (Llover) ...... o (nevar) ...... tú irás al colegio.
21. Te (gustar) ...... o no, tienes que comértelo.
22. O te (callar) ...... o te (ir) ...... pero no necesitamos más complicaciones de las que tenemos.
23. Si se (casar) ...... que se (casar) ...... ¿a mí qué me importa?
24. ¡Que hasta ahora nadie le (decir) ...... nunca la verdad! Es un crimen.
25. El hecho de que (ser) ...... la profesora te autoriza a echarlos de clase.

b) *Di si las siguientes frases son correctas. En caso negativo señala la razón y propón una solución mejor*

1. Cuando tendré dinero, me iré de casa.
2. Mientras me hablarás así, no te daré lo que me pides.
3. Cuando tengo dinero, lo haré.
4. Mientras se seca el suelo del salón, barreré la otra habitación.
5. Si seas bueno, me pondré muy contenta.
6. Si vendrás conmigo, te invitaré.
7. Si estuviste en la reunión, ya sabrás lo que voy a contar.
8. Está tan cansada que se duerma en cualquier sitio.
9. Vine para que me explicaste unas dudas.
10. Si serías mujer, comprenderías lo que siento.
11. Me pregunto cómo lo haga para tener tanta suerte.
12. No sé si vaya Juan a la fiesta.
13. ¿Cuándo te irás de aquí?
14. Irá donde irá siempre tendrá suerte.
15. Si te vas, vete. Pero no incordies más.

c) *RECUERDA*

La palabra MIENTRAS tiene diferentes usos.

(I) Mientras: temporal.
    Puede llevar indicativo con sentido habitual y pasado.
    Lleva subjuntivo refiriéndose al futuro.
        Ej.: Mientras estudio, me gusta oír música.
             Mientras estaba (estuve) allí, aprendí mucho.
             Mientras estés aquí, tendrás que ayudar.

(II) Mientras: condicional temporal.
     Siempre lleva subjuntivo.
         Ej.: Puedes quedarte mientras no molestes.
     Aunque tiene sentido condicional no pierde del todo el sentido temporal.

(III) Mientras que: adversativo: lleva siempre Indicativo.
         Ej.: Yo trabajo como un animal mientras que tú no haces nada.

d) *Completa usando el indicativo o el subjuntivo según lo requiera el sentido*

1. ¡Hijo mío! No te faltará de nada mientras yo (vivir) ......
2. Cámbiate de ropa mientras me (arreglar) ......
3. Mientras (esperar) ......, me fumé un paquete de cigarrillos.
4. Mientras (decir) ...... cosas terribles, le mira con unos ojos dulcísimos.
5. Mientras no te (dar) ...... un buen golpe, no aprenderás.
6. Mientras (ser) ...... tan ingenuo, todos se burlarán de mí.
7. Claro, lo entiendo muy bien: mientras (tener) ...... dinero, todos eran amigos ¿no?

8. Lo haré mientras tú (preparar) ...... la cena.
9. Ella ha nacido en el seno de una buena familia mientras que él (estar) ...... solo en el mundo.
10. Tú no tienes nada, mientras que ellos se lo (llevar) ...... todo.

e) *VOCABULARIO: Compuestos del verbo TENER: atenerse; contener; detener; entretener(se); mantener; retener; sostener*

1. Perdonad que llegue tarde pero es que ...... hablando con un compañero de clase.
2. Trabaja como una negra para ...... a sus hijos y a su marido.
3. La policía lo ...... por sospechoso.
4. Haz lo que quieras pero ...... a las consecuencias.
5. Las columnas ...... el techo.
6. No puede ...... la risa y en medio del silencio suelta la carcajada.
7. No puedes ...... me en tu casa contra mi voluntad.
8. Hay que hacer un torniquete para ...... la hemorragia.
9. Es un cielo de niño; ...... con cualquier cosa.
10. Tiene una manera de mirar... No puedo ...... le la mirada.
11. Para ...... se a flote tanto tiempo, hay que tener mucha resistencia.
12. No me riñas ahora, yo sólo ...... a tus indicaciones.
13. Los secuestradores ...... a varias personas para usarlas como rehenes.
14. (Imperativo) ...... te y no hagas una tontería.
15. La situación se ...... sin cambios desde hace tiempo.

SITUACIÓN

La mitad de la clase debe dar razones para defender la TV; la otra mitad debe atacarla.

Vocabulario apropiado

—Medios de comunicación.
—Difundir noticias.
—Manipular la información.
—Hacer publicidad.
—Influir en la opinión pública.
—Cadenas de TV.

—Canales de TV.
—Debates públicos.
—Entrevistas.
—Mensajes entre líneas.
—Medio de evasión.

EL SUBJUNTIVO: REVISION GENERAL

a) *Transforma el infinitivo en el tiempo y modo adecuados*

1. Me molestó que (él, creer) ...... que yo le (hacer) ...... el favor por interés.
2. Recomiéndales que (ir) ...... a ver la película que (echar) ...... en el cine Coliseum.
3. Era lógico que (él, enfadarse) ...... porque nadie le (decir) ...... una cosa así nunca.
4. No recuerdo si ya (explicar) ...... esto en clase, pero me parece que os (venir) ...... bien que lo (repasar) ......
5. Espera a que me (pagar) ...... en la oficina y entonces te devolveré el dinero que me (prestar) ...... el otro día.
6. Fue la primera que (atreverse) ...... a dar su opinión en público, la única a quien todos (respetar) ...... por ello.
7. Dime si tú (conocer) ...... una sola persona que (querer) ...... pagar sus impuestos sin que la (obligar) ......
8. Los que (pensar) ...... ir a la excursión, que (inscribirse) ...... cuanto antes.
9. Yo siempre creeré lo que tú (decir) ...... porque nunca me (engañar) ...... ¿verdad?
10. Todo cuanto Vd. (decir) ...... o (hacer) ...... podrá ser usado en su contra.
11. Antes de que (decir) ...... nada, tienes que saber cuál (ser) ...... la situación actual.
12. Después de que tú (recibir) ...... mi carta, no tendrás más dudas sobre mí.
13. Hasta que (él, volver) ...... a casa no pude pegar ojo.
14. Aunque su amistad me (costar) ...... disgustos, no pienso abandonarla ahora que me (necesitar) ......
15. Por mucho que tú me (querer) ......, te quiero yo más.
16. Por muy absurdo que les (parecer) ...... a todos, yo te comprendo.
17. No hagas las cosas como a ti te (parecer) ...... sobre todo al principio; observa cómo las (hacer) ...... los demás.
18. Ha estado estupendo en su intervención. ¡Mujer, según se (mirar) ......!
19. Se comportó como si (ser) ...... un crío.
20. Claro que no te lo voy a decir; para que luego (contárselo) ...... a todo el mundo.

21. ¿A qué has venido? A que me (ayudar) ...... con el mural, no sé cómo (querer) ...... que lo (hacer) ......

22. Ayer fui a un baile de disfraces. ¿Y viste a alguien conocido? Una voz me resultó familiar. Si la voz «(estar) ...... dentro» de un traje de clown, (ser) ...... mi hermano.

23. Si (comprar) ...... joyas robadas, demostraste ser un imprudente.

24. No pienso ir a menos que me (invitar) ...... formalmente.

25. Lo haré con tal de que lo (hacer) ...... tú también.

26. No me has convencido, así es que lo (hacer) ...... como yo (pensar) ...... al principio.

27. Tiene un mirar tan dulce que nadie se (sustraer) ...... a su encanto.

28. Cuanta más gente (conocer) ...... más cuenta (darme) ...... de las diferencias entre los seres humanos.

29. Puede que lo (saber) ...... pero se hizo de nuevas con todo cinismo.

30. ¡Ojalá (ser) ...... un pájaro!

31. ¡Cómo te (poner) ...... chico! ¡Ni que tú (ser) ...... el primer Ministro!

32. ¿Te (marchar) ...... o te (quedar) ......?

33. Te (marchar) ...... o te (quedar) ......, de momento tienes que arreglar tu habitación.

34. El hecho de que (vosotros, tener) ...... educación, no significa que (ser) ...... más inteligentes.

35. Me lo han contado todo menos que le (gustar) ...... tanto el dinero.

b) *Pon el artículo necesario*

1. Antes era ...... costumbre llevar ...... vestidos negros por ...... muerte de alguien.

2. ¡Niño, cómete ...... patatas y no les hagas más ...... ascos!

3. ...... profesora de química no puede venir hoy a ...... clase.

4. Mi mayor deseo es ser ...... profesora.

5. Quiero ser ...... buena profesora.

6. ...... tren vuelve a ser usado como ...... medio de ahorrar combustible.

7. Me gusta ...... tortilla, pero no a todas ...... horas.

8. Espera ...... momento, creo que me han robado ...... bolso.

9. Toma café a todas hora y no le quita ...... sueño.

10. ...... té y ...... café a mí me producen ...... mismo efecto.

11. Todo ...... mundo está dispuesto siempre a darnos ...... consejo.

12. Quien tiene ...... amigo, tiene ...... gran tesoro.

c) *RECUERDA*

La palabra **como** tiene varios usos:
(I) Como: modal.
    Puede llevar indicativo si el modo es conocido.
        Ej.: Hazlo como indican las instrucciones.
    Puede llevar subjuntivo si el modo es desconocido.
        Ej.: Hazlo como te parezca.

(II) Como: causal.
   Lleva siempre indicativo.
      Ej.: Como estaba cansada se fue a casa.
      Como mañana estarán aquí mis padres no podré salir con vosotros.

(III) Como: condicional.
   Lleva siempre subjuntivo.
      Ej.: Como la película no me guste, me salgo.
      Como te enfades con él, no te dirá la verdad.

(IV) Como: comparativo.
      Ej.: Sabe tanto como yo.
      Trabaja como un animal.

c1) *Completa según el sentido de como:*

   1. Como (irte) ...... antes que nosotros, no te enteraste de lo mejor.
   2. Como (salir) ...... tú sola por la noche, puede ocurrirte cualquier cosa mala.
   3. Ya sé que lo has colocado como a ti te (parecer) ......
   4. ¿Cómo me (vestir) ...... para esa fiesta? Como tú (ver) ......, en la tarjeta no hay
       indicación.
   5. Como no te (poner) ...... un buen bronceador, te achicharrarás.
   6. Como tú lo (saber) ...... todo, contéstanos a esta pregunta.

d) *VOCABULARIO: Compuestos de COGER: acoger, encoger, recoger, sobrecoger*

   Usa uno de los verbos anteriormente citados de acuerdo con el sentido:
   1. Aunque no nos conocía, nos ...... en su casa como si fuéramos amigos de toda
       la vida.
   2. A mí siempre me ...... esas historias espeluznantes.
   3. Si no quieres que ......, no debes lavar el jersey con agua caliente.
   4. ...... todas tus cosas, no me gusta verlas tiradas por todas partes.
   5. Arrímate al radiador, estás ...... de frío.
   6. Me gustas cuando te ...... el pelo, se te ve mucho mejor la cara.
   7. Le reñí, le grité y el niño me miró ......
   8. Han ...... la noticia con gran alegría.
   9. Vamos a ...... la mesa y luego echaremos una partidita.
   10. Por toda respuesta a mi pregunta se ...... de hombros.
   11. Para no tener que hacerlo, ellos se ...... a una disposición reciente poco conocida
       todavía.
   12. Vamos a ...... firmas para pedir un referéndum sobre el tema.
   13. Quien siembra vientos ...... tempestades.

SITUACIÓN

Elegid una tendencia política y elaborad su programa electoral de acuerdo con ella.

Vocabulario apropiado

—Campaña electoral.
—Captar votos.
—Programa Político.
—Publicidad gratuita.
—Mitin.
—Líder.
—Demagogia.
—Urna.
—Papeleta.
—Recuento de votos.
—Colegio electoral.

—Ser una merienda de negros.
—Ir a río revuelto.
—Lavado de cerebro.
—Dar la imagen.
—Poder de convicción.
—Tener carisma.
—Llevar las de ganar/perder.
—Dar como ganador/perdedor.
—Aire triunfalista.
—Política para la galería.
—Salir del paso.

SER Y ESTAR (I)

a) *Completa las frases usando ser o estar de acuerdo con el sentido*

1. ...... una pena que no vengas con nosotros, lo pasarías estupendamente.
2. Estas no ...... horas de llegar a casa.
3. El mueble que me ...... haciendo ...... de madera prensada.
4. Eso que cuentas ...... en diciembre del año pasado ¿no?
5. En cuanto termine, ... a su disposición para lo que Vd. necesite.
6. ...... cosas muy corrientes y por eso no ...... (yo) asombrada.
7. Hoy ...... a 27 de abril, ... su cumpleaños.
8. ...... seguro que vendrá, siempre cumple sus promesas.
9. Nosotros ...... seguros de lo que decimos, lo hemos comprobado.
10. La habitación ...... oscura, por favor descorre las cortinas.
11. La habitación ...... oscura, ... orientada al norte.
12. No ...... bien que le digas esas cosas, ... demasiado joven para entenderte.
13. Cuando llegamos ya ...... de noche.
14. ¡Mira! eso ...... bailar y no lo que tú haces.
15. Esa actitud ...... típica de Pepe, ... para mandarlo a la porra.
16. No recojas la ropa, ... húmeda todavía.
17. El clima de esta zona ...... muy húmedo.
18. Busca de nuevo y no me preguntes. Tus zapatos ...... en el armario.
19. Hacer las cosas así no ...... necesario.
20. Siempre ...... aburrido, ¿por qué no buscas algo que hacer?
21. ¡Qué aburrido (tú) ......! Vengo con ganas de divertirme y tú me las quitas.
22. Este niño no se ...... nunca quieto, ... un manojo de nervios.
23. Cuando le cuente eso a mi padre ...... orgulloso de mí.
24. Como ...... tan orgulloso no me atrevo a ofrecerle el dinero.
25. El servicio militar ...... obligatorio.

b) *Di si todas las parejas son correctas. Si lo son, di qué diferencia hay entre ellas*

1. Las cosas son así / Las cosas están así.
2. Chico, eres insoportable / Chico, estás insoportable.
3. Estos libros son muy bien / Estos libros están muy bien.
4. El choque fue casual / El choque estuvo casual.

5. El enfermo ya es perfectamente / El enfermo ya está perfectamente.
6. Las cosas que dice son absurdas / Las cosas que dice están absurdas.
7. Es amigo de ayudar a los demás / Está amigo de ayudar a los demás.
8. Juan, eres muy pesado / Juan, estás muy pesado.
9. ¿Ya eres bueno? / ¿Ya estás bueno?
10. Mi vecino es muy alegre / Mi vecino está muy alegre.
11. Estás muy hablador / Eres muy hablador.
12. Ese párrafo es de Cela / Ese párrafo está de Cela.

c) *RECUERDA*

(I) Los sustantivos y las palabras que funcionan como sustantivos: infinitivos, adjetivos sustantivados y pronombres, se construyen siempre como atributos de SER.

Ej.: Esto es **una grapadora** (sustantivo).
Lo difícil es **perfeccionar** el acento (infinitivo).
Eso que dices será **lo mejor** (adjetivo sustantivado).
El libro es **mío** (pronombre posesivo).
Esta de aquí soy yo (pronombre demostrativo).
Tú aquí no eres **nadie** (pronombre indefinido).
El es **quien** debe hacerlo (pronombre relativo).

En todos estos ejemplos es imposible usar ESTAR.

(II) **Bien y mal** se construyen con ESTAR, nunca con SER.
Frases como éstas son incorrectas:

* La película fue muy bien.
* La comida de esta casa es muy bien.

Lo correcto sería: La película fue muy buena
          o   estuvo muy bien
       La comida de esta casa es muy buena
          o   está muy buena
          o   está muy bien

(III) El pronombre neutro **LO** sustituye a los atributos de SER y ESTAR:

Ej.: ¿Estás cansado? Sí lo estoy. ¿Están enfadados? No lo están.
¿Es difícil? No, no lo es...

d) *Complemento directo con preposición y sin ella. Coloca la preposición A donde sea necesario*

1. Visitaremos ...... nuestros amigos este verano.
2. En nuestro viaje visitaremos ...... las ciudades más importantes.
3. Dejé ...... el niño con una vecina.
4. Dejé ...... esa ciudad para volver con mis padres.
5. Estamos esperando ...... la confirmación de la noticia.
6. Estoy esperando ...... la mujer de mi vida.
7. Busco ...... un buen libro de gramática.
8. Busco ...... un hombre que no tenga esas ideas.

9. Busco ...... el hombre que me ofreció ese puesto.
10. No he visto ...... nadie conocido por la Plaza.
11. He visto ...... mucha gente por la calle.
12. Quiere mucho ...... los animales.
13. Tiene sólo ...... un hijo.
14. Tiene ...... su hijo enfermo.
15. María está esperando ...... su primer hijo.

e) *Completa usando las palabras: AUN, TODAVIA, YA*

1. No aprobarás ...... si estudias como un loco.
2. ¿Te vas ......? No mujer ...... no.
3. A pesar de su edad, le queda ...... mucha energía.
4. No me metas prisa, ... haré ese trabajo.
5. Otra vez a trabajar, ... se han acabado las vacaciones.
6. ¿Pero ...... no has hecho esa solicitud? ¿A qué esperas?
7. ...... hay tiempo.
8. No podré hacerlo ...... poniendo todo mi empeño.
9. ...... había visto la película.
10. ...... no ha empezado a llover.

SITUACIÓN

Hans ha ido por primera vez a una corrida de toros. Ha salido muy impresionado, pero no sabe muy bien si le ha gustado o no. Cuando llega a clase quiere saber la opinión de sus compañeros y el punto de vista de la profesora. Describe tú (si lo has visto alguna vez) una corrida de toros o infórmate sobre ella, y danos tu opinión.

Vocabulario apropiado

—Plaza de toros.
—Faena de capa.
—Faena de muleta.
—Banderillas.
—El diestro.

—Ruedo.
—Estoque.
—Picador.
—Paseíllo.
—La cuadrilla.

—Montera.
—Traje de luces.
—Cambiar de tercio.
—Las mulillas.
—El arrastre.

SER Y ESTAR (II)

a) *Completa las frases usando ser o estar de acuerdo con el sentido*

1. Hoy ...... su día de descanso, por eso no ...... aquí.
2. La conferencia va a ...... en el aula magna.
3. Como su familia ...... fuera, entra y sale cuando quiere.
4. Yo ...... tan nerviosa porque aún no sé el resultado del examen.
5. Juan ...... muy nervioso por eso nunca hace trabajos de precisión.
6. Ese chico ...... muy atrevido, hace cosas increíbles.
7. Este traje te ...... muy bien.
8. Dentro de la cueva ...... oscuro.
9. Esta tarta ...... de rechupete.
10. El descubrimiento de América ...... en 1492.
11. Ese vestido ...... nuevo ¿verdad?
12. Chica ¿qué haces con la ropa? Ese traje te lo compraste hace tiempo, pero ...... nuevo.
13. Los caminos ...... cortados porque ha nevado mucho.
14. Yo ...... a tu lado para lo bueno y lo malo.
15. Yo ...... de tu opinión, entonces nosotros ...... de acuerdo.
16. ...... una persona muy tranquila, no se altera por nada.
17. Puedes ...... tranquila, yo lo arreglaré todo.
18. Podéis entrar si no os importa ...... de pie.
19. (Tú) ...... malo ¿por qué pegas al niño?
20. ¿...... (tú) malo? Tienes muy mal aspecto.
21. Ultimamente ...... (él) muy extraño. Nunca lo había visto así.
22. ...... muy extraño que no haya venido ni llamado para avisar.
23. Ya ...... primavera y sin embargo hace mucho frío.
24. Ya ...... en primavera, el campo ...... lleno de flores.
25. ...... aquí donde viví durante los años en que ...... a su servicio.

b) *Adjetivos que cambian de significado con SER o ESTAR. Completa las frases usando ser o estar de acuerdo con el sentido*

1. Juan ...... muy **atento**, me ayuda aunque él tenga poco tiempo.
2. Siempre lee revistas pornográficas, ... un viejo **verde**.

3. ...... **comprometido** decir lo que uno piensa en público.
4. Podemos irnos cuando quieras, ya ...... **listo**.
5. No puede confiarte ese trabajo, (tú) ...... **verde** todavía.
6. La cerveza no ...... **fresca**, acabo de meterla en la nevera.
7. No puedo prestarte dinero, ... **limpio**.
8. ...... **negro**, me han echado del trabajo.
9. ...... un tipo muy **listo**, nadie puede engañarle.
10. Hay que ...... **atento** porque habla muy deprisa.
11. Has dado tu palabra, ... **comprometido** con él.
12. (tú) ...... **listo** si crees que te van a hacer caso.
13. El carbón ...... **negro**.
14. ...... un chico muy **vivo**, parece una ardilla.
15. No ...... **fresco**, esas cosas no se dicen.
16. Hacerle eso a un ancianito no ...... **decente**.
17. Hay que dar gracias porque (nosotros) ...... **vivos**.
18. No ...... **decente** para presentarse ante ellos.
19. Hay que pagar un impuesto especial por ...... **católico**.
20. No sé qué me pasa, no ...... muy **católico**.

c) *RECUERDA*

(I) El complemento directo no necesita preposición. Pero lleva A cuando se refiere a personas determinadas y animales personificados o próximos emocionalmente al hablante.
Ej.: Quiero un café.
    Quiero a **mi marido** / Quiero **un marido**.
       Determinado   Interminado
    Mató **un lobo** / Mató **a su perro**.

(II) Si el verbo lleva complemento directo e indirecto ambos de persona, la preposición A del C.D. se pierde para evitar la repetición.
Ej.: Cuando le recuerdo **a Juan** (a) **su novia** se pone melancólico.
                          C.I.   C.D.

(III) Los complementos directos de cosa llevan A cuando el verbo suele ir construido con complemento directo de persona.
Ej.: Se levantó y **saludó** a las flores y a la belleza que le rodeaba.
    (Normalmente saludamos a personas.)

d) *Complemento directo con A y sin ella*

Coloca la preposición A donde sea necesario.
1. Hace llorar ...... las piedras.
2. Al volver se encontró ...... las cosas revueltas.
3. Al volver se encontró ...... sus padres en casa.
4. Miraba ...... la televisión como hipnotizado.
5. Miraba ...... la chica como hipnotizado.
6. En la granja tenía ...... varias vacas y ...... un montón de gallinas.

7. Tengo ...... el perro encerrado en la cocina.
8. Necesito ...... un albañil y ...... un fontanero para arreglar una avería.
9. Prefiere ...... sus amigos ...... su novia.
10. Teme ...... la muerte.
11. Ves ...... enemigos incluso debajo de la cama.
12. Aunque van a tu lado no ves ...... tus enemigos.
13. Tuvo que matar ...... su caballo para que no sufriera.
14. Los cuentos y las leyendas nos han hecho temer ...... los lobos.
15. Has estropeado ...... la tarta de cumpleaños.

e) *Explica, usándolas en una frase, las siguientes expresiones*

—Vivalavirgen.   —Metepatas.   —Caradura.
—Sabelotodo.   —Metomentodo.   —Correveidile.
—Engañabobos.   —Matasanos.   —Tiralevitas.

REPASA

Completa las frases usando las palabras: PERO, SI NO, SINO.
1. No me gusta fregar ...... lo haré.
2. No te he dicho que lo tires ...... que lo quites de ahí.
3. Claro que hay que trabajar ...... sin exagerar.
4. Aprende a nadar, ..., un día te ahogarás.
5. Nunca haces lo que mando, ... lo que tú quieres.
6. Pórtate bien, ..., te castigaré.
7. Con esa actitud no conseguirás ...... ponerte negro.

SITUACIÓN

Después de la exposición taurina de ayer, Hans todavía no puede decidir si le gustan o no las corridas de toros y se pregunta qué es peor: si matar toros en la plaza u otros animales para hacer abrigos de piel o para experimentar productos químicos. ¿Puedes ayudarle a resolver estas dudas?

Vocabulario apropiado

—Ser cuestión de...   —Estar enraizado.
—Escala de valores.   —Raíces culturales.
—Tener principios.   —Raigambre histórica.
—Supervivencia.   —Hacer algo en nombre de...
—Atavismo.   —Clamar al cielo.

SER Y ESTAR: LA PASIVA

a) *Completa las frases usando ser y estar de acuerdo con el sentido*

1. (Ellos) ...... destrozados después de la muerte de su hijo.
2. (El) ...... recluido desde hace tiempo porque sus ataques se repiten.
3. Volví a casa y las luces ...... encendidas.
4. Con el nuevo horario las luces del alumbrado público ...... encendidas más tarde.
5. Esa mujer ...... respetada por todos.
6. Habitualmente ...... aceptado por la gente gracias a su simpatía.
7. La costumbre hace que eso ya ...... aceptado con naturalidad.
8. El criminal ...... obligado a confesar su crimen.
9. Este camino ...... cortado hace tiempo y aún.no lo han arreglado.
10. La avería del cuarto de baño ya ...... arreglada.
11. La avería ...... arreglada por un fontanero que vive en el mismo edificio.
12. Las casas de Salamanca ...... construidas habitualmente con piedra de Villamayor.
13. Las casas de Salamanca que ...... construidas con piedra de Villamayor resultan más susceptibles a la erosión.
14. ¿Vamos a la discoteca del otro día? —No podemos, ... clausurada por tráfico de drogas.
15. El curso de verano ...... clausurado con un acto oficial en el Paraninfo.
16. No voy a repetirlo porque ese tema ya ...... explicado.
17. La gramática ...... explicada en la primera parte de la clase.
18. La gente gritó y protestó hasta que la manifestación ...... disuelta.
19. (Nosotros) ...... recogidos por un barco que nos salvó de morir ahogados.
20. La mesa ya ...... recogida, así que puedes ponerte a estudiar.
21. Yo ...... multado por desacato a la autoridad.
22. Los cuadros de Goya ...... expuestos en el museo del Prado.
23. Ese tema ...... expuesto de muchas maneras y por distintos autores.
24. Cristo ...... vendido por 30 monedas de plata.

b) *Adjetivos que cambian de significado con ser o estar*

1. En medio de aquella multitud, yo ...... **perdido**.

2. No reacciona ante nada, ... (un) **parado**.
3. No hay nada que hacer, (él) ...... **muerto**.
4. Ha empezado a trabajar hace poco y ya sabe mucho, ... muy **despierto**.
5. María ...... muy **delicada**, hay que tratarla con tacto.
6. Eso que has hecho ...... **grave**.
7. Puedes ...... **tranquilo**, ese lugar ...... **seguro**.
8. En cuanto llegue Pepe, la fiesta se animará, ... muy **alegre**.
9. No te sirvas más vino, ya ...... demasiado **alegre**.
10. Ese chico ...... un **muerto**, ... mejor no invitarlo.
11. Podemos darle el alta, Vd. ya ...... **bueno**.
12. Da todo lo que tiene, ... muy **bueno**.
13. No viene a trabajar porque ...... **malo**.
14. El niño ...... **despierto** desde hace rato.
15. No debe coger frío, ... **delicado** desde que tuvo la pulmonía.
16. Se siente frío ...... **parado**.
17. No hace nada de provecho, ... **un perdido**.
18. Cenar demasiado ...... **malo** para la salud.
19. En ese lugar, Juan ...... **seguro**, nadie irá a buscarlo.
20. Hay que llamar al médico, creo que ...... más **grave**.

c) *RECUERDA*

SER: Expresa la pasiva de acción.
      —Prefiere los verbos imperfectivos como: Amar, saber, creer.
      —Con verbos perfectivos como: abrir, cerrar...
      Expresa: 1. Acción descrita en el momento de su realización.
              2. Acción habitual.
      Ej.: Esa familia es respetada por todos (imperfectivo).
          En este momento es descubierta la estatua (perfectivo).

ESTAR: Expresa la pasiva de resultado.
      Prefiere los verbos perfectivos, como: abrir, cerrar, cortar.
      Los verbos reflexivos como: vestirse, peinarse...
      Ej.: La carretera está cortada (perfectivo).
         El niño ya está vestido (reflexivo).
      Una forma simple de ESTAR corresponde a una forma compuesta de SER.
      —Estar = Haber sido
      —Está = Ha sido
      —Estaba = Había sido
      —Estará = Habrá sido
      —Estaría = Habría sido, etc.
      Estuvo no se corresponde con **Fue**.
    Con sentido pasivo no se usan las formas compuestas de ESTAR.

d) *Verbos de cambio:* **Hacerse, volverse, quedarse, ponerse, llegar a ser, convertirse en**

Completa las frases usándolos de acuerdo con el sentido:
1. Ese catedrático ...... anticuado en sus métodos.

2. Por culpa de las compañías que frecuenta ...... un caradura.
3. Los taberneros ...... el vino en agua.
4. (Nosotros) ...... descontentos del servicio de aquel hotel.
5. Después de aquel desengaño ...... muy quisquilloso.
6. Si sigues así, algún día ...... alguien en el mundo del arte.
7. Se confundió en una frase de su papel y se ...... nervioso.
8. A pesar de las dificultades, (ella) ...... lo que se había propuesto.
9. Niño, desde que vives con los abuelos ...... muy caprichoso.
10. Escribió un libro y ...... famoso de la noche a la mañana.
11. El hada tocó los harapos de Cenicienta y los ...... en un maravilloso vestido.
12. Debes pensar en ...... un hombre de provecho.

e) *Explica, usándolas en frases, las siguientes expresiones*

—Estar pez.   —Estar sin blanca.
—Estar como pez en el agua.   —Estar mosqueado.
—Estar trompa.   —Estar apañado.
—Estar al margen.   —Estar en paz.

REPASA

Completa las frases usando las palabras que exija el sentido.
1. ...... más estudio, más cuenta me doy de mi ignorancia.
2. Hemos hecho más ...... yo me había propuesto.
3. Este libro de gramática es mejor ...... me compré en mi país.
4. Esta película es peor ...... la semana pasada.
5. Hay menos alumnos ...... se habían inscrito.
6. ...... mejor me porto contigo, peor me tratas.
7. El clarete de este bar es más rico ...... probamos en tu casa.
8. Han respondido mejor ...... todos habían sospechado.
9. El salón de mi casa es más grande ...... la tuya.
10. ...... menos me preocupo por él, más interesado está por mí.

SITUACIÓN

Después de haber pasado algunas semanas en España, Hans se ha dado cuenta de las diferencias que existen en la vida y constumbres de su país y las de España y empieza a comparar con objetividad. Haz tú lo mismo con tu país y sus costumbres.

Vocabulario apropiado

—Meterse con...   —Llegar a país conquistado...
—No ser quién para...   —Llegar al extremo de...
—Poner en tela de juicio.   —¿Quién se ha creído que es?
—Ponerse en lugar de...   —Pues aquí que no venga con...
—Dárselas de...   —Creerse más que nadie.
—No servir ni para descalzar...

LOS PRONOMBRES (I)

a) *Sustituye las palabras en negrita por los pronombres apropiados*

1. Dio a su hermano **un fuerte abrazo**.
2. Me regaló **un tocadiscos estereofónico**.
3. Miró **a su hijo** con cariño.
4. Escribió **una postal** a sus compañeros.
5. Escribió **a sus amigos** desde la playa.
6. Sabía **que ya habías vuelto**.
7. Estoy esperando **a mi madre**.
8. Estoy esperando **la noticia** con impaciencia.
9. Preguntó **la dirección** a un policía.
10. Preguntó **al policía** dónde estaba la calle.
11. Entregué el ramo de flores **a mi madre**.
12. Ten en cuenta **que debemos llegar allí pronto**.
13. Nos ofrecimos a ayudar **a los vendimiadores**.
14. Explicó el problema **a las niñas**.
15. Explicó **el problema** con facilidad.

b) *Completa las frases con los pronombres que creas necesarios*

1. El abrigo no me ...... he puesto porque ...... he llevado a la tintorería.
2. No, no quiero esa revista, ya ...... he leído.
3. ¿Has visto a la niña? Sí ...... he visto en la calle, jugando.
4. ¿Dónde tienes el coche? ...... he dejado dos calles más allá.
5. Han llevado a Juan a la comisaría porque ...... sorprendieron robando.
6. Voy a pegar aquí una foto bonita ¿dónde ...... vas a pegar?
7. Tú, ¿por qué has pegado a mi hermano? ...... he pegado porque sí.
8. ¿Has encontrado a la directora? No, todavía no ...... he encontrado.
9. ¿Comprenderían todo lo que dije? Sí, yo creo que sí ...... comprendieron.
10. Me parece que debes quitar a Juan de ese puesto. ¿Por qué debo quitar ......?
11. El dinero que me tocó a la lotería ...... metí en un banco a plazo fijo.
12. A mi padre ...... admiro más que a ningún otro.
13. ¿Sabes la noticia? No, no ...... sé, cuéntame...

14. Creyó (él) que ...... echaban del trabajo. ¡Qué susto! ¿eh?
15. Tengo muchas dudas, se ...... preguntaré al profesor.

b1) *Sustituye le-s por lo-s donde sea posible sin cometer un error*

1. Le reconocí en cuanto le vi.
2. Le di el libro que le había prometido.
3. A los niños les encontré en la calle.
4. Les encontré un trabajo en mi empresa.
5. Le enviaron al extranjero de corresponsal.
6. Le enviaron una caja de botellas de vino.
7. Les llamé desde el balcón.
8. A ese profesor le tengo manía.
9. Al niño le tengo con sarampión.
10. Le llevé a su casa en el coche.

c) *RECUERDA*

(I) —El complemento directo de persona y cosa femenino singular es **la**, y **las** para plural.
—El complemento directo de cosa masculino singular es **lo**, y **los** para el plural. En la práctica también se usa <u>le / les</u> para personas.

* Complemento directo femenino singular: **la**.
* Complemento directo femenino plural: **las**.

* Complemento directo masculino singular de cosa: **lo**.
* Complemento directo masculino plural de cosa: **los**.

* Singular de persona: **lo / le**.
* Plural de persona: **los / les**.

(II) Si el complemento **directo** o el **indirecto** van delante del verbo (es decir, si se anticipan) deben repetirse con un pronombre átono.
Ej.: **Esos ejercicios** *los* hemos hecho ya.   C.D.
A mi amiga *le* regalé el libro que quería.
C.I.

(III) Si el complemento directo está representado por un pronombre precedido de *a*, la repetición es obligatoria.
Ej.: **Me** ha mirado a mí. (Sin **me** la frase sería incorrecta.)

(IV) El pronombre neutro *lo* sustituye a verbos o frases completas y también a los atributos de verbos como: ser, estar, parecer.
Ej.: ¿Sabes **que vienen mañana**? No, no lo sabía.
¿Ya eres **médico**? Sí, ya lo soy.
¿Estás **cansado**? No, no lo estoy.
Es **inteligente** pero no lo parece.

d) *VOCABULARIO: Ejercicio de sustitución*

Sustituye el verbo ANDAR por otro de forma que no se repita ninguno:
1. El negocio **anda** muy bien últimamente.
2. Este reloj no **anda**. ¿Se habrá estropeado?
3. Prefiero **andar** a coger el coche.
4. A esas horas **andan** muchos coches por la carretera.
5. Había tanta gente que apenas podíamos **andar.**
6. Me gusta **andar** por la playa al atardecer.
7. Desde que está solo se le ve **andando** como perdido.
8. Las aceras son para que **anden** los peatones.
9. Me gusta **andar** por la zona antigua de la ciudad.
10. **Anda** buscando un piso más céntrico para cambiarse.

e) *Explica, usándolas en frases, las siguientes expresiones*

—Echar de menos $\begin{cases} \text{algo.} \\ \text{a alguien.} \end{cases}$

—Echar una bronca a alguien.

—Echar por tierra $\begin{cases} \text{algo.} \\ \text{a alguien.} \end{cases}$

—Echar un sermón.

—Quedar bien/mal con alguien.
—Quedar bien/mal una cosa.
—Quedar con alguien.
—Quedar en ridículo.

REPASA

Sustituye el pretérito perfecto por **acabar de** + **infinitivo** o por **llevar** + **gerundio** donde sea posible:
1. **Hemos terminado** de comer hace un momento.
2. Nunca **he visto** a nadie tan sufrido.
3. Me **ha encantado** su casa.
4. **He trabajado** durante un año en este libro.
5. Hace un minuto que **han salido.**
6. **Ha vivido** con ese hombre durante 5 años.
7. **Ha hecho** el mismo trabajo durante muchos años.
8. En este momento **ha terminado** la película.
9. Te **he dicho** que no pienso ir.
10. Me **ha molestado** que lo hicieras sin avisarme.

SITUACIÓN

Para despedir a un compañero de piso, Hans y sus amigos han organizado una fiesta y han invitado a mucha gente. La fiesta se prolonga y los vecinos protestan. Uno de ellos va muy enfadado a llamarles la atención. Imagina el diálogo.

Vocabulario apropiado

—No poder conciliar el sueño.

—Estar de juerga/de fiesta.

—Armar jaleo.

—Estas no son horas de...

—No ser para tanto.

—¡No se ponga así, hombre!

—Dichosos...

—¡Menudo soy yo!

—Estar hasta el moño/la coronilla/las narices de...

—Miren que...

—Claro, ustedes, mañana...

—¡Qué desfachatez/descaro!

LOS PRONOMBRES (II)

a) *Completa las frases con el pronombre que sea necesario*

1. A Juan ...... afeitan en la barbería.
2. Mi padre ...... afeita dos veces al día.
3. A los niños ...... baña el padre porque la madre se va a clase.
4. Como los niños ya son mayores ...... bañan solos.
5. El día de su boda ...... vistió una modista muy famosa.
6. Niño, viste ...... rápido o llegarás tarde.
7. ...... he invitado a tomar café porque me caen muy bien.
8. ¡Qué cara más dura tienen! ...... han invitado solos.
9. El juez ...... consideró culpable del crimen.
10. Pepe ...... considera incapaz de hacer ese trabajo.
11. ...... declaró culpable y fue condenado.
12. ...... declararon inútil para el servicio militar.
13. No ...... juzgues a la ligera, antes debes tratar ......
14. ...... juzgas a ti misma con demasiada dureza.
15. ...... he traído del Japón un regalo precioso y él ni ...... ha mirado.
16. ...... ha traído del Japón una cámara de fotos estupenda.
17. A las mujeres ...... casaban antes sin preguntar ...... su opinión.
18. ...... ha casado de prisa y corriendo.
19. ...... reunieron a los indios en una escuela y ...... mataron.
20. ...... reuniré con vosotros cuando haya ahorrado bastante dinero.

b) *Transforma las frases siguientes según el modelo*

Ya (le) hemos comprado el regalo a papá.
A papá ya le hemos comprado el regalo.
El regalo ya se lo hemos comprado (a papá).
1. Les vendimos la casa a los vecinos.
   A los vecinos ......
   La casa ......
2. Le sacaron la muela a mi hermana.
   A mi hermana ......
   La muela ......

3. Les dimos la noticia a los chicos.
   A los chicos ......
   La noticia ......
4. Le arranqué las hojas secas a la planta.
   A la planta ......
   Las hojas secas ......
5. Nos han subido la cuota de la luz a todos.
   A todos ......
   La cuota de la luz.
6. Os he enseñado a todos las mismas cosas.
   A todos ......
   Las mismas cosas ......

c) *RECUERDA*

(I) El complemento **indirecto** de persona y cosa singular es **le** y **les** para el plural. El complemento **indirecto** ya sea de singular: **le** o de plural, **les**, se convierte en **SE** seguido de los pronombres: **lo, la, los, las.**
Ej.: * dálelo > dáselo.
     * dáleslo > dáselo.

(II) El complemento **indirecto** puede ir repetido siempre, mediante un pronombre átono,
Ej.: (Le) he dado el libro a mi amiga.
La repetición es obligatoria si el complemento es un pronombre precedido de **A**.
Ej.: Le he dado el libro a ella. (Sin **le** la frase sería incorrecta.)

(III) Si en una frase hay dos pronombres, uno de cosa y otro de persona **siempre va delante** el de persona.
Ej.: Da el **libro** a **Juan** → Dáselo.
         lo   le

(IV) Los pronombres átonos se posponen.
   —Al imperativo.
      Ej.: Cómpralo si quieres.
   —Al **infinitivo** o al **gerundio.**
      Ej.: Dejarlo bien es lo que quiero.
          Trabajándolo, este negocio daría más dinero.
   —Si los infinitivos y gerundios están construidos con verbos auxiliares o en perífrasis, caben dos posibilidades:
      1. Puedo hacerlo - Estoy estudiándolo - Acabo de verlo.
      2. Lo puedo hacer - Lo estoy estudiando - Lo acabo de ver.

d) *VOCABULARIO: Expresa el verbo adecuado a las siguientes ideas y úsalo en una frase*

   1. Hacer más largo.
   2. Pintar de blanco.
   3. Perder peso.

4. Ganar peso.
5. Poner en orden.
6. Hacer más corto.
7. Hacerse viejo.
8. Hacerse más joven.
9. Ir hacia atrás.
10. Ir hacia adelante.
11. Poner en desorden.

e) *Explica, usándolas en frases, las siguientes expresiones*

—Estar en las nubes.
—Me importa un comino.
—Hacer la vista gorda.
—Fumarse la clase.

REPASA

Elige una forma correcta del pasado:
Estas reflexiones se me ocurren ahora recordando aquellos sucesos. Entonces, no (estar) ...... mi ánimo para esas consideraciones, y mucho menos ante un conflicto popular que (crecer) ...... por momentos. La ansiedad (aumentar) ...... En las caras (haber) ......, más que ira, la profunda tristeza que (preceder) ...... a las grandes resoluciones.
El primer movimiento hostil del pueblo (ser) ...... rodear a un oficial español que (acudir) ...... en auxilio de otro.

SITUACIÓN

Muy cerca de donde vive nuestro amigo Hans, quieren construir una fábrica cuyos humos contaminan muchísimo la zona, pero con ella se crearán puestos de trabajo. Una comisión de vecinos se reúne para decidir qué hay que hacer. Naturalmente, Hans asiste en calidad de oyente. Trata de imaginar la discusión de los vecinos; unos están a favor y otros en contra.

Vocabulario apropiado

—Los pros y los contras.
—Plantar cara.
—Crear puestos de trabajo.
—A costa de...
—Hombre, bien mirado...
—Ser un retrógado.
—¿A que ahora resulta que...?
—Cargarse el medio ambiente.

—¡Qué medio ambiente ni qué gaitas!
—Arrimarse al sol que más caliente.
—Pero ¿usted no decía que...?
—Dejarlo estar.
—Quedar en las mismas.
—A corto / largo plazo.
—Quién más, quién menos...
—Ser una trampa / un engañabobos.

LOS PRONOMBRES (III)

a) *Completa las frases usando pronombres donde sea necesario*

1. Voy a comprar ...... un coche dentro de poco.
2. ...... fui de la escuela porque no ...... pagaban bien.
3. El tren ...... vino con retraso.
4. Juan ...... vino del extranjero porque echaba de menos su país.
5. Este año ...... ha vuelto la minifalda.
6. ...... ha vuelto cuando ...... ha oído su nombre.
7. ...... volvió atrás y no cumplió su promesa.
8. Por esa ventana ...... sale mucho humo.
9. El gas ...... ha salido. ¿No lo hueles?
10. Juan ...... salió de la Marina.
11. Esa revista ...... sale todas las semanas.
12. La gente, aburrida, ... salió del cine.
13. Pisé una cáscara de plátano y ...... caí.
14. Le pusieron delante una tarta riquísima y ...... cayó en la tentación.
15. Todos mis papeles ...... han caído, tengo que ordenar ...... de nuevo.
16. ¿En qué día ...... cae tu cumpleaños?
17. Esos bolígrafos ...... gastan fácilmente.
18. ...... gasta más en perfumes que yo en comer.
19. Los coches deportivos ...... gastan más gasolina que los utilitarios.
20. La película era un rollo y ...... dormí en el sofá.
21. Los niños ...... duermen en literas.
22. El brazo ...... me ha dormido.
23. ¡Ayúdame! ¡No ...... estés ahí mirando!
24. Este pueblo no ...... está en el mapa.
25. Tienes que comer más, ... estás quedando muy delgado.

b) *Usa la partícula SE donde sea necesario*

1. No voy a esa modista porque ...... cose muy mal.
2. Es muy hábil, ... cose toda su ropa.
3. ...... dice que habrá una huelga de bancos.
4. ...... dicen muchas tonterías en esta clase.

5. ...... dice que sacará las oposiciones.
6. ...... lo regalé porque me resultó simpático.
7. ...... regaló a sí mismo un reloj carísimo.
8. Las hojas ...... caen en otoño.
9. Las hojas que tenía ya ordenadas ...... cayeron.
10. Son colegas pero ...... odian a muerte.
11. ...... odian todas las injusticias.
12. Para ir a correr ...... levanta a las seis.
13. ...... levanta los libros, a ver si está ahí el papelito que ...... ha perdido.
14. ...... corta el pelo cada dos meses.

c) *RECUERDA*

(I) A veces los pronombres han perdido su significado original y aparecen unidos al verbo, dándole a éste un significado nuevo:
Arreglarse   -   arreglárselas
Dar algo   -   dárselas de algo
Tomar algo   -   tomarla con alguien
Arreglarse = vestirse, ponerse presentable.
Arreglárselas = salir de una dificultad con los propios medios de uno.
Dar algo = entregarlo.
Dárselas de algo = presumir.
Tomar algo = comer.
Tomarla con alguien = coger antipatía a una persona.

(II) El pronombre **SE** puede tener distintas funciones:
—SE: Comp. indirecto en lugar de le: díselo.
—Pronombre reflexivo de 3.ª persona singular o plural:
   Se lava = se lavan.
—Pronombre recíproco: Se odian.
—Signo de pasiva refleja: Se venden pisos.

(III) Cuando el verbo es reflexivo, se usa **UNO** para expresar la impersonalidad.
   Ej.: Uno se atreve a hacer sólo lo que sabe.

d) *VOCABULARIO: Ejercicio de sustitución*

Sustituye el verbo DAR por otro, de forma que no se repita:
1. Tienes que **dar** los documentos en aquella ventanilla.
2. Al morir, **dio** sus propiedades a la ciudad.
3. Fue a su fiesta de cumpleaños y le **dio** una pulsera.
4. **Da** la luz, no se ve nada.
5. Nos **dieron** todo lo que necesitábamos para seguir.
6. **Dadnos** por un rato vuestra pelota.
7. Le **han dado** un premio por su trabajo.
8. Le **dio** la noticia sin prepararlo para ella.
9. El día de la fiesta **dan** a la Virgen flores y frutos.
10. **Dio** una fiesta en honor de sus amigos.

e) *Explica, usándolas en frases, las siguientes expresiones*
—Tomarle el pelo a alguien.
—Meter la pata.
—Hacérsele a uno la boca agua.
—Ponérsele a uno la carne de gallina.
—Caérsele a uno la baba.
—Ponérsele a uno los pelos de punta.

REPASA

Usa una forma de probabilidad:
1. ¿Quién ha llamado? No sé quién (llamar) ......
2. ¿Por qué no me dijiste que lo sabías? Supuse que te lo (decir) ...... otros.
3. ¿De dónde (sacar) ...... (ellos) el dinero para todo lo que compran?
4. No se ve la televisión, se (desenchufar) ......
5. ¿Le molestó que yo viniera, verdad? Creo que le (molestar) ...... a juzgar por la cara que puso.
6. ¡Qué cara tenía anoche Juan! le (doler) ...... las muelas.
7. ¿Quién (estar) ...... detrás de todos esos negocios sucios?
8. ¿Dónde (rodar) ...... esta película?
9. Probablemente (beber, ellos) ...... demasiado, por eso se sintieron mal.
10. A estas horas él (contárselo) ...... a todo el mundo.

SITUACIÓN

Un coche está a punto de atropellar a Hans cuando éste intentaba cruzar la calle por un paso de cebra. Un policía presencia el hecho y hace bajar al conductor. Imagina lo que dicen.

Vocabulario apropiado

—Tomar cartas en...
—Saltarse un semáforo.
—Ir/venir a toda pastilla.
—Saltarse a la torera.
—Creerse un «fitipaldi».
—Tener la manga ancha.
—¿Se cree que la calle es suya?

—¿Vd. no ha visto...?
—¡Hombre, es que...!
—Nunca se sabe lo que...
—Echarse encima.
—¿Le han regalado el carnet o qué?
—Estar como un pasmarote.
—Desacato a la autoridad.

LOS PRONOMBRES (IV)

a) *Completa usando los pronombres que sean necesarios*

1. Yo no disparé la pistola, ... disparó sola.
2. ...... disparé al blanco pero no ...... acerté.
3. Cuando estaba limpiando la figurita, ... cayó y ..... rompió.
4. He roto sus cartas y ...... he tirado a la basura.
5. Viendo esas escenas ...... hizo un nudo en la garganta.
6. ...... hizo famoso con la publicación de aquella novela.
7. El mismo ...... hizo una cuna a su hijo.
8. A mi abuela ...... asustaban las tormentas.
9. Mi abuela ...... asustaba de las tormentas.
10. El frío ...... ha helado todas mis plantas.
11. Las plantas ...... han helado con el frío.
12. La bomba ...... abrió un boquete en la muralla.
13. ...... abrió el bolso y todo lo que llevaba ...... desparramó por el suelo.
14. Cuando ...... hablan de sus nietos, ... emociona y ...... llenan los ojos de lágrimas.
15. Ultimamente ...... está durmiendo muy poco y ...... notan unas ojeras muy grandes.
16. En cuanto llego a casa, mi padre ...... nota si he fumado o no.
17. Llena ...... el vaso hasta el borde.
18. A mi abuela ...... emocionaba escuchar música de sus tiempos.
19. Apoyó la cabeza en su hombro y ...... durmió.
20. ...... apoyó la cabeza en su hombro y ...... durmió.

b) *Convierte en pasiva refleja o impersonal las frases que lo admitan*

1. El presidente de la compañía convocó a los accionistas.
2. Ya no venden pisos en ese edificio.
3. En este país todavía vivís sin grandes dificultades económicas.
4. Los jóvenes han reunido firmas para una moratoria nuclear.
5. En España consumimos tanto o más vino que en otros países de Europa.
6. ¿Trabajáis mucho?
7. A las pocas semanas encontraron el cuerpo flotando en el río.

8. En esta ciudad la gente viste muy bien.
9. Han aprobado la ley del divorcio con gran oposición de algunos partidos.
10. Su jefe la despidió sin previo aviso.
11. Mi padre sabe trabajar la madera.
12. Retrasmitían el partido en diferido.
13. Mucha gente no alquila pisos a estudiantes.
14. En algunos pueblos de la sierra todavía no tienen agua.
15. Con ese partido en el poder habían empezado a cambiar las cosas.

c) *RECUERDA*

(I) La diferencia entre la pasiva refleja y la pasiva impersonal es que la primera lleva un **sujeto concertado** con el verbo y la segunda no. (El sujeto no tiene que ser el agente de la acción.)
   Ej.: P.R. Se han vendido **muchos ejemplares del libro.**
   Sujeto
        P.I. Aquí no se debe fumar.

(II) El complemento indirecto puede tener varios valores además del simple dativo.
   Ej.: **Dativo:** Le he comprado un regalo (a él, a ella, a Vd.).
   Posesivo: Le he roto el libro (su libro).
   Ético o **de interés:** El niño le saca buenas notas (a su madre - a su padre).
   De dirección: Le dirigí una mirada asesina (hacia él, hacia ella).

(III) La pasiva refleja, a veces, tiene el matiz de involuntariedad. Sirve para expresar que las cosas «hacen» solas las acciones.
   Ej.: La llave se perdió (sola).
   La tortilla se quemó.

(IV) Para indicar la participación del agente, se añade un complemento indirecto.
   Ej.: La llave se me perdió.
   La tortilla se le quemó.

d) *Preposiciones **del complemento indirecto y de la finalidad**: A, PARA, POR*

Completa las frases con la preposición adecuada:
1. Dieron ropas y alimentos ...... los damnificados.
2. Trajo regalos ...... todos.
3. Salió al balcón ...... ver dónde estaba el niño.
4. He comprado el libro ...... ti y el disco ...... tu marido.
5. Le di el dinero ...... los sellos.
6. Necesito plástico ...... forrar los libros.
7. ¿Me envuelve el disco ...... regalo?
8. Salió a ...... pan.
9. Se fueron a Madrid ...... estudiar Arte.
10. Dijo la verdad ...... la policía.

e) VOCABULARIO: *Ejercicio de sustitución*

Sustituye el verbo ECHAR por otro de forma que no se repita ninguno:
1. **Échame** la pelota.
2. ¿Quieres que te **eche** un poco más de café?
3. No **eches** la ceniza al suelo.
4. Le **han echado** del trabajo.
5. El perro **se echó** sobre el ladrón.
6. Al ver a la policía **se echó** a correr.
7. La locomotora **echa** humo.
8. ¿Qué película están **echando**?
9. **Echó** un discurso ante una gran audiencia.
10. Voy a **echar** de comer a los animales.

REPASA

Pon en estilo indirecto.

—No importa que hoy pierdas tus clases. Tienes que oírme ...... Durante quince días he estado pidiendo a Dios tu muerte ...... o el milagro de tu salvación. Te voy a dejar en una casa que no es ya lo que ha sido ...... porque antes era como el paraíso. Tía Angustias tuvo una llama de inspiración ...... Con la mujer de tu tío Juan ha entrado la serpiente maligna, hija mía. Ella ha vuelto loca a tu abuela, porque tu abuela está loca y lo peor es que la veo precipitarse a los abismos del infierno, si no se corrige antes de morir. En mi juventud he vivido, gracias a ella, en el más puro de los sueños, pero ahora ha enloquecido con la edad, y esa mujer con sus halagos la ha acabado de trastornar. Sin embargo los sufrimientos de la guerra los soportaba muy bien.

(......)

Miré el reloj instintivamente.

—Me oyes como quien oye llover. ¡Ya te golpeará la vida, ya te aplastará! Entonces me recordarás.... ¡Oh! Y no me mires con ese asombro. Ya sé que hasta ahora no has hecho nada malo. Pero lo harás en cuanto yo me vaya.

«Nada» Carmen Laforet
(Texto adaptado)

SITUACIÓN

«Las cosas de palacio van despacio», dice un refrán español. Hans ha tenido oportunidad de comprobar que, a veces, es verdad. También ha visto que los funcionarios no siempre están tomando café. Imagina un diálogo entre un extranjero muy enfadado y Hans, que trata de hacerle ver que las cosas no son tan malas.

Vocabulario apropiado

—Pintarlo muy negro.
—Bailar el agua a alguien.
—Impresos.
—Pólizas.
—Hacer cola.
—Guardar la vez.
—Rellenar.

—Pasarse de la raya.
—Papeleo.
—Por duplicado.
—Fuera de plazo.
—Estos me van a oír.
—Me urge.
—Como si no tuviera otra cosa que hacer.

LOS RELATIVOS

a) *Completa las frases usando un relativo apropiado:* **Que, quien, el que, el cual, cuyo.**
   (En algunos casos caben varias posibilidades)

1. A *quienes* ganaron se les concedió una medalla.
2. *Quienes* fueron de excursión volvieron intoxicados.
3. Sois vosotros *quienes* lo hicisteis mal, por lo tanto arregladlo.
4. A *quienes* veo mucho por la Facultad es a tus amigas.
5. La película *que* pusieron ayer en la tele, ya la había visto.
6. Las cosas *que* dices molestan muchísimo.
7. El libro de *el que* saqué la cita, está agotado en las librerías.
8. Ha habido en la TV un reportaje sobre los Reyes de España, *quienes* se encuentran en viaje oficial por el extranjero.
9. Los alumnos, *que* estudiaron con mucho ahínco, sacaron buenas notas.
10. Los alumnos *quienes* estudiaron con ahínco sacaron buenas notas.
11. Estamos hablando de la Iglesia *cuya* influencia llega muy lejos, todavía hoy.
12. Siempre he hecho todo *lo que* tú has querido.
13. Es a él a *quien* han citado; tu presencia no es necesaria.
14. Te voy a explicar los motivos por *lo que* no fui a tu fiesta.
15. He conocido a sus padres *cuya* simpatía me conquistó en el acto.
16. *Quien* no está conmigo, está contra mí.
17. Le han concedido el premio fin de carrera,*lo que* es un orgullo para toda la familia.
18. *Lo que* no me has dicho es que era aficionado a la bebida.
19. Ya les he echado un vistazo a tus libros pero no encuentro *lo que* quería.
20. Ha venido mucha gente pero no he visto a *quien* invité tan especialmente.
21. «En un lugar de la Mancha de *cuyo* nombre no quiero acordarme...».
22. El chico *que* me gusta está ahora de espaldas.
23. Ese chico, *que* está de espaldas, es *el que* me gusta.
24. «*Quien* mucho abarca, poco aprieta».
25. *Quienes* estén cansados, pueden dejar el trabajo.

b) *Sustituye los relativos por otros, donde sea posible*

1. El regalo **que** le has comprado es precioso.

2. **Los que** han llegado tarde no pueden entrar.
3. No, no es ése el motivo por **el que** estoy enfadada.
4. **Lo que** me molesta es que pretendas engañarme.
5. Te ayudaré a pintar la habitación, después de **lo cual** me iré a descansar.
6. Son los libros **los que** nos hacen compañía cuando los amigos nos dejan.
7. He recorrido unos pueblecitos de **los cuales** no recuerdo nada, salvo su olor a campo.
8. El lugar en **el que** vivo es muy tranquilo.
9. El tipo **que** te está esperando tiene mal aspecto.
10. El tipo **que** te presenté te está esperando en la calle.

c) *RECUERDA*

(I) Los relativos EL QUE y QUIEN son equivalentes. Ambos pueden funcionar sin antecedente.
    Ej.: El que se pica, ajos come.
        Quien se pica, ajos come.

(II) Los relativos QUE y EL CUAL, en cambio, necesitan siempre antecedente.
    Ej.: Los libros que he comprado son muy interesantes.
        Han llegado nuevos alumnos, los cuales no están clasificados.

(III) El relativo QUE puede ser **sujeto** de cualquier tipo de frase, sea explicativa o especificativa.
    Ej.: El niño que está llorando es mi hijo (especificativa).
        Ese niño, que está llorando, es mi hijo (explicativa).
    También puede ser **complemento directo** de persona sin preposición.
    Ej.: El niño que ves en la calle, es mi hijo.

(IV) Para evitar errores te recomiendo que uses siempre una solución con artículo: **el que, el cual,** si en la frase necesitas una preposición.
    Ej.: El bolígrafo **con** el que escribo, me lo encontré en la calle. (EL CUAL).
        El chico del que te hablé ha venido a verme. (DEL CUAL).

(V) El relativo CUYO siempre concuerda con la palabra que le sigue. Entre ésta y el relativo nunca va el artículo.
    E j . : El autor cuy**os libros** prefiero es García Márquez.
        Es un niño **cuyos amigos** le miman tanto como sus padres.
    Sería incorrecto: * El autor cuyos los libros...

d) *VOCABULARIO: Grupos de verbos que se prestan a confusión: Esforzarse, forzar, hacer un esfuerzo, reforzar, fortalecer(se), fortificar*
    Completa las frases usándolos de acuerdo con el sentido:
    1. María ...... cuanto ha podido para atendernos como si fuéramos reyes.
    2. Tienes que tomar vitaminas y hacer ejercicio para ......
    3. Se escondieron entre las ruinas de una antigua ciudad ......
    4. No debes ...... al niño a que coma si no tiene apetito.
    5. Si (nosotros) ......, podemos pagar a plazos el mueble.
    6. Después del referéndum, el partido del Gobierno ...... sus posiciones.

7. Intentaron ...... la puerta para entrar a robar.

8. Este niño está muy débil, una temporada al aire libre le ......

9. Han ...... el pueblo para poder resistir los ataques del enemigo.

10. La abuela ...... por comprendernos a todos.

11. El corredor ...... para llegar a la meta sin ser descalificado.

12. Hay que ...... la vigilancia en época de elecciones.

e) *Preposiciones que indican instrumento, medio, modo: A, CON, DE, EN, POR, SIN*

Completa las frases usándolas de acuerdo con el sentido:

1. No sé cómo lo hace pero vive ...... lo grande.

2. Las instrucciones recomiendan no lavarlo ...... agua caliente.

3. Se casaron ...... poderes y ...... conocerse ¿qué te parece?

4. No puedo asegurártelo, lo sé ...... oídas.

5. Es mejor hablar ...... voz baja. Puede haber alguien escuchándonos.

6. Sé ...... buena tinta que lo van a nombrar a él para ese cargo. ¡Menuda influencia tiene en el Ministerio!

7. Creo que adivino tus intenciones, así que habla ...... rodeos.

8. En la zona de los bañistas de la piscina, no dejan entrar a la gente ...... zapatos.

9. Lo haces todo ...... lo loco, por eso te salen tan mal las cosas.

10. Se van de vacaciones y han cubierto los muebles ...... sábanas.

11. Después de un mes sin limpiarlos, los muebles están cubiertos ...... polvo.

12. Ha escrito la carta ...... tinta roja ¡qué descortesía!

REPASA

Utiliza el imperativo que corresponda a las siguientes ideas:

1. Echar a alguien de una habitación o de una casa.

2. Pedir a alguien un favor.

3. Pedir silencio a un grupo de personas.

4. Pedir precaución a nuestros amigos.

5. Pedir dinero a un amigo, al jefe, a un cliente.

6. Mandar a alguien a paseo porque nos molesta.

SITUACIÓN

Se acerca la hora de pensar en las vacaciones de verano y Hans y sus amigos empiezan a hacer planes. Luego se dan cuenta de que no tienen mucho dinero y de que hay que ser realistas. Imagina el diálogo entre ellos.

Vocabulario apropiado

—Soñar no cuesta dinero.

—¡Baja de las nubes!

—¡Quién pudiera...!

—Daría cualquier cosa por...

—Te imaginas si...

—Ser gafe.

—Pues, yo me conformaría con...

—Estar sin blanca.

—Sacarse unas pelas.

—Dar un sablazo.

LAS PERIFRASIS (I)

a) *Completa las frases usando una perífrasis incoativa*

1. Le quitaron la pelota unos chicos mayores, y (él) ...... (llorar).
2. Mi marido ...... (hacer) un armario sin saber nada de carpintería.
3. Faltan cinco minutos para la hora, así que, por favor (Vds.) ...... (terminar) los exámenes.
4. Con tantos mimos y caprichos estáis ...... (perder) a este niño.
5. Con este sol no puedo ...... (estudiar), porque me gustaría salir a dar una vuelta.
6. Nosotros ...... (comprar) un coche grande y potente, pero con la subida de la gasolina, tendremos que esperar.

a1) *Completa las frases usando una perífrasis terminativa*

1. Yo ...... (salir) con ellos porque gastan más dinero del que puedo permitirme.
2. ¡Vaya! Otra vez alguien ...... (encender) la luz de la cocina. ¡No somos accionistas de Iberduero!
3. Si las cosas siguen así (ella) ...... (pedir) el divorcio. La situación es insoportable.
4. ¿Ya (vosotros) ...... (colocar) vuestras cosas? Entonces vamos a comer.
5. El jefe me ha dictado 15 cartas y ya ...... (escribir) doce, antes de marcharme las terminaré.
6. Hasta ahora ...... (contabilizar) 500.000 votos y la ventaja es clara para el candidato favorito.

a2) *Completa las frases usando una perífrasis durativa, frecuentativa, o repetitiva*

1. Toda una vida ...... (trabajar) ...... como un negro y cobro un sueldo de hambre.
2. Otra vez ...... (robarme) la gasolina del coche.
3. Mi abuela me ...... (decir) que los hombres son malos.
4. ...... (buscar) firmas como loco para presentarse a concejal.
5. Poco a poco las cosas ...... (volver) a la normalidad.

6. Mi madre empezó a estudiar a los 48 años y ...... (hacerlo) aunque sus amigas le tomaran el pelo.
7. Desde hace algún tiempo yo ...... (notar) un dolor extraño en la espalda.
8. Ellos ...... (dormir) a pesar del ruido que sube de la calle.
9. Las oposiciones le ...... (obsesionar).
10. ¡Mira! (tú) ...... (desatar) los zapatos, te puedes caer.

b) *Sustituye lo que va en negrita por una perífrasis*

1. No me preguntes a mí, yo **he entrado ahora mismo**.
2. Lo intentó muchas veces y **por fin consiguió ser alcalde**.
3. Aunque al principio no le gustaba, **al final le entusiasmaba el té inglés**.
4. **De pronto empezó a correr** y todos le seguimos por si acaso.
5. **Quizás vengan** con retraso por la caravana de coches.
6. **Empieza a hacer** las maletas si no quieres olvidarte de algo.
7. Mientras estuvo en casa **no dejó de repetir** que esta ciudad era desagradable y fea.
8. La comida **está hecha**, podemos retrasarnos un poco en llegar.
9. Como siempre **empezó a contar** sus chismes sin saber cuándo callarse.
10. **Está aprendiendo poco a poco** inglés y francés, al tiempo que trabaja.

c) *RECUERDA*

Algunas perífrasis, para tener este valor, no pueden construirse en ciertos tiempos. Es el caso de las perífrasis:

—Ir a + infinitivo
—Venir a + infinitivo } No se utiliza en los **tiempos compuestos**, ni en **indefinido**.

—Acabar de + infinitivo

—Venir + gerundio
—Llevar + gerundio } Sólo se usan en **presente** e **imperfecto** y en sus correspondientes de probabilidad.

—Tener + participio
—Llevar + participio
—Ir + participio } No se usan en los tiempos compuestos, ni en indefinido.

d) *VOCABULARIO: Grupos de verbos que se prestan a confusión: **Quemar(se); arder; prender fuego; abrasar(se); incendiar***

1. Esta madera no ...... porque está húmeda.
2. Para que nadie los encontrara, ... los papeles comprometedores.
3. Aquel loco incendiario ...... al bosque que ...... fácilmente.
4. La comida está caliente, ten cuidado, no te ......
5. Este niño tiene mucha fiebre, le ...... la frente.
6. ...... las manos al intentar sacar el papel del fuego.
7. Cuando se ...... las casas hay que llamar à los bomberos.

8. Si dejamos cristales y papeles en el campo, se puede ......
9. El pollo que estaba en el horno ......
10. Las fibras sintéticas se ...... pero no ......

e) *Completa las frases usando las palabras: **Ambos, Tales, Sendos***

1. ...... argumentos no convencen a nadie.
2. Sí, sí, ... tenéis que hacerlo.
3. Los niños llegaron con ...... ramos de flores.
4. No comprendo cómo puedes sentirte a gusto con ...... individuos.
5. ...... levantaron la mano al mismo tiempo.
6. Salimos de la fiesta con ...... copas de champán en el bolso.

Repasa

Pon en forma negativa las siguientes frases:
1. Pon más cuidado en lo que haces.
2. Sal de aquí y vuelve pronto.
3. Tienes que estudiar mucho.
4. Creo que debes hacerlo.
5. Venga usted aquí.
6. Hablemos de otra cosa, ¿eh?
7. Volved más tarde.
8. Poned la mesa entre los dos.
9. Me parece que hay que repetirlo.
10. Vete.

Situación

Al salir de clase, Hans se encuentra con unos compañeros de otro curso que han tenido problemas con el profesor. Según ellos, éste ha sido injusto porque ha dado mejores notas a un chico que no sabe mucho, pero tiene un padre importante. Imagina las quejas de los amigos de Hans y cómo hablan del profesor.

Vocabulario apropiado

—Estar enchufado.
—Ser un empollón.
—No ver más allá de sus narices.
—Ser un cobista.
—Yo, que me he matado a...
—Si lo sé no...

—Por ser vos quien sois.
—Como le pille.
—A ver qué vas a hacer.
—Más pierdes si...
—Darse el gustazo de...

LAS PERIFRASIS (II)

a) *Completa usando una perífrasis que le dé sentido a la frase. (A veces caben varias posibilidades)*

1. Después de mucho discutir,(nosotros) ...... (ponerse) de acuerdo en el precio.
2. Mi padre fumaba 2 paquetes de tabaco al día y ahora ...... (fumar) radicalmente. Es una cosa increíble.
3. Hoy puedo quedarme a tomar un vino con vosotros porque antes de salir ...... (hacer) la comida.
4. Aunque aún faltan muchos días para los exámenes, ya (yo) ...... (estudiar) todos los temas.
5. He hablado con mis padres y les he explicado mis puntos de vista. Creo que todo ...... (aclarar).
6. Cuando menos lo esperábamos, ... (llover) y salimos corriendo para no mojarnos.
7. Si no entiendes de electricidad, no ...... (arreglar) la lavadora, puedes hacer una avería peor.
8. Todavía no sé cómo(yo) ...... (resolver) el problema del alojamiento durante las vacaciones.
9. Es muy tímido y cuando el profesor le preguntó la lección, ... (temblar) como una hoja.
10. Aunque le cuesta mucho hacerlo, el niño ...... (aprender) a leer y a escribir.
11. Desde que te conozco,(yo) ...... (decirte) que no hagas esas cosas en público; la gente aquí es muy conservadora.
12. Es una persona de costumbres fijas, a pesar del frío ...... (ir) a correr como en el buen tiempo.
13. Le he pedido perdón pero ...... (enfadar) conmigo por lo que le dije el otro día.
14. De un tiempo a esta parte (yo) ...... (observar) un comportamiento extraño en el niño.
15. De todas las fotocopias que encargaste, ya ...... (hacer) la mitad.
16. En este momento ...... (dar) la noticia en la tele; tenías razón.
17. No quiero ...... (repetirte) que lo hagas, si no, no saldrás a la calle.
18. Piensa irse a vivir solo y ...... (buscar) piso con calma.

19. No es muy agradable, lo sé, pero ...... (hacerlo).
20. En mi país, un coche como ése, ... (costar) más o menos lo mismo que aquí.

b) *Sustituye la perífrasis en negrita por otra construcción (aunque no sea perifrástica) donde sea posible*

1. Algún día **llegarás a** entenderme.
2. **Acaba de** entrar y todavía no se ha ambientado.
3. Me **tiene preocupada** la falta de noticias.
4. **Llevo hechas** 25 vueltas del jersey.
5. **He vuelto a cometer** el mismo error.
6. **Lleva enseñando** mucho tiempo.
7. Antes de salir lo **dejé** todo **preparado**.
8. **Siguen viviendo** en la misma casa.
9. **Se puso a** estudiar como si fuera un loco.
10. **Anda aprendiendo** a conducir.

c) *RECUERDA*

(I) El verbo SEGUIR **nunca** se construye seguido de infinitivo.
Frases como éstas son incorrectas.
   * He seguido a estudiar español.
   * Seguiré a pensar en ti.
Lo correcto es:
   —He seguido estudiando español.
   —Seguiré pensando en ti.

(II) La perífrasis **SEGUIR** + gerundio no se puede poner en forma negativa porque cambia el sentido.
   Ej.: Sigo estudiando
Significa: no he interrumpido el hecho de estudiar.
   En cambio: No sigo estudiando
Significa: dejo de estudiar.
   El equivalente de **SEGUIR** + gerundio en forma negativa es:
      Seguir + sin + infinitivo.
   Ej.: Dejé de fumar hace 3 meses y todavía sigo sin fumar.
      Es decir, no he interrumpido el hecho de no fumar.

(III) La perífrasis **ACABAR** + gerundio no se puede poner en forma negativa. Para hacerlo hay que cambiar la construcción.
   Ej.: Acabó aprendiendo la lección.
   Negativa: Acabó por no aprender nada.

(IV) Cuando el participio de la perífrasis **TENER** + participio pertenece a un verbo de emoción, la citada perífrasis no tiene valor pasado sino presente:
   Ej.: Esta situación me tiene preocupada.
   Esto significa: Esta situación me preocupa.
   Y no   : Esta situación me ha preocupado.

(V) La diferencia entre las perífrasis **LLEVAR, TENER** + **participio** e **IR** + **participio** radica en la construcción.

Las primeras tienen sujeto de persona (personificado).

    Ej.: **Yo** llevo escritas 100 páginas.
        Tengo escritas 100 páginas.

La segunda tiene sujeto de cosa.

    Ej.: Las 100 páginas van escritas.

(VI) La misma diferencia existe entre **DEJAR** + **participio** y **QUEDAR** + **participio**.

    Ej.: **Yo** he dejado la comida hecha.
        La comida ha quedado hecha.

d) *VOCABULARIO: Ejercicio de sustitución*

Sustituye el verbo TIRAR por otro de forma que no se repita ninguna:

1. Me encuentro en un callejón sin salida, no sé por dónde **tirar**.
2. A pesar de lo que dices, volverás a tu casa, la familia **tira** mucho.
3. Aprendí a **tirar** en el ejército.
4. **Tírate** hombre, el agua está buenísima.
5. Cada vez que se enfada conmigo **me tira** del pelo.
6. ¿Quién es más animal, el que va en el carro o el que **tira** de él?
7. Esos zapatos están para **tirarlos**.
8. ¿Cómo te encuentras? Voy **tirando**.
9. Este color **tira** a rojo.
10. Comprar eso es **tirar** el dinero.

REPASA

Elige una forma correcta del indicativo o del subjuntivo:

1. No me molesta que (tú, estar) ...... aquí, si no me (hablar) ......
2. Me parece que ya (yo, terminar) ...... de coser los botones.
3. Parece que (tú, tragarte) ...... un molinillo, ¡qué serio estás!
4. Quiero pasar las vacaciones en el Sur si (ser) ...... posible encontrar alojamiento.
5. No recuerdo cómo y dónde lo (conocer) ......
6. No me importa lo que (ella, pensar) ......, yo haré lo que ya (decir) ......
7. Me pregunto si todo esto (servir) ...... para algo.
8. Desde aquí no veo quién (entrar) ......
9. No sabía que te (gustar) ...... la ciencia ficción.
10. Me da igual si te (parecer) ...... bien o mal, yo pienso hacerlo de todas maneras.

SITUACIÓN

Ya sabemos que Hans tiene amigos españoles. Un día, uno de ellos se presenta en su piso y empieza a hablar de los problemas que tiene con sus padres. Hans le escucha y trata de quitarle importancia al hecho. Imagina el diálogo.

Vocabulario apropiado

—Despotricar.

—Poner a escurrir.

—Ser un carroza.

—Ser un carca.

—Los viejos son la monda.

—Tener a alguien en un puño.

—En el fondo lo hacen por tu bien.

—Me río yo de...

—Que me quieran menos y...

—Tú te crees que hay derecho a...

—Ponte en su lugar.

FORMAS NO PERSONALES DEL VERBO ·

a) *Transforma el infinitivo en gerundio o participio, donde sea posible*

1. Los socialistas piensan (ganar) *ganar* de nuevo las elecciones.
2. Es un libro (escribir) *escrito* en el siglo XII; se ve en el lenguaje (usar) *conseguidos*
3. Con ese carácter vas a (perder) *perder* todas las amistades (conseguir) *conseguidas* por tu padre.
4. Ha seguido (pensar) *pensando* lo mismo aunque no era muy popular (hacerlo) *hacerlo*
5. Desde la ventana los tengo (vigilar) *vigilados*, ahora los veo (jugar) *jugando* al balón.
6. (Hablar) *Hablando* es como se arreglan las cosas.
7. Ahora (ella) está bien (situar) *situada*, podrá echarnos una mano.
8. Váyanse (preparar) *preparando*, dentro de un momento llegaremos.
9. Fue una foto famosa: se veía a un hombre (matar) *matando* a otro (tirar) *tirado* en el suelo.
10. Iban (pasear) *paseando* por la orilla del río con las manos (coger) *cogidas*.
11. Es un tipo muy (avispar) *avispado*, es difícil (engañarle) *engañarle*.
12. No queremos (volver) *volver* a (andar) *andar*, seguimos (cansar) *cansados*.
13. Acabará (hacer) *haciendo* lo que le mandes, es muy obediente.
14. (Decir) *Dicho* aquello, se levantó y se fue.
15. Al (mirarla) *mirarla* me di cuenta de que tenía los ojos (hinchar) *hinchados* de haber (llorar) *llorado*.
16. Con (llorar) *llorar* no me harás cambiar de opinión.
17. (Llorar) *Llorar* no me harás cambiar de opinión.
18. (Llorar) *Llorar* no es ninguna solución.
19. Mamá, ¿puedo (salir) *salir*? He dejado (arreglar) *arreglada* mi habitación.
20. Ultimamente anda (distraer) *distraído*, le tiene (obsesionar) *obsesionado* el examen.
21. La profesora, (controlar) *controlada* la situación, resolvió el problema.
22. Dice que siempre ha aprobado (estudiar) *estudiando*, sin (usar) *usar* los enchufes.
23. Traían velas (encender) *encendidas*.
24. Se le cayó agua (hervir) *hirviendo* en la mano y se abrasó.
25. Moisés se arrodilló ante la zarza (arder) *ardiendo*.
26. (Estar) *Estando* tú presente, no se atreverá a (decirme) *decirme* eso.
27. (Acabar) *Acabada* la reunión, cada uno se fue por su lado.

28. (Ver) *Visto* así, no es tan terrible, claro.
29. Los niños, (advertir) *advertidos* del peligro, salieron (correr) *corriendo.*

b) *Sustituye lo que va en negrita por otra expresión que tenga el mismo sentido*

1. **Al empezar,** no sabía cuáles eran las costumbres.
2. **Estudiando** un par de horas diarias, se puede aprobar incluso con nota.
3. **Contado así,** no parece tan terrible.
4. **Con ser** tan listo, no sacó las oposiciones.
5. Te ayudaré, **de estar** en mi mano.
6. Lo hizo **contrariando** sus principios.
7. Después de todo el verano, las playas quedaron **destrozadas.**
8. **Lloviendo** como llueve, no salgo a la calle.
9. **Hecho** de otra manera, nos gustaría a todos.

b1) *En las siguientes frases hay errores: Señálalos y propón la solución correcta*

1. El coco se lleva a los niños siendo malos.
2. El envió un paquete conteniendo regalos para todos.
3. Escribieron un libro, ganando dinero después de muchos años.
4. Por ellos hacerlo, todos sufrimos las consecuencias.
5. Llegamos al sol salir.
6. Ha hechos grandes esfuerzos.

c) *RECUERDA*

(I) **El infinitivo** funciona como un **sustantivo,** por eso puede llevar siempre artículo.
Ej.: El saber, el escribir, el pensar.
Hay infinitivos que se han sustantivado del todo y admiten plural.
Ej.: el deber - los deberes, el pesar - los pesares, el amanecer - los amaneceres.
El sujeto del infinitivo (si es distinto del que tiene el verbo principal) siempre va pospuesto a él.
Ej.: Al entrar **ellos,** todo se alteró.

(II) **El gerundio:** Expresa acción no acabada **anterior** o **simultánea** a la del verbo principal. **Nunca puede expresar posterioridad absoluta respecto del verbo principal.**
—Funciona como **adverbio:** por tanto, modifica al verbo.
Ej.: Salió corriendo. Llegó cantando.
—Nunca equivale a una frase de relativo; si se puede construir ésta, es imposible el gerundio.
Ej.: Una Ley convocando oposiciones.
Lo correcto es:
Una Ley que convoca oposiciones.

(III) **El participio** funciona como un **adjetivo.**
—Tiene sentido pasivo si pertenece a un verbo transitivo.
—Tiene sentido activo si pertenece a un verbo intransitivo o reflexivo.

Ej: Problema resuelto   (resolver **algo**)
                              c.d.
    Hombre atrevido   (Atreverse)
    Hombre dormido   (Dormir)

d)   *VOCABULARIO: Participios irregulares*

Di el participio de los verbos que van entre paréntesis:
1. El (imprimir) ...... no está completo, le falta una póliza de 15 pts.
2. No puedo sacar tabaco de la máquina, no tengo (soltar) ......
3. El presidente (elegir) ...... jurará su cargo la próxima semana.
4. Estoy un poco (confundir) ...... ante tantos halagos.
5. Es un chico muy (atender) ......, no se le escapa detalle.
6. Lo han metido (prender) ...... porque lo pillaron robando.
7. Realmente es un hombre (distinguir) ......; nunca había conocido a alguien como él.
8. ¡(Bendecir) ...... sea Dios!
9. ¡(Maldecir) ...... sea! Otra vez se me ha pinchado la rueda.
10. Es un tema muy (abstraer) ......
11. El acusado está (convencer) ...... y (confesar) ......
12. Todos quedaron en (suspender) ...... cuando lo vieron llegar.

REPASA

Usa una forma de indicativo o subjuntivo de acuerdo con el sentido:
1. Cuando (ser, tú) ...... mayor, tal vez me (entender) ......, hijo mío.
2. Mientras (estar) ...... en mi casa, no quiero que te (poner) ...... esas cosas tan indecentes.
3. Siempre que (él, poder) ......, sale al campo a respirar aire puro.
4. Siempre que no (molestar) ...... a nadie, puede vender sus productos en la calle.
5. Mientras tú (terminar) ...... de corregir, yo te (pasar) ...... a máquina el borrador.
6. Cuando (vivir) ...... mi abuela, todos la (obedecer) ...... sin protestar.
7. Antes de que me lo (decir) ...... nadie, yo lo había notado.
8. No plantes este esqueje hasta que (echar) ...... raíces.
9. En cuanto (aproximarse) ...... a él, le entró un miedo atroz.
10. Me pareció una persona de fiar, hasta que (decir) ...... aquello.

SITUACIÓN

Hans ha sido conquistado definitivamente por España y los españoles. Para quedarse más tiempo en este país, decide buscar un trabajo y así no tener que pedir dinero a sus padres. Escribe cartas solicitando varios empleos y explicando cuáles son sus «habilidades».

Trata de escribir una carta solicitando trabajo.

Vocabulario apropiado

—Muy señores míos: / Señores:

—La presente tiene por objeto...

—Me dirijo a ustedes...

—En respuesta a su oferta...

—Hablo con fluidez...

—Tengo experiencia como...

—Adjunto fotocopias de...

—En hoja aparte incluyo...

—En espera de...

—Les saluda atentamente (atte.).

EL ADJETIVO

a) *Posición del adjetivo*

Coloca los adjetivos delante o detrás del sustantivo según convenga.

1. Es un (simple) empleado, por eso no puede hacer nada para arreglar tu problema.
2. Es un (medio) español, puede servir como tipo representativo.
3. No ha conseguido nada en la vida, es un (pobre) hombre.
4. Uno no puede ir a bañarse ahí porque es una (privada) playa.
5. Después de comer, tomo (solo) café.
6. Tenemos (económicas) dificultades. Gano muy poco.
7. No le cobres tanto, es una (pobre) señora.
8. Acabamos de recibir los (nuevos) modelos de esta temporada.
9. Queremos ver el (real) palacio.
10. Me he comprado la (social) historia de la Literatura.

b) *El superlativo*

Forma el superlativo de los adjetivos que van en negrita:

1. Es **joven** para el puesto que ocupa.
2. Es **amable** con todos.
3. Estás **fuerte**, ¡qué músculos!
4. Mira, te has puesto el pantalón **sucio**.
5. A estas alturas de mes estoy **pobre**.
6. Tengo los pies **fríos**.
7. Puede llevarse el pescado, está **fresco**.
8. Estás **puesto** en la música moderna.
9. Es música **buena**, como todo lo que a mí me gusta.
10. Es un tipo **simpático**; le cae bien a todo el mundo.
11. Es una persona **fiel**.
12. Es un reloj **antiguo**.

b1) *Sustituye el superlativo por otra forma que signifique lo mismo*

1. Tienen unas ideas muy **progresistas**.
2. Me gusta el chocolate **finísimo**.

3. Es una mujer **guapísima**.
4. Es una niña **muy lista**.
5. Es un tipo **muy pobre**.
6. Me han regalado un reloj **planísimo**.
7. La sopa está **calentísima**.
8. Es **pesadísimo**, no hay quien lo aguante.
9. He visto una película **buenísima**.
10. Estoy **nerviosísimo**.

c) *RECUERDA*

Los adjetivos pueden ser especificativos o explicativos.

(I) Los adjetivos **especificativos** suelen ir **detrás** del nombre y seleccionan a éste dentro del grupo al que pertenece.
Ej.: Dame la falda **roja**.
    Ayer vi a tu hermana **pequeña**.
Con adjetivos de **significación cuantitativa** la posición puede variar.
Ej.: Tiene escaso poder - tiene poder escaso.

(II) Los adjetivos **explicativos** o **epítetos** suelen ir **delante** y se limitan a señalar **una cualidad** del mismo, sin que sean necesarios para diferenciarlo.
Ej.: Me gusta mirar las **brillantes** estrellas.
Puede ir también detrás, sobre todo, para romper la monotonía del uso literario.

(III) El **superlativo** puede expresarse en español de las siguientes formas:
—Con los sufijos $\begin{cases} -\text{ísimo: Ej. altísimo} \\ -\text{érrimo: Ej.: paupérrimo.} \end{cases}$
—Con los adverbios: muy, sumamente, extraordinariamente.
        Ej.: Es muy alto.
            Es sumamente alto.
—En forma negativa puede usarse **nada**.
        Ej.: No es nada alto.
—Con los prefijos: re-, requete-, archi-, extra-, etc.
        Ej.: Está requetebién.
            Es archiviejo.
—Con las palabras: todo, bien.
        Ej.: Llegó todo mojado.
—En la lengua hablada aparecen frases hechas.
        Ej.: El café está ardiendo (muy caliente).
            Es feo con avaricia (muy feo).
            Tiene menos suerte que el Pupas (poquísima suerte).

d) *PREPOSICIONES: Diferencias entre POR Y PARA*

Completa las frases usándolas de acuerdo con el sentido:
1. Lo ha hecho ...... amor al prójimo.
2. Anda, cariño, come, un poquito ...... papá, otro poquito ...... mamá.

3. ...... lo que cuentas, allí la vida tampoco es fácil.
4. ...... haber vivido en tantos países, me parece muy provinciana.
5. Eso ...... mí, es coser y cantar.
6. Resérvate ...... el final. Los postres aquí, son deliciosos.
7. ...... un momento me pareció estar hablando con tu madre.
8. Trabajáis ...... un hombre que cree tener esclavos todavía.
9. Trabajo ...... gusto. No necesito el dinero.
10. He dejado olvidadas mis gafas ...... aquí.
11. ...... postres ricos, los que hacía mi abuela.
12. ¿Crees que podemos estar esperando ...... ti siempre?
13. Han venido unos policías preguntando ...... tu amigo.
14. Voy ...... más pan; os lo habéis comido todo.
15. Va ...... 3 años que se independizó.

e) *VOCABULARIO: Di el adjetivo contrario*
1. La acera es **ancha**.
2. Esta tela es **gruesa**.
3. Mi coche es **viejo**.
4. Mi vecino es **viejo**.
5. Es un material muy **pesado**.
6. Pepe es muy **pesado**.
7. Quiero las fotos en papel **brillante**.
8. Los cristales de las ventanas son **transparentes**.
9. Es un pájaro **común**.
10. Los filetes están **duros**.

REPASA

Sustituye la partícula condicional **si** por otra que vaya con el sentido de la frase, y haz las transformaciones necesarias.
1. Si vuelves a hacerlo, te arrepentirás.
2. Si ganas, no me importa cómo lo consigas.
3. Lo haré, naturalmente, si nada ni nadie me lo impide.
4. Si me cuidas el coche, puedes llevártelo este fin de semana.
5. Dímelo, si te molesto.
6. Si no le llevas la contraria, será tu amigo.
7. Tendrás postre, si te comes las lentejas.
8. Si lo entregas el día antes del examen, será suficiente.
9. El mueble saldrá bien, si las medidas están bien.
10. Si me duelen las muelas, no voy con vosotros a la fiesta.

SITUACIÓN

Hans ha tenido la suerte de encontrar trabajo en unos grandes almacenes como vendedor. (¡Quién fuera él! ¿verdad?). Así, puede practicar constantemente su español y, a veces, hablar otras lenguas con algunos clientes extranjeros. A la salida del trabajo, un día agotador, se encuentra con uno de sus antiguos compañeros de piso. Hans le invita a tomar unos vinos y hablan del trabajo. Imagina el diálogo.

Vocabulario apropiado

—Fichar a la hora.

—Hacer/echar horas extra.

—Hacer caja.

—Aguantar a los pelmas de...

—¡Vaya chollo!

—Tío, ¡qué chorra!

—Pues, no te arriendo la ganancia.

—Meter por los ojos una cosa a alguien.

—¡Qué piquito tienes!

—Decir a todo amén.

—Hacer el artículo.

—Pasarse las horas muertas.

—...y sin vender una escoba.

rechazar = to refuse (offer)
la yegua = mare
jaleo = din

UNIDAD-35

LAS PREPOSICIONES (I)

a) *Completa las frases usando las preposiciones POR o PARA*

1. Eso no lo haría yo ni ...... todo el oro del mundo.
2. Trabaja ...... comer, yo, en cambio, lo hago ...... amor al arte.
3. Me lo han regalado ...... mi cumpleaños.
4. Afirmo que el arte ...... el arte es un lujo de las clases privilegiadas.
5. Tenemos el modelo apropiado ...... su edad y su personalidad.
6. ...... lo poco que estudia, saca buenas notas.
7. Habla ...... ti, así no meterás la pata.
8. ...... nosotros podéis fumar, no nos molesta.
9. ...... ellos eres un cero a la izquierda.
10. Lo dejaremos ...... otro momento. Ahora ando muy mal de tiempo.

a1) *Completa las frases usando las preposiciones A o EN*

1. Tienes que meter la ropa ...... lejía para quitarle esas manchas.
2. Sentaos ...... la mesa, vamos ...... comer.
3. No te sientes ...... la mesa, se romperá ¿no ves que tiene una pata desencolada?
4. Deben Vds. presentar el trabajo escrito ...... máquina y ...... doble espacio.
5. Sabe montar ...... caballo y se niega ...... ir ...... burro.
6. Empezaremos la obra ...... septiembre.
7. ...... esas horas no se puede hacer ruido.
8. La gente ha salido ...... su encuentro.
9. Como no venías, tu padre ha salido ...... tu búsqueda.
10. Me encanta tumbarme ...... el sol cuando estoy ...... la playa.

a2) *Completa las frases usando las preposiciones EN, DE, CON, A*

1. Iré disfrazada ...... romana ...... un vestido alquilado.
2. Le gritó ...... todas sus fuerzas.
3. Como la música estaba muy alta, tenían que hablar ...... voz ...... grito.
4. Cuando se levanta está ...... mal humor.
5. ...... ese humor no debes ir ...... fiesta.
6. ¡Ahora pretendes darme lecciones, ... la ...... veces que he hecho yo eso!

7. Habla ...... un marcado acento alemán.
8. Habla ...... el acento ...... los demás ...... desprecio.
9. No me gustan esos zapatos porque terminan ...... punta, parecen los ...... un gnomo.
10. Me encanta el pollo ...... el ajillo o ...... su jugo.

b) *Completa las frases usando una preposición, un adverbio o un gerundio según el modelo*

Ej.: Habla **a** gritos / gritando.
   Me habla **con** afecto / afectuosamente.
1. Lo he hecho ...... casualidad / ......
2. No puedes enseñarle las cosas ...... golpes / ......
3. ¿Por qué no actúas ...... lógica? / ......
4. El profesor nos ha hecho recorrer el gimnasio ...... saltos / ......
5. Me miró ...... alegría / ......
6. Haz las cosas ...... orden / ......
7. Acabó ...... decirle lo que pensaba / ......
8. Se desfoga ...... el baile / ......
9. Empieza ...... pedir disculpas / ......
10. ¿...... verdad eres capaz de hacerlo? / ......

c) *RECUERDA*

(I) Hay verbos que cambian de significado total o parcialmente al añadírsele una preposición.
   Acabar = Terminar.
   Acabar con = Matar, romper las relaciones.
   Arreglarse = Ponerse presentable.
   Arreglarse con = Tener suficiente.
   Caer(se) = Ir a parar al suelo.
   Caer(se) por = visitar.
   Caer sobre = Atacar.
   Correr = Ir de prisa.
   Correr con = responsabilizarse.
   Contar = Narrar, enumerar.
   Contar con = Confiar en que; tener.

(II) Hay verbos que tienen una preposición diferente del adjetivo derivado de él.
   —Avanzar Ø a, hacia // avanzado de.
   —Desconocer Ø // desconocido para / de.
   —Temer a Ø // temeroso de, en, con.
   —Pasar Ø // pasado para, de, en.
   —Facilitar Ø // fácil de, para.
   —Faltar Ø // falto de.
   —Extrañar Ø // extraño a, de, para.

d)   *VOCABULARIO: Completa las frases usando las siguientes palabras de acuerdo con el sentido: Estar por; hacer por; pasar por; responder por; tomar por; estar de; hacer de; pasar de; responder de; tomarla con*

1. ¡Déjame en paz, hombre! ¿por qué ...... (yo)?
2. Como las cosas se ponían feas, (yo) ...... mediador.
3. Me gusta ayudar a la gente, pero no me gusta ...... tonto.
4. No quiere confesarlo, pero sé que ...... peón y le da vergüenza.
5. ¡Perdone Vd.! Es que la ...... una alumna mía que se le parece mucho.
6. Ya eres mayorcito ¿no? Entonces eres perfectamente capaz de ...... tus actos.
7. ¡No, hijito! Yo no voy a ...... ti, no quieras cargarme con el muerto.
8. ¿Sabes lo que te digo? Pues que no me comas el coco, yo ...... esas cosas.
9. He quedado con él, pero ...... llamarle y decirle que no me apetece salir.
10. Ya sé que es muy difícil, pero ...... conseguirte ese sello tan raro en la exposición.

d1)   *Completa las frases usando las siguientes expresiones*

—Meter la pata.
—Tener mala pata.
—Pagar el pato.
—Ser un patoso.
—A la pata coja.

1. Se me rompió un tacón y tuve que volver a casa ......
2. Si te has cabreado con él, vale, pero yo no tengo que ......; así que no me grites.
3. Has ...... al preguntarle por sus notas, acaba de enterarse de que le han suspendido.
4. ¡Mira que (yo) ......! Cada vez que quiero ir al campo, llueve.
5. No hay quien te enseñe a bailar, (tú) ......

REPASA

Completa las frases usando el **relativo** apropiado:

1. Ya nos hemos dicho ...... teníamos que decirnos, después de ...... me parece innecesario seguir hablando.
2. Ustedes, ... están a la derecha, pásense a la izquierda por ...... pueda ocurrir.
3. José, ... vio solamente una parte del suceso, cree que todo ocurrió así.
4. No encontré ...... poner los libros.
5. ...... quieran hablar, que pidan la palabra.
6. Me compraron los regalos ...... les pedí.
7. Entonces fue ...... me di cuenta de su engaño.
8. Te he dicho mil veces que fue así ...... ocurrió.
9. No podemos juzgar a las personas ...... vida y personalidad no conocemos.
10. Es a ti ...... le toca enfrentarse con él, siempre buscas a alguien ...... lo haga por ti.

SITUACIÓN

1. Organiza con tus amigos y compañeros una fiesta, o una merienda en el campo. Describe todo lo que pasa. Pero esta vez no habrá «vocabulario apropiado». ¡Que te diviertas!
2. Ve a despedir a Hans que ya se va a su país, después de tanto tiempo en España. ¿Qué le dirías?, ¿Qué te diría él?

SEGUNDA PARTE

LAS PREPOSICIONES (II)

a) *Completa las frases usando las preposiciones POR o PARA*

1. ¿A dónde vas? No sé, ... ahí.
2. Ven ...... acá y explícame lo que has hecho.
3. Esta chica vale ...... todos.
4. Esta chica vale ...... todo.
5. No me esperéis ...... la cena, he quedado con unos amigos.
6. Creo que vendré a visitaros ...... Navidad.
7. Trabaja ...... su cuenta; antes lo hacía ...... un jefe algo déspota, ... eso se despidió.
8. Se calló, pero dijo ...... sus adentros que aquello era injusto.
9. Siento gran admiración ...... las personas fieles a sí mismas.
10. ...... tener tanto dinero, vive modestamente.
11. Ya no me queda nada ...... hacer.
12. Me falta espacio ...... mis cosas.
13. Vas muy ligera de ropa ...... el frío que hace.
14. ¡Cómo sois! Si fuera ...... vosotros, no haríamos nada de nada.
15. ...... vosotros resulta fácil ¿verdad? Pues no es así.
16. ...... ella soy capaz de cualquier sacrificio.
17. Quedan algunos días ...... el final del curso.
18. Estoy ...... decirle la verdad, ... que se entere de una vez.
19. ¡...... fiestas estoy yo! Me han suspendido.
20. ...... ella todo te parece poco.
21. No le pagamos a Vd. ...... pensar sino ...... que cumpla con su obligación.
22. Pagarás ...... tus errores.
23. No eres las persona indicada ...... decirle eso.
24. Va ...... un mes que pedí la información y aún no me han contestado.
25. He comprado un equipo de música ...... una cantidad ridícula.
26. ...... mí él es la persona más maravillosa del mundo.
27. ¡Qué interés tienes ...... saber su opinión!
28. Su nombramiento como director va ...... largo.
29. Necesitamos un aula ...... muchas personas más.
30. ¿...... dónde empiezo? —Está claro, ... el principio.
31. ...... aprobar el examen de máquina, tienes que dar 170 pulsaciones ...... minuto.
32. Lo agarró ...... las solapas y lo zarandeó.

33. Prepárate ...... cualquier eventualidad.
34. No has venido ...... aquí últimamente. ¿Qué ha pasado?
35. Doy ...... terminada esta discusión, ... mí todo está claro.
36. ...... playas buenas, las del norte.
37. Nos damos ...... vencidos, dinos la solución.
38. Es peligroso tenerlo ...... enemigo.
39. No puedes impedir que decidan ...... sí mismos.
40. He dejado lo mejor ...... el final.

b) *Sustituye las preposiciones por otras donde sea posible y sin alterar el sentido:*

1. Esta carta está escrita **a** lápiz.
2. Lo cogió **por** el brazo y echó a andar.
3. Cuando pasean, siempre van **de** la mano.
4. Se dirigió **hacia** su casa **con** paso lento.
5. Ha llegado **con** retraso.
6. Lo ha hecho **de** buena fe, **para** ayudarnos.
7. Estoy muy contenta **por** mi nuevo trabajo.
8. Vive **a** su aire.
9. No me gusta estar **de** pie derecho.
10. Prefiero ir **a** pie y no usar tanto el coche.

c) *RECUERDA*

(I) A veces POR y PARA pueden intercambiarse. Esto ocurre cuando predomina la idea de: CON LA INTENCION DE
Ej.: Lo he hecho POR / PARA aclarar las cosas.

(II) Hay errores que no debes cometer:
Esperar —algo.
       —a alguien.
       —por (culpa de) alguien.
         pero nunca* esperar para alguien.
         podemos esperar para + infinitivo.
         esperar para la comida, mi cumpleaños, etc.
Ej.: Espero el resultado, a mi amiga.
         por mi amiga (hasta que no venga no puedo hacer otra cosa).
         para saber el resultado.
Pagar —algo.
       —por algo, alguien.
         pero nunca* pagar para algo o alguien.
         podemos pagar para + infinitivo.
Ej.: He pagado ya mi consumición.
    Has pagado demasiado por ese libro.
    Siempre paga él por todos.
    He pagado para recibir un buen servicio.
Pedir por = rezar.

pero no* preguntar.

Ej.: Pediré por ti en mis oraciones.

Preguntar por = interesarse por.

pero no* buscar o pedir.

Ej.: Como no has venido, el jefe ha preguntado por ti.

El otro día encargué el libro en la librería, voy a preguntar por él.

También preguntamos **para** saber, aclarar las cosas, etc.

d)   *VOCABULARIO: Completa las frases usando los siguientes verbos + preposición* de acuerdo con el sentido: **andarse por; apostar(se) a / por; contar con; meterse a / con; quedar con / en / para: quedarse con.**

1.   Se ha ido y (yo) ...... sus libros sin darme cuenta.
2.   Cuando tiene que decir algo, no ...... las ramas.
3.   No puedo acompañarte porque ...... unos compañeros para cenar.
4.   Después de haber sido tan importante, ... hacer los recados de todo el mundo.
5.   Eso que dices no es verdad, ¿quieres ...... nosotros o qué?
6.   Son personas muy amables, puedes ...... ellas para todo.
7.   ¿Qué ...... que llegan más tarde que nunca precisamente hoy?
8.   Es muy astuto, sólo ...... los triunfadores.
9.   (Nosotros) ...... posponerlo para una ocasión mejor.
10.   Si (tú) ...... redentor, saldrás mal parado.
11.   Entre el blanco y el negro, ... el gris.
12.   Ten cuidado, no ...... él, es muy peligroso.

d1)   Completa las frases usando las siguientes expresiones:

—Estar al loro.

—Salir del paso.

—Ser un-a gorrón-a.

—Mandar a paseo.

—LLevar la voz cantante.

1.   Si le molestas mucho acabará por ...... te ......
2.   Tiene un gran afán de protagonismo, le gusta ...... en cualquier circunstancia.
3.   Han anunciado que se convocarán oposiciones pero no han dicho para cuándo, así que tenemos que ......
4.   Ese tipo vive a costa de los demás, ...
5.   No había preparado nada y para ......, tuve que improvisarlo todo.

REPASA

Completa las frases usando una perífrasis que les dé sentido:

1.   Mis conplejos infantiles los ...... (superar).
2.   Hasta ahora (yo) ...... (ver) un montón de tiendas y no encuentro lo que quiero.
3.   Estás embotada ¿cuánto tiempo ...... (trabajar)?
4.   De un tiempo a esta parte ...... (ocurrir) una serie de sucesos muy extraños.
5.   Hace tiempo que (él) ...... (repetir) lo mismo pero nadie le presta atención.

6. Me ...... (aburrir) con tus eternos lamentos.
7. (Yo) ...... (sentar) que todos estamos de acuerdo.
8. (El) ...... (andar) sin rumbo fijo y apareció en la otra punta de la ciudad.
9. (Tú) no ...... (decirle) que siento mucho lo que pasó ayer por mi culpa.
10. (Vosotros) ...... (pensar) igual hasta que os muráis.
11. (Ellos) ...... (casar) aunque su matrimonio no funciona.
12. Menos mal que había preparado todos los temas para el examen. Si no ...... (hacerlo), me suspenden de todas todas.
13. (Yo) no ...... (comprender) cuáles son tus verdaderas intenciones.
14. (Nosotros) ...... (verlos) por casualidad al cabo de los años.
15. Por favor, dame más ejemplos, ... (tenerlo) claro.

Situación

Hans ya está en su país y, con la perspectiva que da la distancia, piensa en España, en lo bueno y en lo no tan bueno y decide escribir un pequeño trabajo sobre ello. Escribe tú también tus puntos de vista.

a) *Transforma el **infinitivo** en el tiempo y modo adecuados*

Mi madre (querer) ...... que, aprovechando mi licencia, (casarme) ...... (Tenerme) ...... destinada la hija de un propietario de Lúzaro, más vieja que yo, feúcha y mística. Yo, la verdad, no (estar) ...... muy decidido. Sabido (ser) ...... que los marinos no (ser) ...... modelo de amabilidad. La perspectiva de los viernes con vigilias y abstinencias que (prometerme) ...... el destino, de unirme con Barbarita, así (llamarse) ...... la candidata de mi madre, no (sonreírme) ...... Las mujeres de Lúzaro a pesar de su dulzura, (tener) ...... afición a hacer su voluntad. Como (ser) ...... hijas y mujeres de marinos, el vivir mucho tiempo solas, (darles) ...... decisión y energía y (acostumbrarlas) ...... a no obedecer a nadie. El caso de mi amigo Recalde (parecerme) ...... sintomático.

Recalde, el terrible Recalde, el piloto más atrevido y audaz del pueblo, (casarse) ...... con la Cashilda, la hija del confitero, muñequita de ojos azules, muy modosita y formal. Todo el almíbar de la tienda de su padre (concentrarse) ...... en ella.

Recalde (ser) ...... un déspota: decidido, acostumbrado a mandar como (mandarse) ...... en un barco, no (poder) ...... soportar que nadie (contrariarlo) ......

(Casarse) ......, (pasar) ...... la luna de miel; la Cashilda (tener) ...... un hijo; Recalde (estar) ...... navegando tres años y (volver) ...... a su hogar a pasar una temporada.

El primer día, al volver a su casa, (querer) ...... ser fino:

—¿Qué hay? ¿Ha pasado algo? —(preguntar) ...... a su mujer.

—Nada. (Estar) ...... todos bien.

Recalde (escuchar) ...... noticias y después (preguntar) ......

—¿A qué hora (cenarse) ...... aquí?

—A las ocho.

—Pues hay que cenar a las siete.

La Cashilda no (replicar) ......

Recalde (creer) ...... que el verdadero orden en una casa (consistir) ...... en ponerla a la altura de un barco.

Al día siguiente (ir) ...... a su casa a las siete y (pedir) ...... la cena.

—No está la cena —(decir) ...... su mujer.

—¿Cómo que no está la cena? Ayer (mandar) ...... que para las siete (estar) ...... la cena.

—Sí, pero la chica no (poder) ...... hacer la cena hasta las ocho, porque (tener) ...... que estar con el niño.

—Pues (despedir) ...... a la chica.

—No (poder) ...... despedir a la chica.

—¿Por qué?

—Porque (recomendármela) ...... la hermana del vicario y (ser) ...... de confianza.

—Bueno; pues mañana, (hacer) ...... la cena la muchacha o (hacerla) ...... tú, hay que cenar a las siete.

Al día siguiente, la cena (estar) ...... a las ocho, Recalde (romper) ...... platos, (dar) ...... puñetazos en la mesa, pero no (conseguir) ...... que (cenarse) ...... a las siete, y cuando la Cashilda (convencerle) ...... de que allí (hacerse) ...... únicamente su voluntad y que no (haber) ...... ningún capitán ni piloto que (mandar) ...... en ella, para remachar el clavo (decir) ...... a su marido:

Aquí (cenar) ...... todos los días a las ocho, ¿sabes, chiquito? Y si no (convenirte) ......, lo que puedes hacer (ser) ......marcharte, puedes irte otra vez a navegar.

Y la Cashilda, mientras (decir) ...... esto, (mirar) ...... a Recalde sonriendo, con sus ojos azules.

Recalde, el terrible Recalde, (comprender) ...... que allí no (estar) ...... en su barco, y (irse) ...... a navegar. Este caso, ocurrido con mi camarada, no (inducirme) ...... a casarme, ni aun con la espiritual Barbarita.

> «Las inquietudes de Shanti Andía»
> Pío Baroja

b) *Repaso y consolidación gramatical*

(I) **SE** puede tener:

    Función reflexiva ....   lavarse
                                Con cambio de significado: echar / echarse
    Función impersonal ....   Se vive bien aquí
    Función pasiva refleja .....   Se venden pisos
                                  Con expresión de involuntariedad: Se me duerme
                                  el brazo.
    Función de complemento indirecto por transformación de **LE-S** ...... quiero entregársela (a él, a ella, a Vd.).

(II) En el texto aparecen las construcciones con **SE** anteriormente citadas. Búscalas, clasifícalas y haz otras frases del mismo tipo.

(III) El sufijo -ucho (feúcha, flacucha) tiene valor despectivo. Forma palabras derivadas usándolo.

    sufijo -azo: sirve para expresar el golpe dado con algo (puñetazo) o para formar el aumentativo (perrazo). Forma palabras derivadas usándolo.

c) *VOCABULARIO: Completa las frases usando las siguientes palabras y expresiones*

—Almíbar	—Licenciado	—Dar en el clavo
—Empalagoso	—Modo(-s)	—No dar ni clavo
—Goloso	—Modal(-es)	—Aducir
—Glotón	—Modoso	—Inducir
—Licencia	—Módico	—Reducir
—Licenciatura	—Remachar el clavo	—Seducir
—Licenciosa		

1. Me encanta el melocotón en ......
2. Niño ¿qué ...... son ésos para dirigirte a tu profesor?
3. Para vender por la calle se necesita una ...... especial.
4. Por ser para Vd. le vendo el reloj en un ...... precio.
5. ¡Qué niño tan ......! No hace nada sin pedir permiso.
6. Háblale con buenos ...... y verás cómo consigues de él todo lo que quieras.
7. Precisamente mi tesis de ...... versó sobre ese tema.
8. No me gustan las cosas demasiado dulces, me resultan ......
9. Claro, te han suspendido, es que durante el curso ......
10. ¡Oh, un bolso de viaje! Muchas gracias, necesitaba uno, ...
11. Lo han expulsado de su trabajo por llevar una vida ......
12. ¡Cómo te gustan los pasteles! Eres un ......
13. Y para ...... añadió los apellidos de los ya citados antes por sus nombres.
14. Te pasas el día comiendo, eres un ......
15. Te equivocas, ése no es el ...... de hacerlo.
16. Uno de los valores de la conjunción **como** es el ......
17. Los argumentos que ...... no me convencen a mí y menos todavía al juez.
18. Fue él quien los ...... a hacerlo. Es tan culpable como los que cometieron el robo.
19. La idea de pasar las vacaciones en el Norte, con el riesgo de lluvia que se corre allí, no me ......
20. Con el pretexto de ...... plantilla han despedido a varios trabajadores de esa empresa.

Tema de debate

La pareja ideal para casarse.
«El matrimonio es la tumba del amor».

a) *Pon una forma correcta de SER y ESTAR*

1. Las paredes ...... recubiertas de madera, las sillas y los marcos de los cuadros ...... dorados.
2. ....:. de Dios que había de marcharse.
3. Paso de los sesenta, ¿y qué? ...... ágil y en forma como un chiquillo.
4. La jota ...... alegre o triste, según ...... quien la canta.
5. Yo sé que ...... de camarero en un bar de la Plaza.
6. Para su edad este niño ...... muy serio.
7. No tenemos dinero, ¡pues ...... frescos!
8. Este individuo ...... muy fresco.
9. El horno no ...... para bollos.
10. La sopa ...... fría, voy a calentarla.
11. No me gusta trabajar con él, ... demasiado frío.
12. Me duelen las muelas, (yo) ...... que me subo por las paredes.
13. Oye, niño, no grites tanto, no ..... sordo.
14. Me parece que este pescado ...... malo porque huele mal.
15. Enciende la estufa. Es que ...... muy friolero.
16. Esa familia ...... muy querida en el barrio.
17. Ese tipo de películas ...... prohibido en aquella época.
18. Las casas del centro de la ciudad ...... construidas según reglas diferentes.
19. De acuerdo con las normas vigentes, los luminosos publicitarios deben ...... apagados a las doce de la noche.
20. Estas páginas ...... escritas de una manera ilegible.
21. Todavía hoy se discute por quién ...... escrito «El Lazarillo».
22. Búscate otro que ...... más dispuesto a ayudarte.
23. No puedo hacerlo, lo siento. Eso no ...... dispuesto en el reglamento.
24. ¡No le hagas caso! ...... como una cabra.
25. No le sacarás ni un duro, ... más agarrado que un chotis.
26. La carrera ciclista ...... suspendida.
27. Tengo que estudiar durante el verano porque ...... suspensa en esa asignatura.
28. ¡Déjame en paz! ...... más pesado que el plomo.
29. Sin duda ellos ...... de nuestra parte.
30. Lo conozco y sé que ...... que revienta por decírnoslo.

b) *Consolidación gramatical*

(I) Sustituye las construcciones pasivas con SER por otras con ESTAR donde sea posible.

1. El partido será retransmitido en directo.
2. El barco es tripulado por gente experta y avezada.
3. El vestido había sido usado más de una vez.
4. Mi calle es alumbrada por farolas de luz mortecina.
5. El cartel había sido arrancado. Pegamos otro encima y se acabó el problema.
6. Toda la zona fue repoblada después del incendio.
7. Ha sido elegido alcalde el menos indicado para el puesto.
8. Es vigilada por las amenazas que ha recibido.
9. Ha sido prohibida la venta de bebidas alcohólicas durante las elecciones.
10. Fueron lanzados panfletos desde un avión.

(II) Convierte las siguientes frases activas en pasivas usando SER o ESTAR según convenga.

1. **Leyó** el discurso con voz temblorosa.
2. Las empresas discográficas **solicitan** mucho a este cantante.
3. **Aprobaron** la ley por unanimidad.
4. **Han rechazado** la enmienda del partido de la oposición.
5. **Han convocado** la manifestación para mañana a las 8 horas.
6. **Sirven** la comida como si fuera un restaurante de lujo.
7. **Has quemado** el pollo ¿por qué no has tenido cuidado?
8. **Yo lo despido** a Vd., no ha rendido lo suficiente.
9. **Ya he trasplantado** el ficus, a ver si no se estropea.
10. **Han propuesto** a López para un ascenso.

c) *VOCABULARIO*

(I) Explica, usándolas en frases, las siguientes expresiones.

> —Estar de más   —Ser la monda
> —Ser (un) chulo   —Estar colocado
> —Estar mosca   —Ser un-a ligón-a

(II) Sustituye el adjetivo **claro** por otro de forma que no se repita ninguno.

1. Posee un espíritu transparente y **claro**, incapaz de dobleces.
2. Opuso una negativa **clara** a la solución propuesta por los otros.
3. El ministro fue **claro** en sus declaraciones.
4. Ofrece **claras** muestras de nerviosismo.
5. Es una verdad **clara**, que nadie se atreve a negar.
6. Su réplica fue **clara** y nadie continuó la discusión.
7. La fotografía ha salido **clara**.
8. Para mí es **claro** que pretenden engañarnos.
9. Es una verdad **clara** como la luz del día.
10. Su respuesta fue un sí **claro**.

Tema de debate

La guerra ¿es un mal necesario en nuestro tiempo?

a) *Transforma el infinitivo en el tiempo y modo adecuados*

(Ser) ...... una tortura, una verdadera tortura tener que planchar con el calor del verano, (decirse) ...... Ana, mientras (sentir) ...... que el sudor le (ir) ...... dibujando canalillos en el cogote y en los costados. Plaf, plaf, (hacer) ...... la plancha contra la mesa, alisando cuellos, pantalones, camisas, faldas, plaf, plaf. Ana casi no (tener) ...... fuerzas para sostener el peso y (dar) ...... planchazos descuidados que a veces (pillar) ...... la ropa en una doblez, eternizando a fuego las arrugas; «si me (ver) ...... mi madre» —(pensar) ...... Ana— «haciendo estas chapuzas......». Le (irritar) ...... , le (irritar) ...... profundamente fregar, o planchar, o coser, le (irritar) ...... esas pesadas labores domésticas que (comer) ...... su tiempo y le (hacer) ...... sentir más que nunca la rutina: Cuando (bordear) ...... con la punta de la plancha el volante de un traje, (experimentar) ...... siempre el aburrimiento por los muchos volantes que aún (haber) ...... de alisar, al cabo de 10, de 20, de 30 años. Bueno, mañana (salir) ...... de vacaciones y no (haber) ...... más remedio que poner la ropa en condiciones mínimamente dignas. (Llevar) ...... todo el día encerrada en el piso, (fregar) ...... los cacharros, (recoger) ...... la casa, (regar) ...... los geranios de las ventanas y (dejar) ...... la azalea, el poto y el helecho en manos de Ana María, con el encargo de que se los (mimar) ...... , los (regar) ...... convenientemente y les (decir) ...... de vez en cuando palabras amables y cariñosas para que las plantas (ponerse) ...... contentas y no la (echar) ...... de menos, que las plantas, ya se (saber) ...... , (gustar) ...... de música y afecto.

El montón de ropa (ir) ...... menguando a ojos vistas, el sol (comenzar) ...... a bajar, por la ventana entreabierta (colarse) ...... una leve brisa de atardecer que (luchar) ...... valientemente contra el bochorno aún reinante, y el ánimo de Ana (empezar) ...... a restablecerse por momentos.

«Crónica del desamor» (1) Rosa Montero
(Texto adaptado)

b) *Consolidación gramatical*

(I) **Ir + gerundio; haber de + infinitivo; llevar + participio.**
Estas perífrasis aparecen en el texto. Búscalas y señala el valor que tienen. Donde sea posible, sustitúyelas por otras sin alterar el sentido.

Completa las siguientes frases usándolas:

1. ¿Es que siempre ...... (estar, yo) detrás de ti para que no hagas ninguna diablura?
2. (Nosotros) ...... (pagar) quince letras de las que firmamos para comprar el «stereo», sólo nos falta por pagar la mitad.
3. ¿Tú... (darte) cuenta de que las cosas no son tan fáciles como tú te las imaginabas?
4. La vida ...... (enseñarte) que para conseguir las cosas hay que luchar por ellas.
5. Tú ...... (saber) que tu padre ganó el concurso cuando aún no habías nacido, así que no te pongas chulo con él.
6. Ha estado lloviendo durante varias semanas, ... (recoger) 100 litros por metro cuadrado en algunas zonas.

(II) **SI** introduce frases:

—Condicionales: Si puedes, ven.

—Completivas: $\left\{\begin{array}{l} \text{Me preguntó si lo sabía (interrogativa indirecta).} \\ \text{No sabía si vendría.} \end{array}\right.$

—Exclamativas: $\left\{\begin{array}{l} \text{¡Si no te había conocido!} \\ \text{¡Si fuera posible......!} \end{array}\right.$

Y puede ser adverbio afirmativo: Sí, quiero.

Sustituye **SI** por **QUE** donde sea posible y haz los cambios necesarios en el verbo:

1. Lo difícil es saber si le gustará.
2. No quiero preguntar si me ama.
3. No le contamos si habíamos ligado.
4. Lo importante era si se venderían los cuadros.
5. Si fui un empleado, ahora soy el jefe.
6. Si antes me parecía guapo, ahora me parece un monstruo.

Sustituye **SI** por otra construcción y haz los cambios necesarios en el verbo.

1. Si yo estuviera en su posición, no abusaría como lo hace Vd.
2. Si hubiera sido un actor profesional, no lo habría hecho mejor.
3. Si te molestan mis recriminaciones, te aguantas, ¡te las mereces!
4. Si le envías un telegrama el mismo día, se pondrá muy contento.
5. Si tuviera un poco más de tiempo, lo terminaría para la fecha prevista.
6. Si no haces lo que has prometido, no confiaré más en ti.

c) *VOCABULARIO*

(I) Explica el significado de las siguientes expresiones que aparecen en el texto.

—Hacer chapuzas.
—Recoger la casa.
—A ojos vistas.

(II) Completa las frases usando los siguientes verbos:

—Colar (se)   —Pillar
—Menguar   —Bordear

1. No quería pagar e intentó ...... en el cine.
2. He llegado a la sisa del jersey, tengo que ...... seis puntos.
3. Pues el regalo no es un libro, guapita, te has ......
4. El profesor me ha ...... copiando.
5. El río ...... la ciudad como si fuera una cinta.
6. Se ...... el dedo con la puerta.
7. No fui al trabajo ayer, le diré que tuve fiebre a ver si ......
8. La luna está en cuarto ......

Tema de debate

Las tareas de la casa: ¿una labor frustrante o relajante? (Trata de usar el vocabulario relacionado con las tareas de la casa, que ya conoces.)

a) *Transforma el infinitivo en una forma de indicativo o subjuntivo*

1. Es lógico que ellos (tener) ...... sueño todas las mañanas, se acuestan muy tarde.
2. Era una lata que (instalar, ellos) ...... las ferias al lado de casa; con el ruido no se podía dormir.
3. Lástima que (llegar, tú) ...... tan tarde, lo mejor de la fiesta ya ha pasado.
4. Había muy pocas posibilidades de que le (conceder) ...... a Vd. el puesto, otros tenían más recomendaciones.
5. ¿Cree Vd. que está bien que la gente (criticar) ...... lo que hacen los demás?
6. Sería más sensato que te (mantener) ...... al margen.
7. Daba la impresión de que ellos (convertirse) ...... en los dueños del pueblo, pero no sucedió así.
8. Parece mentira que ella (creer) ...... todavía en sus palabras.
9. Con que él (mover) ...... un dedo, todo el mundo se echa a temblar.
10. ¿Te parece natural que (querer, él) ...... ser más que nadie a toda costa?
11. No volveré a hablarte mientras (vivir, yo) ......
12. Mientras no (saberse) ...... públicamente, no me (importar) ...... lo que hagas.
13. Como no (mejorar) ...... la oferta, firmo el contrato con otra empresa.
14. Siguen viviendo como cuando (ser, ellos) ...... pobres.
15. Te consiento cualquier cosa menos que (decir, tú) ...... mentiras sobre mi pasado.
16. Laura se ha ido a pasar las vacaciones a las Bahamas ¡Quién (ser) ...... ella!
17. ¡Así (partirse) ...... una pierna cuando (salir, tú) ...... a la calle!
18. ¡Sí, señor; así se (hablar) ......!
19. ¡Que (ser, él) ...... incapaz de echarle una mano!
20. ¡Que (hacer, ellos) ...... lo que les apetezca, y que (constar) ...... que a mí me da igual.
21. No sé si (venir) ...... mis padres el domingo.
22. No me concretó si (deber, yo) ...... incorporarme al trabajo por la mañana o por la tarde.
23. ¡Conque (haber) ...... sido tú el que se ha comido el pastel! ¿no?
24. Nunca creí que aquel hombre (haber) ...... hecho lo que le imputaban.
25. Lo único que puedo decirle es que usted (tener) ...... las mismas oportunidades que los otros aspirantes.
26. No sabían si (poder, ellos) ...... hacerme el encargo.

27. Según (ir) ...... las cosas, veré lo que hago.
28. Bebe el vino igual que si (ser) ...... agua.
29. A medida que ustedes me (ir) ...... entregando los exámenes, iré calificándolos.
30. Ya has aprobado el examen, conque (tú) (poder) ...... enseñar si (encontrar) ...... trabajo.

b) *Repaso y consolidación gramatical*

(I) **Así**, puede desempeñar distintas funciones:

1) Adverbio de modo .... Esto se hace **así** = de esta manera.
2) Conjunción temporal .... **Así** que llegue, te escribiré = tan pronto como.
3) Conjunción concesiva ...... No lo hará **así** lo mates = aunque.
4) Conjunción consecutiva .... No le hacían caso y **así** se cansó de explicarlo = por lo tanto.
5) Conjunción ilativa .... Decidimos venir, **así que** aquí estamos = y o nada.
6) Interjección desiderativa ... ¡**Así** te mueras! = ojalá.
7) Oraciones comparativas .... Lo respetaban todos, **así** sus amigos **como** sus enemigos = tanto.

Sustituye **ASI** en las siguientes frases por un equivalente:

1. Si lo haces **así,** todos pensarán que eres un experto.
2. No ha venido mucha gente, **así** que hemos perdido dinero.
3. **Así** sea el hombre más rico del mundo, me sigue pareciendo un cerdo.
4. ¡**Así** te rompas la cabeza y dejes de amargarme la vida!
5. **Así** que vio el ramo, dedujo que era para ella.
6. Todos están obligados a hacerlo **así** los jóvenes como los viejos.
7. **Así** que ya has cumplido 5 añitos ¿eh?
8. Las cosas hechas **así** no tienen ningún mérito.
9. Si lo ha escondido Pepe, no lo encontrarás, **así** pongas la casa patas arriba.
10. **Así** que publique el libro, se hará famosa.

(II) Explica la diferencia entre **conque** (frase 23 y 30) y **con que** (frase 9).

Sustituye estas dos conjunciones por otras palabras de significado similar.

1. La Ley ha establecido la igualdad de los sexos, **conque** ya no hay que pelear más.
2. ¿**Conque** no, eh? Pues ahora hay que luchar por llevarla a la práctica.
3. **Con que** tú me quieras, me sentiré la persona más feliz de este mundo.
4. **Con que** se coma una vez al día basta para vivir.
5. Tu presencia no es grata en esta reunión, **conque** ya te estás largando.
6. **Con que** te presentes una vez a la semana será suficiente.

(III) Explica la diferencia entre **como cuando** (frase 14) e **igual que si** (frase 28).

En las frases siguientes sustituye **nada más** por **sólo** o **en cuanto** según convenga:

1. **Nada más** te preocupas por el dinero.

2. **Nada más** empezar a hablar en público, se pone como un tomate.
3. Escuché el debate de la «tele» y **nada más** dijeron tonterías.
4. **Nada más** echarme del trabajo, encontré otro mucho mejor.
5. Quiero un café **nada más**.
6. No pido **nada más** que un poco de respeto.

c) *VOCABULARIO*

(I) Da un sinónimo de las siguientes expresiones buscando el contexto para usarlo.

—Llevar la contraria   —Tener trampas
—Ser una lata   —Meterse en líos, en jaleos
—Ser un descarado   —Hacer algo sin rechistar
—Ser un tramposo   —Cundir el trabajo
—Hacer trampas   —Cundir el pánico

(II) Sustituye el verbo SENTIR por otro de forma que no se repita ninguno.

1. No sé qué me pasa, no me **siento** bien.
2. Me entró miedo porque me pareció **sentir** a alguien a mi espalda.
3. **Sentí** muchísimo no poder ir a la lectura de tu tesis.
4. De pronto **sentí** un dolor punzante en el estómago.
5. ¿Qué estarán haciendo los niños? No se les **siente**.
6. Cuando se me duermen los brazos, no me los **siento**.
7. **Sentía** un gran amor hacia su perro.
8. **Se sienten** los efectos del tiempo, pasando la mano por la superficie.
9. **Siento** su calor a mi lado.
10. Todos **sentimos** su muerte. Ha sido una gran pérdida para la cultura del país.

Tema de debate

El bilingüismo.

a) *Transforma el infinitivo en el tiempo y modo adecuados*

De súbito (iniciarse) ...... el terremoto de siempre: unos susurros ardientes, el arrastrarse de algo por los suelos, algunos golpes secos y rítmicos, como de prólogo sabido y de ritual, y, al fin, suspiros, y del suspiro (pasarse) ...... al gemido, al grito, y del grito al alarido mojado en lágrimas, chillón y exasperante; ya estaban otra vez los de abajo con el tinglado en marcha y con los calores, las ventanas de las casas (estar) ...... todas abiertas; ese día los ecos del misterio no sólo (pasar) ...... a través de los muros, sino que (colarse) ...... también limpiamente por entre los cristales, adquiriendo matices insospechadamente agudos, aterradores.

(Planchar) ...... Ana intentando permancer impertérrita y serena, pero el dolor ajeno (hacerse) ...... omnipresente en aquella tarde sudada y asfixiante. (Recordar) ...... la última conversación que (tener) ...... con María sobre esto; cada vez que (reunirse) ...... con ella, (acabar) ...... hablando de lo mismo: una breve pasada por las incongruencias de la bestia, como (llamar) ...... al hombre a quien María (desear) ......, una alusión al amor imposible e inventado por el inalcanzable Soto Amón y después, indefectiblemente, los ruidos, los llantos y las penas que (reventar) ...... dentro de las paredes del vecino. Cuando (estar) ...... pensando en preguntarles directamente qué (pasar) ......, (añadir) ...... María, «¿y si lo que nos (imaginar) ...... (ser) ...... cierto? ¿Y si (haber) ...... de verdad una víctima a la que él o ella o los dos (torturar) ......? ¿Y si al decir nosotras algo, (ensañarse) ...... más con ella?». Luego (importar) ...... también la sensación de ridículo, claro. «Lo mismo es que (divertirse) ...... así, la realidad (ser) ...... mucho más simple que la novela que nos (estar) ...... montando», (decirse) ...... en un momento de cordura. «O quizás (ser) ...... que uno de ellos (sufrir) ...... epilepsia». María, «no (creer) ......, pero quizás (ser) ...... una histérica y (montar) ...... esos números sin que la (tocar) ...... nadie, quizás (ser) ...... ella la que (torturar) ...... así a los otros».

«Crónica del desamor» (2) Rosa Montero
(Texto adaptado)

b) *Consolidación gramatical*

(I) **Ponerse a + infinitivo; acabar + gerundio; estar + gerundio.**

Estas perífrasis aparecen en el texto. Búscalas y señala el valor que tienen. Donde sea posible, sustitúyelas por otras sin alterar el sentido.

Completa las siguiente frases usándolas:

1. No importa lo que yo diga o haga, al final tú ...... (hacer) lo que te parezca.
2. Tú ...... (buscar) tres pies al gato, y al final tendrás problemas, ya lo verás.
3. En cuanto le dimos pie ...... (criticar) a todo bicho viviente según su costumbre.
4. (Vosotros) ...... (ganar) un castigo monumental.
5. Protestaron y protestaron, y al final ...... (darme) la razón.
6. Vio un gato en la oscuridad, creyó que era un fantasma y ..... (gritar) como un loco.

(II) **Quizá; lo mismo es que...**

Estas expresiones de duda aparecen en el texto, búscalas y di si están construidas con indicativo o subjuntivo.

Completa las siguientes frases correctamente:

1. A lo mejor ...... por eso no han llegado.
2. ...... tal vez, pero me parece poco probable.
3. Puede que ...... pero no hay más remedio que hacerlo.
4. Probablemente ...... por otros motivos y tú pagaste los vidrios rotos.
5. Si lo ha prometido, seguramente ......, es persona de palabra.

(III) Hay verbos que cambian de sentido al añadirles un pronombre reflexivo por ejemplo: **colar - colarse, pasar - pasarse, reducir - reducirse a, prestar - prestarse a acordar - acordarse de,** etc.

Completa las siguientes frases usando ese tipo de verbos, de acuerdo con el sentido:

1. Después de tanto recortar el tablero se ha quedado ...... a la mínima expresión.
2. La leche tiene nata, quiero que la ......
3. Papaíto querido ¿verdad que me ...... el coche esta tarde?
4. Todo eso lo habéis ...... sin contar con nadie fuera de vuestro grupo.
5. No te compliques la vida, tu intervención ...... mostrarte en público y sonreír.
6. Pero ¿por quién me tomas? Yo jamás ...... hacer algo tan denigrante.
7. Perdóname, tengo la cabeza a pájaros, no ...... traerte los apuntes que me pediste.
8. Alguien ...... en el grupo con el fin de oír nuestra conversación.
9. Tengo la impresión de que ese tipo ...... por aquí antes.
10. ...... al enemigo, es un traidor.

c) *VOCABULARIO*

(I) Explica el significado de las siguientes expresiones que aparecen en el texto:

—Tener el tinglado en marcha.

—Montarse una novela.

—Montar un número.

(II) Completa las frases usando los siguientes verbos:

—Reventar   —Aludir

—Ensañarse   —Arrastrar

1. Está bien que lo riña por su indisciplina pero ...... así con el pobre chico, delante de sus compañeros, me parece cruel.

2. La tubería ...... porque el agua se había helado.

3. ...... de pasada a la ayuda que sus compañeros le habían prestado en el trabajo.

4. Tienes que subirle el bajo a las cortinas porque ......

5. No sólo actúa mal él, sino que ...... a los demás.

6. No importa lo que le digas, no se dará por ......

7. El haber ganado la guerra no les da derecho a ...... con la población vencida.

8. No puedo comer más, estoy a punto de ......

Tema de debate

Los emigrantes.

a) *Pon una forma correcta de SER o ESTAR*

1. Después de pasar un mes en la clínica aún ...... débil.
2. Hay personas que ...... capaces de cualquier cosa.
3. Antonio ...... muy seguro de acertar, porque ...... muy seguro en sus negocios.
4. La portera ...... muy confiada y deja las llaves en cualquier sitio.
5. La educación de la muchacha ...... confiada a una institutriz.
6. El profesor ...... un poco confuso, porque las respuestas de los alumnos ...... confusas.
7. Este tipo me ...... completamente desconocido.
8. Aunque de ordinario no ...... cruel, no me negarás que ayer ...... bastante cruel con tu madre.
9. Desde que te casaste, ... desconocido, Julio.
10. La miel ...... más dulce que el chocolate.
11. Este pastel ...... demasiado dulce.
12. El soldado ...... bajo las órdenes del cabo.
13. La corrida de esta tarde ha ...... muy buena; los toreros han ...... muy bien, pero yo me he aburrido porque no ...... aficionado a los toros.
14. Causaba admiración ver a aquel muchacho conduciendo el coche y no ...... para menos, pues ...... un piloto de lo que no hay.
15. Se odian tanto que ...... a matar.
16. ¿Qué ha ...... de Juan? ¿Dónde ...... ahora?
17. No ...... aquella la ocasión adecuada para gastar esa broma.
18. ¿Dónde ...... el accidente?
19. Lo siento, yo no ...... capacitada para tomar esa decisión.
20. Esta habitación ...... muy oscura, tiene sólo una ventana.
21. Sube la persiana, la habitación ...... muy oscura.
22. No mires a ese infeliz ...... un pobre loco.
23. ¿Qué te pasa? ¿...... loco?
24. ¡Perdón! ¿...... a mí?
25. La puerta ha ...... cerrada definitivamente.

b) *Consolidación gramatical*

Otros verbos atributivos también expresan la permanencia, lo mismo que ESTAR: **permanecer, persistir, perdurar**, los cuales añaden a la idea de permanencia un carácter intensivo. **Hallarse, encontrarse, mantenerse, sentirse,** que aportan un grado de apariencia o manifestación externa.

En las frases siguientes sustituye ESTAR por uno de los verbos citados arriba donde sea posible.

1. Si ante el conflicto, ese poderoso país **está** neutral, los pequeños países **estarán** perdidos.
2. Durante mucho tiempo **estaba** ensimismada.
3. ¡Qué ricas **están** las cerezas!
4. Me voy a casa, **estoy** muy mala.
5. **Estaba** muy aprensiva desde que oyó que a su tía le habían extirpado un tumor.
6. **Estuvo** firme en sus afirmaciones, contra viento y marea.
7. La nube de polución **está** inquietadora sobre la ciudad.
8. El pijama de su padre le **está** grande.
9. Su recuerdo **está** imborrable de mi mente.
10. Pude acercarme a ella porque **estaba** conquistador aquella tarde.
11. **Estaba** agresivo por eso todos evitaban hablar con él por miedo a sus ataques.
12. Ese punto **está** equidistante entre tu casa y la mía.
13. Ella **estaba** incansable en su afán de mejorar.
14. ¿Por qué **estás** callado?
15. No sé por qué no puedo ponerme ese vestido, yo no **estoy** tan gorda.

c) *VOCABULARIO*

(I) Explica, usándolas en frases, las siguientes expresiones:

—No ser para tanto   —Estar a la que salta
—No ser para menos   —Estar en todo
—Estar a dos velas   —Ser un cero a la izquierda

(II) Sustituye el verbo CREAR por otro de forma que no se repita ninguno.

1. El solito **creó** el plan para robar el banco.
2. **Ha creado** un guión imposible de llevar a las cámaras.
3. El agua **crea** electricidad.
4. **Han creado** un nuevo tipo de silenciador para los tubos de escape.
5. Es incapaz de **crear** una sola idea constructiva.
6. Su carácter se **ha creado** en la lucha contra la adversidad.
7. El odio **crea** odio.
8. El libro **creará** beneficios en cuanto se publique.
9. Bell **creó** el teléfono.
10. **Creó** un grupo de teatro que se ha hecho famoso.

Tema de debate

El instinto maternal ¿un mito o un hecho real?

a) *Transforma el infinitivo en el tiempo y modo adecuados*

Apenas (tener) ...... 6 años y aún no la (llevar) ...... al campo a trabajar. (Ser) ...... por el tiempo de la siega. La (dejar) ...... en casa y le (decir) ...... :

—Que (ser, tú) ...... buena, no (alborotar) ...... y si te (pasar) ...... algo, (asomarte) ...... a la ventana y (llamar) ...... a doña Clementina.

Ella (decir) ...... que sí con la cabeza. Pero nunca le (ocurrir) ...... nada, y se (pasar) ...... el día sentada al borde de la ventana, jugando con «Pipa».

Doña Clementina la (ver) ...... desde el huertecillo. Sus casas (estar) ...... pegadas la una a la otra, aunque la de doña Clementina (ser) ...... mucho más grande. A veces doña Clementina (levantar) ...... los ojos de su costura y la (mirar) ......

—¿Qué (hacer) ...... niña?

La niña (tener) ...... la carita delgada, pálida, entre las flacas trenzas de negro mate.

—(Jugar, yo) ...... con «Pipa» —(decir) ......

Doña Clementina (seguir) ...... cosiendo y no (volver) ...... a pensar en la niña. Luego, poco a poco (ir) ...... escuchando aquel raro parloteo que le (llegar) ...... de lo alto, a través de las ramas del peral. En su ventana, la pequeña de los Mediavilla (pasarse) ...... el día hablando, al parecer, con alguien.

—¿Con quién (hablar) ...... tú?

—Con «Pipa».

Doña Clementina, día a día (llenarse) ...... de una curiosidad leve, tierna, por la niña y por «Pipa». Doña Clementina (estar) ...... casada con don Leoncio, el médico, hombre adusto y dado al vino que se (pasar) ...... el día renegando de la aldea y sus habitantes. No (tener) .... hijos y doña Clementina (estar) ...... ya hecha a su soledad. Al principio no (preocuparse) ...... por la niña, lo (hacer) ...... porque su madre se lo (pedir) ......

Luego, poco a poco, la niña y su parloteo (ir) ...... metiéndosele pecho adentro.

—Cuando (acabar) ...... las tareas del campo y la niña (volver) ...... a jugar en la calle, la (echar) ...... de menos —se (decir) ...... la señora. Un día por fin (enterarse) ...... de quién (ser) ......«Pipa».

La niña le (explicar) ...... que (ser) ...... su muñeca y la señora le (pedir) ...... que se la (echar) ...... para verla bien.

Aunque lo (dudar) .... la niña le (echar) ...... a «Pipa» que (resultar) ...... ser simplemente una ramita seca envuelta en un trozo de percal, sujeto con ùn cordel.

«La rama seca» (1) Ana M.ª Matute
(Texto adaptado)

b) *Consolidación gramatical*

(I) **Seguir + gerundio, seguir + participio, volver a + infinitivo, dejar + participio.**

Algunas de estas perífrasis aparecen en el texto. Búscalas y señala el valor que tienen y trata de sustituirlas por otras sin alterar el sentido.

Completa las siguientes frases usándolas:

1. Aunque mi novia me dejó, yo ...... (enamorar) ......
2. La película española que ganó el Oscar de Hollywood en 1983 se titula «...... (empezar)».
3. A pesar de los logros alcanzados, ... (pensar, yo) que a las mujeres les resulta más difícil conseguir trabajo.
4. ...... (abrirse) la herida.
5. (Nosotros) ...... (sentar) los principios de actuación general.
6. He pasado una semana descansando pero (yo) ...... (reventar).
7. Casi no ve pero, incluso a tientas, ... (hacer) punto para todos sus nietos.
8. ¿Tú ...... (acostar) al niño antes de salir?

(II) Funciones de SE:

Señala los «SE» que aparezcan en el texto y clasifícalos.

Coloca el pronombre SE donde sea necesario.

1. Esas cosas sólo ...... te ocurren a ti, eres imprevisible.
2. ...... te ocurren esas cosas porque no piensas en las consecuencias de tus actos.
3. Si no hay dinero en efectivo, ... le da un cheque y en paz.
4. Tiene gran confianza en su secretaria ...... le da los cheques firmados en blanco cuando hay que pagar recibos.
5. En este país ...... lee menos que en ningún otro del mundo.
6. ¡Qué barbaridad! Aquí ...... fuma menos que en un polvorín.

(III) **Apenas, cuando, tan pronto como ......**

Son conjunciones temporales. Recuerda otras conjunciones y haz frases usando el indicativo o el subjuntivo según convenga:

1. ......, me pondré a trabajar.
2. ......, todo quedó aclarado.
3. ......, no volverás a llevarte otro libro mío.
4. ......, todo iba bien.
5. ......, volverá a hacerlo.
6. ......, nadie se había fijado en ello.
7. ......, vi que las cosas habían cambiado.
8. ......, hazlo.
9. ......, riégame los tiestos.
10. ......, que nadie haga nada.

c) *VOCABULARIO*

(I) Busca un contexto para usar correctamente las siguientes expresiones:

—Pasarse de rosca.

—Pasar por alto.

—Pasar de todo.

(II) Completa las frases usando las siguientes palabras:

- —Parloteo
- —Chismorreo
- —Cuchicheo
- —Cotilleo
- —Renegar
- —Despotricar
- —Regañar
- —Sermonear

1. El ...... es una costumbre que practican las revistas del corazón y además ganan dinero con ello.
2. Los ...... de las últimas filas llamaron la atención del profesor y descubrió que los alumnos estaban copiando.
3. Me encanta escuchar el ...... de los niños cuando están empezando a hablar.
4. Te pasas la vida ...... de tu familia pero no sabes hacer nada sin su beneplácito.
5. Los ...... de mis vecinos no hacen que cambie mi forma de vivir.
6. Me van a ...... por llegar tarde a casa.
7. He ...... hace tiempo de mis antiguas costumbres y he empezado una vida nueva.
8. ¿Por qué les gustará tanto a los padres ...... a sus hijos?

El sufijo **-eo, -ear** sirve para crear sustantivos y verbos de carácter frecuentativo, como los anteriores y otros, por ejemplo: Acarreo, -ear, balanceo -ear, tanteo, -ear, etc...

Tema de debate

Los juguetes de los niños.

a) *Transforma el **infinitivo** en una forma de indicativo o subjuntivo*

1. ¿Cómo es posible que todavía no le (conceder) ...... el Oscar a ese gran actor?
2. Es lógico que tus padres (preocuparse) ...... por tu salud.
3. Es un viaje largo; no creo que (ellos, llegar) ...... antes de las diez.
4. Es una pena que les (ofrecer) ...... ese jerez a tus vecinos.
5. Te aseguro que desde que mi mujer se fue, (sentirse) ...... muy solo.
6. Quítate su vestido no sea que (manchárselo) ......
7. Es notable cómo esos niños (poder) ...... jugar juntos, a pesar de que no (hablar) ...... el mismo idioma.
8. Juan pregunta si (poder) ...... venir a visitarnos esta noche.
9. Juan me ha dicho que (estar) ...... harto de su vida.
10. Está enfermo, pero no he podido convencerlo de que (ir) ...... al médico.
11. ¿Por qué no le propones que (ir) ...... al Perú contigo?
12. Siempre consigue que (hacer, nosotros) ...... todo lo que quiere.
13. No me había enterado de que su padre (haber) ...... ingresado en el hospital.
14. Nos pareció extraordinario que la Federación (contar) ...... con tantos participantes.
15. Nadie duda que los cambios importantes (producirse) ...... después de mucho luchar.
16. Marta no se imaginaba que mis padres me (dar) ...... el permiso.
17. Ayer leí que en la antigüedad (existir) ...... ejércitos de mujeres.
18. Me parece una barbaridad que (instalar) ...... tantas centrales atómicas.
19. Le dije que se lo (dar) ...... con tal de que me (dejar) ...... en paz.
20. Dado que (tener) ...... intereses en ese país, queremos que se (desarrollar) ......
21. No quiso salir debido a que (esperar) ...... una llamada.
22. No estoy enfadada porque (llegar) ...... tarde a casa.
23. Araré la tierra una vez más, con tal de que la cosecha (ser) ...... mejor.
24. No vengas a menos que te (llamar) ......
25. Tendré que esperarte a la puerta caso de que (llegar) ...... más tarde que yo.
26. Se ve que Vd. ignora lo que (ocurrir) ......
27. No me importa lo que (hacer, él) ...... con tal de que nadie (enterarse) ......
28. Con lo bien que lo (hacer) ...... y el profesor la ha suspendido.
29. Lloviendo y todo, (ir, yo) ...... a verte.
30. ¿No te gusta? ¡Con lo bonito que (ser) ......!
31. Te he contado todo lo que (pasar) ...... pero aunque (saber, yo) ...... eso, no te lo (decir) ......

32. Nunca dudé de que mis padres me (dar) ...... el dinero si se lo (pedir) ......; ni que yo lo (aceptar) ...... aunque eso me (humillar) ......

b) *Consolidación gramatical*

(I) **Con tal de que:** Tiene valor condicional = si

                         Tiene valor final = para que

Busca otras condicionales y finales que aparecen en el texto y haz frases usándolas.

(II) **Dado que:** Tiene valor causal = como

Busca otras causales que aparecen en el texto y haz frases usándolas.

(III) **Porque:**

    —Tiene valor causal = como (frase 22)
    —Tiene valor concesivo = aunque.
        Ej.: **Porque** seas rico, no eres más feliz que yo.
    —Tiene valor final = para que
        Ej.: Lo hizo **porque** no la criticaran
    —Tiene valor condicional = si
        Ej.: Lo haré **porque** quiera, no porque me lo impongan.

(IV) Sustituye la parte en negrita por una construcción que tenga el mismo sentido:

1. No me importa lo que hagas **con tal de que saques** algún provecho.
2. No me importa hacerte una comida especial **con tal de que te quedes** en casa un rato después.
3. **Dado que ya somos amigos,** ¿puedo pedirte prestado el coche?
4. **Dado que has hecho ese trabajo extra,** no tienes que presentarte al examen final.
5. No te he grabado el disco **porque la cinta estaba estropeada.**
6. **Porque sea una obligación,** no voy a hacerlo si no me gusta.
7. **Porque todos vieran** su nuevo coche se paseó haciendo ruido por toda la ciudad.
8. Leeré el libro **porque me guste el tema,** no porque el autor sea famoso.
9. Puedes cantar todo lo que quieras **con tal de que olvides** tus preocupaciones.
10. Puede Vd. llevarse lo que necesite **con tal de que me traiga** mañana el dinero.

c) *VOCABULARIO*

(I) Di la idea contraria a las siguientes y busca un contexto para usarla:

    —Aceptar una invitación.
    —Ofrecer una ayuda.
    —Conceder un premio.
    —Disuadir de fumar.
    —Dar una orden.

(II) Di sinónimos de las siguientes ideas y busca un contexto para usarlas:

—Conseguir un propósito.
—Cumplir una promesa.
—Rellenar un impreso.
—Completar un trabajo.
—Cubrir el expediente.
—Cumplir lo estipulado.

Tema de debate

Las actitudes naturales no existen. Todas nuestras reacciones son producto de la educación o la cultura.

a) *Transforma el infinitivo en el tiempo y modo adecuados*

Doña Clementina (devolver) ...... «Pipa» a la niña, según le (prometer) ...... y la niña (seguir) ...... embebida en su juego, la niña (hablar) ...... con «Pipa» del lobo, de la comida que no (querer) ...... comer y que, sin embargo, (estar) ...... muy buena. Doña Clementina la (escuchar) ...... y (beber) ...... sus palabras.

Un día la niña (dejar) ...... de asomarse y doña Clementina le (preguntar) ...... a su madre.

Le (contestar) ...... que le (dar) ...... las fiebres de Malta y que para cuidarla (tener) ...... que privarse de los brazos de Pascualín en las labores del campo. En realidad, Pascualín (irse) ...... a la calle a jugar y doña Clementina (oír) ...... la voz de la niña llamándole.

Un día (decidirse) ...... a visitarla, aunque (saber) ...... que su marido la (regañar) ......

—Hola pequeña; ¿cómo (estar) ......?

La niña (empezar) ...... a llorar y le (contar) ...... que Pascualín (ser) ...... malo porque le (quitar) ...... a «Pipa» y ella (aburrirse) ...... sin «Pipa».

Le (decir) ...... a la señora que le (pedir) ...... a Pascualín que le (devolver) ...... su muñeca.

Doña Clementina (tratar) ...... de cumplir el encargo de la niña pero Pascualín la (mirar) ...... con sorna y (marcharse) ...... sin hacerle ningún caso.

(Volver) ...... la señora y la niña (insistir) ...... en su llanto y su petición. Doña Clementina le (prometer) ...... una muñeca nueva.

Al día siguiente, con sus ahorros (bajar) ...... al pueblo y (comprar) ...... una muñeca que le (parecer) ...... muy hermosa, aunque un poco cara.

Muy ilusionada (entregársela) ...... a la niña, en cuya carita (aparecer) ...... una luz nueva, una sonrisa que se (enfriar) ...... a la vista de la muñeca.

—No es «Pipa»— y (dejar) ...... caer la cabeza en la almohada. Al día siguiente doña Clementina (recoger) ...... del huerto una ramita seca, la (envolver) ...... en una tela, (subir) ...... a dársela a la niña que (decir) ...... lo mismo: «No es Pipa». Día a día la mujer (confeccionar) ...... «Pipa» tras «Pipa» con idéntico resultado.

Su marido la (regañar) ...... porque (ir) ...... a ser el hazmerreír del pueblo y además la niña (ir) ...... a morirse de todos modos. En efecto, apenas iniciados los fríos del otoño, la niña (morirse) ...... La señora (sentir) ...... una pena grande donde antes le (nacer) ...... el afecto por «Pipa» y su pequeña madre.

(Ser) ...... en la primavera siguiente cuando una mañana rebuscando entre la tierra (aparecer) ...... la ramita seca, envuelta en su percal.

Doña Clementina la (levantar) ......, la (mirar) ...... con respeto y (decirse) ......:
—Verdaderamente (tener) ...... razón la pequeña ¡Qué hermosa (ser) ...... esta muñeca!

«La rama seca» (2) Ana M.ª Matute
(Texto adaptado)

b)   *Consolidación gramatical*

(I) **Dejar de + infinitivo; empezar a + infinitivo; echar (se) a + infinitivo.**

Completar las frases usando. estas perífrasis de acuerdo con el sentido:

1.   Es una persona muy constante. A pesar de sus horarios de trabajo no ...... (asistir) a clase.
2.   Vámonos antes de que ...... (soltarnos) el rollo de sus conquistas.
3.   Cuando le llegó el turno de leer su trabajo ante el tribunal, ... (temblar) como un flan.
4.   No me ha gustado su comportamiento, pero no ...... (reconocer) que tuvo sus motivos para actuar así.
5.   A partir de mañana ...... (funcionar) el nuevo repetidor de TV.
6.   ¿Por qué intentas ayudarme? Con tu intervención lo ...... (perder) todo.

(II) Frases exclamativas:

Cuando en el sistema exclamativo ponderativo (cuán - cuánto - cuántos) se consideró arcaico el primer elemento (cuán), la función de éste fue asumida por:

> **qué**: ¡Qué alegre está!
> **lo** invariable: ¡Lo alegre que está!

Más tarde, **lo** reemplazará también a cuánto(-s)

—¡Cuántas cosas hemos comprado! = ¡**Las** cosas que hemos comprado!
—¡Cuánto frío hace! = ¡**El** frío que hace!
—¡Cuánta gente vino! = ¡**La** gente que vino!
—¡Cuánto ha sufrido! = ¡**Lo** que ha sufrido!

Otras exclamativas:

¡**Vaya** frío **que** hace!	¡**La** (cantidad) de gente que vino!
¡**Menudo** frío hace!	¡**Qué** (cantidad) de gente vino!
¡**Qué** frío hace!	¡**Bien** de gente **que** vino!

Completa las frases usando una de las interjecciones citadas:

1.   ¡......veces que habré comido yo paella!
2.   ¡...... paellas hace mi madre! ¡Para chuparse los dedos!
3.   ¡Chico, ... coche! Ni el de un ministro ...
4.   ¡......libros tienes! Pronto no tendrás donde meterlos.
5.   ¡...... amigos tiene Pepe! Pues, tú no te quejes ...... ellos que tienes.
6.   Una hora esperando ¡...... plantón que me has dado!

(III) Complemento directo con **A** o sin ella:

Completa las siguientes frases colocando la preposición **A** donde sea necesario:

1. Visitamos ...... nuestros amigos durante las vacaciones.
2. Alquilamos ...... un apartamento junto al mar.
3. La demagogia sirve para engañar ...... el pueblo.
4. El hospital necesita ...... más personal.
5. Mi mujer atendió ...... mis padres como si fueran los suyos.
6. Son una pareja diferente: él atiende ...... la casa y ella trabaja fuera.
7. No he conocido ...... una persona más inteligente.
8. Ayer conocí ...... su familia.
9. Acariciaba dulcemente ...... el niño.
10. Tenía la costumbre de acariciar ...... la empuñadura del bastón.

c) *VOCABULARIO*

(I) Busca sinónimos de las siguientes expresiones:

—Estar embebida.
—Privar una cosa.
—Ser el hazmerreír.

(II) Sustituye los verbos en negrita por otros más específicos.

1. Le **puso** un lunar para completar el maquillaje.
2. Se acerca San Juan y **harán** hogueras en todos los barrios.
3. ¡No **pongas** las manos sucias en las pared!
4. En la horca **había** un bulto siniestro.
5. El muchacho **estaba** en la cama, indiferente al mundo.
6. En sus palabras **había** rabia contenida.
7. ¿Es que no puedes **ver** lo que ha hecho por ti?
8. Cuando terminaron, el presidente dijo: «Se **acaba** la sesión».
9. ¡No te **toques** la herida!
10. Tienes que **comprar** al policía si quieres salir sin permiso.

Tema de debate

Los cuentos infantiles tradicionales, ¿son un buen elemento en la «educación» de los niños? ¿Es mejor no contarles esas historias?

a) *Completa usando una forma correcta de SER o ESTAR*

1. Ese rasgo ...... de hombre.
2. «De noche, todos los gatos ...... pardos».
3. ...... decididos a comprarlo aunque cueste mucho.
4. Nunca espera una segunda ocasión, ... muy decidido.
5. No ...... en lo que haces, pon atención.
6. ¡Qué viejo ......! No le hubiera reconocido.
7. Aquí ...... donde tu padre y yo nos conocimos, hijo.
8. Nosotros no ...... aquí para tocarnos las narices.
9. Si (tú) ...... la persona apropiada, te elegirían para ese puesto.
10. En la reunión no ...... la persona que buscaba.
11. Esos chicos que me presentaste, ... de un bobo que asusta.
12. No hay quien te aguante; ...... de un pesado que tira para atrás.
13. ¿Qué ha ...... de tu primo? El que hizo medicina ...... de médico en un pueblo del sur.
14. ¡Amor mío! Siempre ...... (yo) a tu lado, pase lo que pase.
15. Llegó a casa e intentó ...... fino con sus padres.
16. A veces ...... difícil entenderte, nunca ...... la misma persona.
17. He vuelto después de muchos años y todo ...... igual que siempre.
18. ...... de agradecer lo que ha hecho por nosotros tan amablemente.
19. Juan, ... de lo que no hay: ¿Por qué le dices esas cosas?
20. Ese señor ...... que echa chispas; le han robado.
21. Por ahí ...... por donde hubieran debido comenzar.
22. (El) ...... avergonzado porque no ...... capaz de hacerlo.
23. Tu generosidad ...... obligada.
24. ¿Te has fijado qué creído ...... ese chico?
25. Habla con seguridad porque siempre ...... creído por todos.
26. La rama de ese árbol ...... desprendida. ¡Ten cuidado!
27. No tienes apego a tus cosas; ...... demasiado desprendido.
28. ¡Cuidado! El banco ...... recién pintado.
29. ¿Recuerdas por quién ...... pintado «El Guernica»?
30. ¡Por favor, ya ...... bien de trabajo!

b) *Consolidación gramatical*

(I) Hay adjetivos que usados con SER o ESTAR cambian de significado. Busca los que haya en las frases y explica la diferencia que existe entre ellos.

(II) Otros verbos que, como ESTAR, expresan permanencia son: **continuar**, **seguir**, que comunican a la idea original, la de persistencia. **Andar**, e **ir** añaden la idea de que el sujeto da muestras externas de lo que dice el atributo. Y **caer** añade a la permanencia un valor locativo.

Sustituye ESTAR por uno de los verbos citados donde sea posible:

1. Los rostros de los jugadores **estaban** impasibles a pesar de la gran apuesta hecha por uno de ellos.
2. Ese color le **está** perfecto a tu cara.
3. Esa sala de fiestas **está** distante para ir a estas horas.
4. La tarta **está** un pelín sosa, y un poco quemada.
5. **Está** tristón y nadie sabe por qué.
6. No **estoy** escandalosa para asistir a esa reunión ¿verdad?
7. **Están** inalterables en su decisión.
8. Ultimamente **está** muy susceptible por lo que le pasó.
9. Le **está** el vestido que ni pintado.
10. La planta **está** verde otra vez con la llegada de la primavera.

c) *VOCABULARIO*

(I) Explica, usándolas en frases, las siguientes expresiones:

—Estar de rechupete   —Ser desprendido
—Ser un creído   —Tener apego a algo, a alguien
—Ser un lanzado   —Tocarse las narices

(II) Sustituye el verbo COGER por otro, de forma que no se repita ninguno:

1. La **cogió** entre sus brazos con gran ternura.
2. Todo lo que **coge** la vista es de su propiedad.
3. Nos **cogió** el chaparrón y nos empapamos.
4. Abrígate al salir o **cogerás** un resfriado.
5. Quedó **cogido** en la red que habían preparado para cazarlo.
6. El pueblo **cogió** las armas y salió a la calle a derrocar al tirano.
7. Si entras antes que yo, **cógeme** sitio.
8. El reloj no **coge** en este estuche.
9. La policía **cogió** al ladrón cuando estaba robando.
10. Iba delante de mí pero la **cogí** al llegar al semáforo.
11. Se **cogió** con todas sus fuerzas a la rama para no caerse.
12. **Cógeme**, que me caigo.
13. **Coge** todas las cosas que tienes desparramadas por el suelo.
14. Le gusta **coger** animales y usa trampas para ello.
15. Siempre tardas en **coger** los chistes.

Tema de debate

La publicidad ¿un arte o una forma de manipulación?

a) *Transforma el **infinitivo** en un tiempo y modo adecuados*

Cuando ellos (venirse) ...... del pueblo, yo ya (decírselo) ......,que no (encontrar, él) ...... nunca casa. Y ya (estar) ...... cargado de mujer e hijos. Pero él (estar) ...... desesperado. Y desde la guerra, cuando (estar) ...... conmigo, le (quedar) ...... la nostalgia. Nada, que le (tirar) ...... Madrid. Y él (empeñarse) ...... en venirse, a pesar de que yo (tenérselo) ...... advertido, que sin tener oficio (andar) ...... a la busca todos los días, que nunca (encontrar) ...... cosa decente. Todo, todo se lo (advertir) ...... Pero a él le (entrar) ...... el ansión porque (estar) ...... aquí durante la guerra. Y nada, que (venirse) ...... Todo (caer) ...... sobre mí y (encontrarme, yo) ...... a toda la familia sobre mis hombros, como aquel que dice. Las niñas (estar) ...... así como mi dedo; (tener) ...... unas piernecitas que (dar) ...... grima verlas. Pero yo no (querer) ...... dejarme ablandar. ¡Si sabré yo que la vida es dura! ¡Si le dije yo que nanay, que por ahí no! No sé qué (creerse) ......: que yo le (realquilar) ...... Pero cómo (realquilar) ...... a un amigo, si entonces sí que se pierden las amistades para siempre y (acabar) ...... un día a cuchilladas. No por mí, sino por él, porque aunque le (apreciar) ......,(comprender, yo) ...... que es muy burro. Es exactamente un animal. Y siempre con la navaja encima a todas partes. Entonces para quitármelo de encima, es cuando le (buscar) ...... lo del laboratorio,porque él es un «negao» que no (saber) ...... trabajar.

—(¿Colocarse, él) ...... en el laboratorio?

—No. Pero yo le (poner) ...... para que (traer) ...... las bestias de donde (poder) ...... Es que él no (saber) ...... hacer nada, lo que se dice nada. En el pueblo tampoco (saber) ...... ni trabajar (Haber) ...... que tener salero para saberlo buscar. Pero él ni eso. Allá no sé cómo no (morirse) ...... de hambre. Claro que (irse) ...... espabilando.

—Pero, él ¿qué (hacer) ...... en el laboratorio?

—Lo dicho. Traer las bestias. Los sujetos de la experimentación, como (decir) ...... el difunto don Manolo. (Ir) ...... a la perrera y (comprar) ...... los perros no «reclamaos».

«Tiempo de silencio» Luis Martín Santos
(Texto adaptado)

b) *Consolidación gramatical*

(I) **Tener + participio; ir a + infinitivo; ir + gerundio.**

Estas perífrasis aparecen en el texto. Búscalas, explica el valor que tienen y trata de sustituirlas por otras, sin alterar el sentido.

Completa las frases siguientes usándolas.

1. ¡Qué ...... (saber) ese chico ruso! ¡Si es casi analfabeto!
2. ...... (aprender, yo) la lección, no pienso cometer el mismo error más veces.
3. ¡Quién ...... (pensar) que haría algo así!
4. ...... (perder, ellos) las esperanzas puesto que, lo que les prometieron, no llega.
5. ¿Quieres comparar tu acento inglés con el suyo? Pero, ¡hombre! El suyo es mejor, dónde ...... (parar).
6. Les ...... (preparar, yo) una sorpresa que ni se la esperan.

(II) **Aunque, a pesar de que.**

Estas expresiones concesivas aparecen en el texto, búscalas, señala si necesitan Indicativo o Subjuntivo.

Sustituye **AUNQUE** por otras conjunciones concesivas y haz los cambios que sean necesarios en la frase.

1. **Aunque** trabaje como un animal, no gano lo suficiente para comprarme ese terrenito.
2. **Aunque** esté preocupado, nunca lo notarás en sus palabras ni en su actitud.
3. **Aunque** es muy bonito, yo no me lo compraría.
4. Tengo que decirle la verdad, **aunque** puede ofenderse.
5. Lo has hecho **aunque** sabías que me iba a ofender.
6. **Aunque** había gran oposición, llevó a cabo sus planes.
7. **Aunque** tuvieron dificultades, salieron adelante.
8. **Aunque** le machaques la cabeza, no le harás cambiar de opinión.
9. Le concedieron el trabajo, **aunque** tenían muchas reservas.
10. No leeré ese libro **aunque** me lo regales.

(III) ¿Qué valor tiene el futuro de «¡Si **sabré** yo que la vida es dura!».

Recuerda los valores del futuro y sustitúyelos en las frases siguientes por otro tiempo de significado similar, donde sea posible.

1. **Te darán** a ti ese trabajo porque eres la mejor.
2. Si te molesta que cante, **me callaré**.
3. Le **plantearéis** vuestras quejas sin miedo. Os **escuchará**, estoy segura.
4. ¿**Querrás** acompañarme?
5. ¡**Habráse** visto tipo más atrevido!
6. No me han confirmado si **vendrán**.
7. Niño, te **lavarás** las manos antes de comer, si no, no te **sentarás** a la mesa.
8. «**Volverán** las oscuras golondrinas, de tu balcón sus nidos a colgar»...
9. Mira si **será** rico, que tiene más dinero que el que dedican todos los países de Europa a comprar armas.
10. Lo **habrá hecho**, pero a mí no me consta.
11. **Será** el niño que se vuelve a casa porque llueve.
12. **Hará** sol, pero la vida allí **será** horrible, ¿no?

c) *VOCABULARIO*

(I) Explica el sentido de las siguientes expresiones que aparecen en el texto:

—Entrarle a uno algo.   —Ser un(-a) negado(-a).
—Dar grima.   —Tener salero.

(II) Completa las frases usando los siguientes verbos:

—Espabilar(se)   —Tirar(se)
—Cargar(se)   —Empeñar(se)

1. Desde que llegó a la ciudad este chico ...... mucho.
2. Para ver si saco algún dinero voy a ...... la máquina de escribir.
3. Para hacer ese trabajito de nada ...... dos semanas.
4. Otra vez sin luz en la calle, ya ...... los chavales la farola.
5. He ...... demasiado el coche y ahora no puedo correr, ni por la autopista.
6. Siempre haces lo mismo. Cuando no sabes qué elegir ...... por el camino del medio.
7. Son unos cabezotas: ...... en meterse por ese agujero, y al final se meten, claro que se meten.
8. (Imperativo) ...... (tú), que tenemos prisa y así no vamos a acabar nunca.

Señala los rasgos lingüísticos propios de la lengua hablada que encuentres en el texto y trata de sustituirlos por un lenguaje más formal.

Tema de debate

Si las máquinas hicieran casi todo el trabajo, tendríamos más tiempo libre. ¿Qué ventajas y desventajas ofrece esta situación?

a) *Transforma el infinitivo en una forma de indicativo o subjuntivo*

1. Sabían que (ser) ...... difícil que (encontrar) ...... entradas, aunque ya (ser) ...... los últimos días en que (poner) ...... la película.
2. De pronto la desgracia deshizo la ilusión que antes la (animar) ......
3. ¿Afirmas que no (terminar, yo) ...... la tarea? ¿Deseas que (estar) ...... bien hecha?
4. Me parecía que tú no (poder) ...... haber hecho una cosa así, por muy evidente que a todos les (parecer) ...... Yo (estar) ...... segura.
5. No te creas que yo (hacer) ...... lo que tú (querer) ...... Los demás te (tener) ...... acostumbrado a que te (salir) ...... con la tuya, pero conmigo (estar) ...... listo, amiguito.
6. Ese chico les da tales sustos a sus padres que (estar) ...... aterrorizados.
7. Podemos hacerlo siempre que todos (estar) ...... conformes.
8. Cuando él lo (decir) ......, será verdad.
9. Te vas a poner malo como (comerte) ...... todas esas cerezas.
10. Me lo dijo todo menos que no (tener) ...... la carrera terminada.
11. Te lo consiento todo menos que (meterte) ...... en mi vida privada.
12. Le dijo la verdad aun a riesgo de que le (despedir) ...... del trabajo.
13. A medida que (pasar) ...... el tiempo, (ir) ...... adquiriendo experiencia.
14. Conforme (crecer) ......, se le descubren los rasgos que (caracterizar) ...... a su familia.
15. No hables mientras (comer, tú) ......
16. No bien (saber, yo) ...... lo ocurrido, me presenté a ayudar en lo que (ser) ......
17. Como quiera que el día (estar) ...... espléndido, fuimos a dar un paseo.
18. Visto que todos me (quitar) ...... la razón, me callo para que nadie (ofenderse) ......
19. Se puso enfermo de tanto como (trabajar) ......
20. Mientras los demás no (reconocer) ...... tus méritos, no serás nadie en este país.
21. Eres amigo mío mientras te (comprar) ...... todo lo que me (pedir) ......
22. Te presto mi máquina de escribir siempre y cuando me la (devolver) ......
23. Seguirán creyendo que yo (mentir) ...... aun si (presentar) ...... mil pruebas.
24. Ahora me trata así; con los favores que yo le (tener) ...... hechos.
25. Hazlo como te (decir) ...... y no como a ti te (dar) ...... la gana.
26. Por tonto que (ser) ......, tiene que haberse dado cuenta de lo que (estar) ...... haciendo mientras él (permanecer) ...... ausente.

27. En vista de que no (hablar) ...... nadie, se suspende la sesión.
28. No te han dejado salir porque tú (ser) ...... importante, sino porque les (dejar)
    ...... trabajar en paz.
29. No ha habido nunca nadie que (atreverse) ...... a decir eso en mi presencia.

b) *Consolidación gramatical*

(I) **Aunque** = Es una conjunción concesiva: busca todas las conjunciones concesivas
que aparecen en el texto y di si funcionan con las mismas reglas de **Aunque**.

(II) **Cuando:** Es una conjunción temporal. ¿Tiene este valor en la frase 8?

—Explica la diferencia si la hay.
—Busca otras conjunciones temporales.

(III) **Menos que:** Aparece en las frases 10 y 11. ¿Funciona en ambas de la misma manera? Explica la diferencia, si la hay, y haz frases similares.

(IV) Coloca una conjunción **consecutiva** o **causal** diferente en las siguientes frases:

1. Está hecho polvo ...... trabajar.
2. ...... su gran influencia consiguió que se hiciera lo que se había propuesto.
3. ...... no hay nada que hacer, vámonos.
4. ...... has estado tanto tiempo fuera, no conoces las novedades.
5. Vete de aquí ...... está llegando la policía.
6. ...... todos están de acuerdo, podemos iniciar el reparto.
7. Lo ha hecho ...... veces ...... se lo sabe de memoria.
8. Bebe ...... está alcoholizado.
9. ...... lo ha dicho él, no hay que dudarlo.
10. ¿No dices que has entendido? ...... ¿por qué preguntas?
11. Nos quedamos sin dinero, ... tuvimos que ir al banco.
12. Lo aprenderás ...... machacar una y otra vez.

c) *VOCABULARIO*

(I) Di un sinónimo de las siguientes expresiones, buscando un contexto para usarlo:

—Salirse con la suya   —Ser un cantamañanas.
—Estar listo   —Entrometerse
—Ser listo   —Meter baza
—Dar la gana   —Ponerse morado
—Dar ganas   —Ponerse negro

(II) Sustituye el verbo SUBIR por otro, de manera que no se repita ninguno:

1. **Súbete** el cuello del abrigo, hace un frío que pela.
2. **Ha subido** en el trabajo por sus muchos méritos.
3. El coste de la vida **sube** a velocidad vertiginosa.
4. Su deporte favorito es **subir** montañas inaccesibles.
5. El nivel de las aguas debería **subir** en los embalses para que no haya restric-
   ciones.

6. **Ha subido** en la vida sin la ayuda de nadie.
7. Nunca he **subido** en avión.
8. **Subió** la copa ganada para que todos la vieran.
9. El total de la compra **sube** a 3.000 pesetas.
10. **Ha subido** el número de parados en los últimos meses.

Tema de debate

Los libros, la lectura como pasatiempo. ¿Desaparecerán en el futuro a causa del video y la televisión.

a) *Transforma el infinitivo en un tiempo y modo adecuados; y añade los pronombres necesarios*

¿Por qué (tener) ..... (nosotros) una tía tan temerosa de caerse de espaldas? (Hacer) ...... años que la familia (luchar) ...... para curarla de su obsesión, pero (llegar) ...... la hora de confesar nuestro fracaso. Por más que (hacer, nosotros) ...... tía, (tener) ...... miedo de caerse de espaldas y su inocente manía (afectar) ...... a todos, empezando por mi padre, que fraternalmente (acompañar) ...... a cualquier parte, e (ir) ...... mirando el piso para que mi tía (poder) ...... caminar sin preocupaciones, mientras mi madre (esmerar) ...... en barrer el patio varias veces al día, mis hermanas (recoger) ...... las pelotas de tenis con que se (divertir) ...... inocentemente en la terraza, y mis primos (borrar) ...... toda huella imputable a los perros, gatos, tortugas y gallinas que (proliferar) ...... en casa. Pero no (servir) ...... de nada, tía sólo (resolver) ...... a cruzar las habitaciones después de un largo titubeo, interminables observaciones oculares y palabras destempladas a todo chico que (andar) ...... por ahí en ese momento. Después (poner) ...... en marcha, apoyando primero un pie y moviéndolo como un boxeador en el cajón de resina, después el otro, trasladando el cuerpo en un desplazamiento que en nuestra infancia (parecer) ...... majestuoso, y tardando varios minutos para ir de una puerta a otra. (Ser) ...... algo horrible.

Varias veces la familia (procurar) ...... que mi tía (explicar) ...... con alguna coherencia su temor a caerse de espaldas. En una ocasión (ser) ...... recibida con un silencio que (haber) ...... podido cortar con una guadaña; pero una noche, después de su vasito de hesperidina, tía (condescender) ...... a insinuar que si (caer) ...... de espaldas no (poder) ...... levantarse. A la elemental observación de que treinta y dos miembros de la familia (estar) ...... dispuestos a acudir en su auxilio, (responder) ...... con una mirada lánguida y dos palabras: «Lo mismo». Días después mi hermano el mayor (llamar) ...... por la noche a la cocina y (mostrar) ...... una cucaracha caída de espaldas debajo de la pileta; sin decir nada (asistir, nosotros) ...... a su vana y larga lucha por enderezarse, mientras otras cucarachas, venciendo la intimidación de la luz, (circular) ...... por el piso y (pasar) ...... rozando a la que (yacer) ...... en posición decúbito dorsal. (Ir) ...... a la cama con una marcada melancolía, y por una razón u otra, nadie (volver) ...... a interrogar a tía, (limitar, nosotros) ...... a aliviar en lo posible su miedo; (acompañar) ...... a todas partes, (dar) ...... el brazo y (comprar) ...... cantidad de zapatos con suelas antideslizantes y otros dispositivos estabilizadores. La vida (seguir) ...... así y no (ser) ...... peor que otras vidas.

«Tía en dificultades» en «Historia de Cronopios y de Famas»
Julio Cortázar

b) *Consolidación gramatical*

(I) Busca las frases de relativo que aparezcan en el texto y señala si son **especificativas** o **explicativas**. Justifica también el porqué del modo con que las has construido.

Sustituye el relativo **QUE** por otro donde sea posible:

1. A la tía le compramos zapatos **que** la ayudaran en su miedo.
2. El silencio **que** reinaba en la habitación se podía cortar.
3. Tengo el sabor amargo **que** deja el llanto de la impotencia.
4. Vivo en un pueblo blanco **que**, a fuerza de sol, se está volviendo moreno como su gente.
5. Estas son las cosas **que** nos dejó un tiempo de amor vivido juntos.
6. Vivíamos con una tía, **que** por su miedo a caerse, tardaba mucho en ir de un lado para otro.
7. «La mujer **que** yo quiero no necesita deshojar cada noche una margarita».
8. El barquito de papel en **que** viajan mis sueños ha varado en tu sonrisa.
9. El peligro con **que** nos amenazaban nuestros padres aún no se ha presentado.
10. Aún cree en el amor del **que** hablan los poetas.

(II) En la lengua popular se cometen muchos errores con las construcciones de relativo, corrige las frases equívocas o pesadas que aparecen a continuación:

1. Le presento a mi vecino, que su hijo está haciendo la «mili».
2. Te voy a enseñar la iglesia que nos casamos.
3. Tengo un dominó que le faltan piezas.
4. Hay personas que no les importa vivir entre suciedad.
5. Planté varios rosales que la flor es blanca.
6. Es preciso hacer más parques en la ciudad, con cuyo fin se han expropiado fincas particulares.
7. En Granada fue que nació García Lorca.
8. Es así que se resuelven los problemas.
9. Ha sido hace poco que se ha producido el malestar de la gente.
10. Es por las razones ya expuestas que me opongo.

c) *VOCABULARIO*

(I) Completa las frases usando los siguientes verbos: **Disponer, proliferar, titubear, destemplar, condescender, enderezar, rozar, yacer.**

1. La herida no es muy grave porque la bala sólo le ......
2. Mi alma ...... yerta junto a tu indiferencia.
3. Vamos a ...... lo necesario para que se encuentre bien.
4. En esta ciudad ...... las tiendas y los bares como hongos.
5. La voz ...... del borracho hirió el silencio de la noche.
6. Todos debemos ...... nuestro esfuerzo a la conservación de una paz durable.
7. Sé que mientes porque ...... al contestarme.
8. La señora ...... a bailar con los criados en aquella ocasión.
9. Si un árbol se tuerce, nadie puede ...... cuando ha crecido.
10. Debo tener fiebre, me siento ......

11.   Ten cuidado al aparcar para que el coche no ...... al otro.
12.   Los jefes ...... que cambiemos de planes.

(II) Explica el significado de:
   —Ser afectado.
   —Estar afectado.
   —Estar de uñas.
   —Estar sin pasta.

Tema de debate

¿Es obligación de la familia ocuparse de los miembros que puedan tener dificultades?

UNIDAD-50

a) *Pon una forma correcta de SER o ESTAR*

1. Eso que haces ...... del todo absurdo, (tú) ...... considerado como un anormal.
2. Que venga ...... lo que me preocupa, porque (yo) ...... solo para resolver la situación.
3. La alegría del borracho ...... ciega; ...... borracho y no se da cuenta de lo que podría disfrutar si no lo ...... tanto.
4. Podemos comer, la comida ...... servida; ...... hecha por el mejor cocinero.
5. La situación ...... resuelta, ... decididos a hacer lo necesario.
6. En la Constitución ...... escrito que todos los españoles ...... iguales ante la ley.
7. Esa foto ...... tomada cuando (yo) ...... embarazada, (yo) ...... irreconocible.
8. ¿No te gusta cómo (yo) ......? Pues ...... como Dios me ha hecho y si no ...... contento, puedes marcharte, aquí ...... de más.
9. (Yo) ...... en las últimas, ¿puedes ayudarme?
10. Tal como tú lo preparas ese plato ...... riquísimo, aunque la receta original creo que no ...... así.
11. Las mujeres ...... las que han llevado el peso de la historia que sus maridos han construido para que ...... escrita en los libros de texto.
12. ...... distraído observar cómo juegan los niños y cómo ...... distraídos con sus juguetes.
13. Los enfermos protestaron de que ...... cansados de los paseos de las tardes, los cuales ...... muy fatigosos.
14. El verano pasado me quedé en casa solo y (yo) ...... muy aburrido.
15. ...... arriesgado dar una opinión sobre alguien, más aún cuando ...... comprometido con esa persona.
16. ¿Les gustó ayer la representación? Sí, ... muy divertida. Los actores secundarios ...... especialmente simpáticos.
17. Estas cartas ...... escritas sin ningún sentido comercial, además ...... llenas de faltas de ortografía.
18. Yo ...... muy amable y él me contestó con absoluta sequedad.
19. Te digo que ...... así, yo ...... presente y sé que ...... como te lo cuento.
20. Los libros de tu habitación ...... amontonados y no ...... tarea fácil encontrar lo que uno busca.
21. Tus ideas ...... completamente desfasadas, si no ...... al día, no me discutas.
22. ...... de suponer que ...... aquí a la hora en que le han dicho.
23. La chica ...... sobrecogida porque el ruido ...... de ultratumba.

24. La pared ...... desconchada. Hay que darle una mano de pintura.
25. Con esa salsa el pescado ...... repugnante, mi estómago no ...... para esos co-
    mistrajos.
26. Esos alumnos ...... muy concienzudos, ¡así ...... tú de contenta con esa clase!
27. Tus padres ...... condescendientes contigo y ...... esa actitud paternalista la que
    te molesta, lo sé.
28. El éxito de esa canción ...... por la letra.
29. El que ...... a las duras, también tiene que ...... a las maduras.
30. Dice que no se retira porque ...... en plenitud de facultades.

b) *Consolidación gramatical*

Para completar la atribución la lengua se vale de los llamados verbos de cambio:
quedar(se), caer, llegar a (ser), acabar, terminar, hacerse, volverse, ponerse.

Completa las siguientes frases usándolos correctamente:

1. Con el triunfo de la izquierda muchos quisieron ...... socialistas.
2. Empezó de botones en la empresa y ...... director.
3. Desde que está enamorado ...... un poco poeta.
4. Parece que la tierra ...... triste después de la cosecha.
5. La pobre ...... viuda demasiado joven.
6. Lo delataron y ...... prisionero.
7. Con tanta azúcar como comes ...... diabética perdida.
8. No te gusta ningún oficio, verás cómo al final ...... de barrendero.
9. Sus manos, al acariciar al niño, ... dulces, tiernas.
10. Si no se tapa bien, el vino ...... vinagre.
11. ...... absorto cada vez que piensa en ella.
12. El niño ...... enfermo y toda la familia andaba de cabeza.
13. ...... presidente del país gracias a su honradez como político.
14. Después de la gimnasia, ... dolorida de pies a cabeza.
15. Al ser nombrado ministro ...... inaccesible a sus antiguos amigos.

c) *VOCABULARIO*

(I) Explica, usándolas en frases, las siguientes expresiones:

—Hacerse de nuevas   —Hacerse a todo
—Hacer de las suyas   —Ponerse a mal
—Hacerse de rogar   —Poner verde a uno

(II) En las siguientes frases, transforma el complemento de causa (con **por**) en sujeto:

Ej.: No tiene ganas de comer **por los pinchos que toma.**
     Los pinchos que toma le quitan las ganas de comer.

1. No obtuvo el ascenso **por su ineficacia.**
2. El camión chocó **por la rotura de frenos.**
3. Se onorgullece **por los éxitos de sus hijos.**
4. Me lloran los ojos **por el humo.**

5. No le guardo ningún rencor por el tiempo transcurrido.
6. Está segura en su puesto por los éxitos que obtiene.
7. Se ve mal la «tele» por el viento.
8. Estamos intranquilos por su silencio.
9. Se ha decidido a participar por los premios.
10. La ciudad ha quedado desierta por las vacaciones.

Tema de debate

¿A dónde podría llevarnos la libertad de expresión?

Reflexionad sobre vuestro concepto de libertad y comparadlo con el de vuestros compañeros.

a) *Transforma el infinitivo en un tiempo y modo adecuados y añade pronombres donde sea necesario*

(Hacer) ...... un frío de mil demonios. El (citar) ...... a las siete y cuarto en la esquina de Venustiano Carranza y San Juan de Letrán. (Yo) no (ser) ...... de esos hombres absurdos que (adorar) ...... el reloj reverenciándolo como una deidad inalterable, (comprender, yo) ...... que el tiempo (ser) ...... elástico y que cuando (decir) ...... a uno las siete y cuarto, (dar) ...... lo mismo que (ser) ...... las siete y media. (Tener, yo) ...... un criterio amplio para todas las cosas. Siempre (ser, yo) ...... un hombre tolerante, un liberal de la buena escuela. Pero (haber) ...... cosas que no (poder) ...... aguantar por muy liberal que uno (ser) ...... Que yo (ser) ...... puntual a las citas, no (obligar) ...... a los demás sino hasta cierto punto; pero ustedes (reconocer) ...... conmigo que ese punto (existir) ...... Ya (decir, yo) ...... que (hacer) ...... un frío espantoso. Y aquella condenada esquina (estar) ...... abierta a todos los vientos. Las siete y media, las ocho menos veinte, las ocho menos diez, las ocho; (ser) ...... natural que ustedes (preguntar) ...... que por qué no (dejar) ...... plantado, la cosa (ser) ...... muy sencilla. Yo (ser) ...... un hombre respetuoso de mi palabra, un poco chapado a la antigua, si ustedes (querer) ......, pero cuando (decir) ...... una cosa, (cumplir yo) ...... Héctor (citar) ...... a las siete y cuarto y no (caber) ...... en la cabeza el faltar a una cita; las ocho y cuarto, las ocho y veinte, las ocho y veinticinco, las ocho y media, y Héctor sin venir. Yo (estar) ...... positivamente helado; (doler) ...... los pies, (doler) ...... las manos, (doler) ...... el pecho, (doler) ...... el pelo. La verdad (ser) ...... que si (llevar) ...... mi abrigo café, lo más probable (ser) ...... que no (pasar) ...... nada. Pero ésas (ser) ...... cosas del destino y (asegurar, yo) ...... que a las tres de la tarde, hora en que (salir, yo) ...... de casa, nadie (poder) ...... suponer que (levantar) ...... aquel viento. Las nueve menos cuarto. Yo transido, amoratado. (Llegar, él) ...... a las nueve menos diez: tranquilo, sonriente y satisfecho, con su grueso abrigo gris y sus guantes forrados:

—¡Hola, manito!

Así, sin más. No (poder) ...... remediar: (empujar, yo) ...... bajo el tren que (pasar) ......

«Crímenes ejemplares»
Max Aub

b) *Consolidación gramatical*

(I) Explica la razón gramatical de los subjuntivos que has usado en el texto.

Completa las siguientes frases usando indicativo o subjuntivo:

1. No puedo irme contigo de vacaciones. ¡Qué más (querer) ...... yo!
2. El ir yo o no a la fiesta depende de a quién (invitar, tú) ......
3. (Nosotros, querer) ...... que no (sufrir) ......, es nuestro hermano y debemos ayudarlo.
4. Haré lo que (poder, yo) ...... pero no te aseguro que (conseguir) ...... algo.
5. Chico, ¡qué aires te das! ¡Ni que (ser, tú) ...... un potentado!
6. En tanto (aclararse) ...... las cosas, es mejor que no (haber) ...... nada que (dar) ...... que sospechar a la policía.

(II) Los pronombres reflexivos pueden acompañar a algunos verbos para darles énfasis pero no son necesarios para el significado de la frase; por ejemplo: He comido un pollo / Me he comido un pollo.

Completa las siguientes frases usando pronombres donde creas necesario:

1. He aprendido todos los usos del subjuntivo y ...... los sé de maravilla.
2. ...... has gastado la paga extra en tonterías.
3. El agua del mar ...... gasta las rocas del acantilado.
4. Esa película ...... ha ganado varios premios.
5. ...... estás ganando una bofetada y te la voy a dar si no ...... estás quieto.
6. ¿Qué ...... juegas a que no eres capaz de beber tanto como yo?
7. ...... juegas a unas cosas infantiles, pareces un niño.
8. ...... creo en sus palabras porque nunca me ha engañado.
9. ...... creo cualquier cosa que me digan de él: es único.
10. ¡Madre mía, ... ha tragado todo lo que le has puesto en el plato!

c) VOCABULARIO

(I) Explica el significado de las siguientes expresiones:

—Dejar plantado.
—Estar chapado a la antigua.
—Dar un plantón.
—Hacer buenas migas.

(II) Completa las siguientes frases con la expresión coloquial apropiada o da una equivalente:

Ej.: Hace un frío **de mil demonios.**

1. Está lloviendo (mucho) ......
2. Hace un tiempo (horrible) ......
3. Cae un sol (fuerte) ......
4. Estás sudando (mucho) ......
5. Tiene mucho frío: Está ......
6. Tiene mucho miedo: Está ......

(III) Sufijos: El sufijo -oso forma adjetivos que indican **abundancia**: respetuoso = respeta frecuentemente. El sufijo -ble forma adjetivos que indican posibilidad: inal-

terable = que no se puede alterar. El sufijo **-ente** forma adjetivos de acción: reluciente = que reluce.

Completa las siguientes frases usando el adjetivo que corresponda:

1. Este chico suda mucho: está ......
2. No tenemos clase aunque sea día de trabajo: es día ......
3. Se dice que las mujeres mediterráneas tienen fuego en el corazón: son ......
4. Mi profesora tiene mucha paciencia: es ......
5. Puedo emprender la tarea, mi horóscopo es bueno: es ......
6. La persona que hace eso tiene valor: es ......
7. Tiene esas joyas en la caja fuerte porque tienen mucho valor: son ......
8. El agua corre por las calles como un río: las calles están ......

Tema de debate

El humor: ¿Es igual en todos los países? ¿La gente se ríe de las mismas cosas? ¿Está
en relación con la educación?

a) *Transforma el **infinitivo** en una forma correcta de Indicativo o Subjuntivo*

1. No comprendo qué le (poder) ...... decir para que él te (contestar) ...... así.
2. Espera a que yo (llegar) ...... y luego ya decidiremos.
3. Soy partidario de que (reunirnos) ...... de nuevo para ultimar los detalles.
4. Esperaba que (asistir) ...... a mi boda, me he tomado muy a mal que no (venir) ...... ni tú ni tu hermano.
5. Había pensado que os (quedar) ...... a dormir en casa, así (poder) ...... discutir tranquilamente ese tema.
6. No veo cómo (tú) (poder) ...... hacerlo si jamás lo (intentar) ......
7. Siempre temes que los demás (descubrir) ...... tus verdaderas intenciones.
8. Estamos todos convencidos de que, para que te (conceder) ...... esa beca, no (necesitar) ...... recomendaciones, bastará con tu buen expediente.
9. Dejó entrever que, en el fondo, nos (despreciar) ......
10. No hay la menor oportunidad de que (conseguir) ...... ese trabajo.
11. Son unos locos, su gran placer consiste en beber hasta que (emborracharse) ......
12. ¡Pónganse ustedes la chaqueta cuando (llegar) ...... el jefe!
13. Me contaron todas sus andanzas excepto que (haber) ...... estado en la cárcel.
14. Te perdono cualquier cosa salvo que me (faltar) ...... al respeto en público.
15. El hecho de que no (haber) ...... venido, no debe hacerte pensar que (estar) ...... enfadado.
16. Raro es el hombre que no (tener) ...... problemas alguna vez con la policía.
17. La calle parecía un torrente en el que (ir) ...... arrastradas las personas.
18. Dondequiera que (meterte) ......, te perseguirá su recuerdo.
19. Cuando uno está triste no hay nada que (consolar) ...... tanto como la música.
20. No seré yo tan cruel que te (arrancar) ...... de las cosas y gente que tanto (querer, tú) ......
21. Jamás pasaba la pareja delante de su casa, que no (salir, ella) ...... a husmear.
22. Los obreros, ya porque (estar) ...... cansados, ya porque les (pagar) ...... poco, apenas si (trabajar) ......
23. Porque usted lo (decir) ......, no vamos a admitirlo sin discusión.
24. Se vistió porque no (ir) ...... comentando por ahí que les (recibir) ...... en pijama.
25. Estás diciendo una tontería, de modo que no te (hacer) ...... caso.
26. Debes explicarlo de manera que (ser) ...... comprensible para todos.
27. No te preocupes, que lo (decir, yo) ...... suponiendo que lo (saber, ellos) ......

28. Mientras no me (dar) ...... una explicación, no te dirigiré la palabra.
29. ¡Quién (saber) ...... a tiempo que no (regalarme, él) ...... lo que (prometerme) ......!
30. (Hacer) ...... el trabajo ella o (hacerlo) ...... tú, el caso es que (estar) ...... hecho.

b)   *Consolidación gramatical*

(I) En las frases 16, 17, 18 y 19 aparecen relativos. Unas llevan indicativo y otras subjuntivo ¿por qué?

—Sustituye el indicativo por el subjuntivo, en las siguientes frases, sin que cambie el tiempo de la frase principal y donde sea posible.

1. Esa es la mejor película **que has visto,** estoy segura.
2. Los alumnos **que vendrán** a este curso, querrán únicamente perfeccionar sus conocimientos.
3. «El **que busca,** halla».
4. **Los que estuvieron** presentes podrán explicártelo igual que yo.
5. **Los que tuvieron** oportunidad y pocos escrúpulos, se enriquecieron a costa del hambre ajena.
6. Buscamos a los asesinos **que mataron** a los pobres niños.
7. Hay, en todo esto, algo **que me interesa** profundamente.
8. Es una persona **a quien le gusta** respetar y que la respeten.
9. A cualquiera **que te lo pide,** le prestas dinero; eres un poco imprudente.
10. El último **que llega,** paga una ronda en el bar de abajo.

(II) **Recuerda:**

1) Conjunciones **concesivas:** Aunque, a pesar de que, etc.
   Llevan siempre **subjuntivo:** (Aun) a riesgo de que, así, mal que, por poco que, por (muy) + adjetivo o adverbio + que.
   Llevan siempre **indicativo:** Si bien, (aun) a sabiendas de que. Otras fórmulas: Con + sustantivo + que, Aun + gerundio; gerundio, participio, adjetivo y todo.

2) Conjunciones **condicionales:** Si + indicativo y subjuntivo.
   Llevan siempre **subjuntivo:** (En) caso de que, a menos que, a no ser que, (sólo) con que, con tal de que, como, a poco que, etc.
   Otros casos: De + infinitivo; gerundio; participio.

3) Conjunciones **consecutivas:** Siempre llevan **indicativo:** Luego, conque, así es que, por (lo) tanto, de tal modo, manera que, tan que, tanto que, de un + sustantivo + que.
   Lleva siempre subjuntivo: de ahí que.

—Sustituye la parte en negrita por una frase equivalente haciendo las transformaciones oportunas.

1. No me ha molestado esta vez, **aunque no quiero** que lo vuelva a repetir.
2. Es más inteligente que tú **aunque te pese** reconocerlo.

3. **Aunque hayas estudiado** poco, siempre será más de lo que ha estudiado tu hermano.
4. **Aunque sea un actor feo,** su personalidad llena la pantalla.
5. **Aunque la planta esté mustia,** consérvala; puede retoñar en primavera.
6. **Si vuelve a pegarte una vez más,** dímelo y le parto la cara.
7. **Si te preocuparas un poco más de tus cosas,** la habitación tendría otro aspecto.
8. **Si no me lo confiscan en la aduana,** te traeré un buen coñac francés.
9. **Si me lo hubieras avisado,** te habría traído mi transistor; coge un montón de emisoras.
10. **Si lo cuidas bien,** este tipo de pintura es eterno.
11. He trabajado más de lo que me habían exigido, **por lo tanto puedo** tomarme un descanso.
12. Ha maltratado muchísimo el coche, **por lo tanto está** para chatarra.
13. Eres la única persona que conoce, **por lo tanto te llama** a todas horas.
14. Es un tipo muy mentiroso, **por lo tanto nadie le cree** cuando cuenta algo.
15. Hemos decidido alquilar un apartamento para las vacaciones, **por lo tanto tenemos que ahorrar** para pagarlo.

c) *VOCABULARIO*

(I) Completas las frases usando una de las siguientes expresiones: **dar cuenta; darse cuenta de; dar cuentas; tener cuenta; tener en cuenta.**

1. Me gusta esa idea que me has comentado, la ......
2. Si (nosotros) ...... la devaluación constante del dinero, es mejor pagar a plazos las cosas que compramos.
3. Me han robado el coche, tengo que ...... a la policía.
4. Claro, tu padre es ferroviario, ... viajar en tren.
5. Soy mayorcita, creo que no tengo que ...... de mis pasos a nadie.
6. (El) ...... a tiempo de que había metido la pata y rectificó.
7. Me ...... más ...... comprarlo en el supermercado de mi barrio porque me conocen y me hacen un descuento.
8. Si sigue molestándome, ... de usted.
9. ¿Por qué tienes que ...... a tus amigos de si compras o dejas de comprar?
10. No quiero ...... tus palabras porque estás borracho.
11. (Imperativo) ...... de con quién estás tratando, hombre. Te comportas con todo el mundo de la misma manera.
12. Déjame tu dinero que yo lo administraré, y al cabo del tiempo te ...... de cómo lo he invertido.

Tema de debate

Todos deberíamos hacernos vegetarianos y no volver a matar animales para comer.

a) *Transforma el **infinitivo** en el tiempo y modo adecuados y añade los pronombres donde sea necesario*

Ayer por la noche (volver) ...... el médico. (Acercar, él) ...... a la cama, (tomar, él) ...... la mano de la enferma y (preguntar, él) ...... cómo (encontrar, ella) ...... Ella apenas (contestar) ......; (hacer) ...... dos días que no (hablar) ...... más que algunas palabras en voz tan baja, que casi no (poder) ...... oír, luego (recomendar, él) ...... que (animar, ella) ...... y (ir) ......

En la puerta de la escalera (interrogar, él) ...... ansiosamente al médico. Este no (asegurar) ...... nada, pero (decir, el médico) ...... que (telefonear) ...... por la tarde. (El médico) (insistir) ...... sobre lo que (hacer) ...... dos días (advertir) ......: que (el marido) no (tener) ...... esperanzas. Después (apoyar) ...... una mano en el hombro y (añadir) ...... compasivamente: «Por lo menos todo (ocurrir) ...... sin sufrimiento. (Estar, ella) ...... extenuada; es lo mejor que (poder) ...... suceder: un fin sin dolor». El médico (marchar) ...... después de contestar afirmativamente a su pregunta de si (deber, él) ...... dar o no las píldoras y si (ser) ...... conveniente seguir poniéndole inyecciones.

(Pasar, él) ...... la noche a la cabecera de la cama. Puede que (adormilar) ...... una o dos veces. No (pensar, él) ...... nada, no (recordar) ...... nada; María, su mujer (estar) ...... ahí, exangüe, bajo la ropa, muriéndose. (Tener, él) ...... que repetir, para darse bien cuenta de lo que (acaecer) ......: María, su mujer, (estar) ...... muriendo.

Pero la cosa (comenzar) ...... (hacer) ...... dos años, cuando, después de insistir mucho, (conseguir) ...... que (ir, ella) ...... al médico de la Seguridad, la misma tarde éste (telefonear) ...... al despacho para que (ir) ...... a ver. La sala de espera (ser) ...... triste. Las mujeres (comentar) ...... enfermedades de sus parientes, (hablar) ...... de médicos famosos y muertes horripilantes, mientras los hombres (leer) ...... revistas deshojadas.

A él (sudar) ...... mucho las manos; de cuando en cuando (abrir) ...... la puerta, el doctor (hacer) ...... pasar a alguno de sus pacientes. Cuando (llegar) ...... el turno, el médico (preguntar) ...... amablemente, mientras (mirar) ...... a los ojos: «¿Es usted, el Sr. Portaló?». A él (sudar) ...... mucho las manos y la voz (temblar) ...... El médico (hacer) ...... pasar, (ofrecer) ...... asiento y (tender) ...... un cigarrillo que apenas (poder) ...... encender de tan nervioso que (estar) ...... (Desear, él) ...... que (decir, el médico) ...... lo que (tener) ...... que decir, y que él (saber) ......, (estar) ...... seguro, (ser) ...... algo horroroso.

(Hacer) ...... rato que ya (amanecer) ...... A través de los visillos (ver) ...... la casa de enfrente. La enferma (respirar) ...... sin fatiga, pero su rostro (estar) ...... tan descarnado que los huesos (aparecer) ...... bajo la piel. (Hacer) ...... tres o cuatro días que ya no (quejar, ella) ...... y ese «¡ay!» que (durar) ...... más de un año, (dejar) ...... la alcoba como un anticipo de muerte, porque el dolor (ser) ...... todavía, aunque precario, un signo de vida.

A medianoche, una vez que (quedar, él) ...... traspuesto en la silla, (despertar) ...... sobresaltado, con la sensación de que María (fallecer) ...... al tiempo que (dar) ...... un grito que seguramente (ser) ...... producto de sus sueños. (Acercar) ...... a ella, (encender) ...... la luz y (tomar) ...... el pulso. (Ser) ...... débil, pero (latir) ......, (llorar, él) ...... de gozo; todavía no (morir, ella) ...... Agonizando o no, (estar) ...... junto a él, viva, con un corazón que aún (latir) .... unos ojos que (reconocer) ......

«Los otros» Luis Romero
(Texto adaptado)

b) *Consolidación gramatical*

(I) Recuerda que los complementos **directo** e **indirecto** antepuestos al verbo deben ser repetidos por un pronombre átono.

También es obligatoria esta repetición, si los complementos están representados por un pronombre precedido de **a**.

Completa las siguientes frases añadiendo pronombres donde sea necesario:

1. Este tema no ...... sé, el «profe» dijo que ...... preparáramos y yo no ...... he hecho.
2. Esta palabra no ...... encuentro en el diccionario, ¿...... conoces tú?
3. A ellas ...... voy a hacer el bien que pueda.
4. A los alumnos ...... resulta difícil entender esas frases, es mejor que no ...... pongas en el examen.
5. Hace frío, pero trabajando (a vosotros) ...... quitará.
6. A María ...... vi en el autobús, ... dije adiós pero ella no ...... vio.
7. ...... interrogó al médico sobre la salud de su esposa.
8. ...... dirigió a ella todo el odio que no había podido soltar contra su hermano.
9. ...... contó a todos lo que había pasado con pelos y señales.
10. Acerca ...... a la señora una taza de café, tome ......, está calentita.

(II) Sustituye la parte en negrita por los pronombres necesarios:

1. Se aproximó **a María** otra muchacha.
2. Ha dedicado este ejemplar de su libro **a mi padre y a mí**.
3. Estamos hartos de aguantar **a tus amigos y a ti**.
4. ¡Menudo lío organizaron **a Juan**!
5. Se advierten las consecuencias **a los comprometidos**.
6. ¿No interrogó la policía **a los detenidos**?

(III) Di el valor que tienen o la función que desempeñan los pronombres en negrita:

1. No **se** abre los sábados y domingos.
2. **Se les** pidió una explicación por su comportamiento.
3. Siempre **se le** sale la leche cuando la pone a hervir.

4. **Se me** cierran los ojos de sueño.
5. ¡No **te me** muevas!
6. Perdona, pero **te** he bebido la caña.
7. **Nos** arrepentimos de haberle dicho esas cosas.
8. He recogido sus libros y **se los** he llevado a casa.
9. **Lo** dijo para molestarme.
10. **Le** dio un fuerte abrazo y **le** rompió las gafas.

c) *VOCABULARIO*

(I) Completa las frases usando los siguientes verbos: **Trasponer, descarnar, acaecer, tender, agonizar.**

1. Su temperamento, por naturaleza ...... al pesimismo.
2. Aníbal llevó a cabo una gran hazaña al ...... los Alpes con elefantes.
3. Las pirañas son peces voraces capaces de ...... en minutos un cervatillo caído al agua.
4. Cuando ...... el umbral de su casa, le parecía entrar en un mundo de fantasía y de sueños.
5. Van a ...... una línea telefónica que permitirá la comunicación con pueblos perdidos en la montaña.
6. Y ...... que el sapo resultó ser un príncipe encantado.
7. ...... la tarde que se desangra por el horizonte.
8. Las cosas ...... con la regularidad con que se suceden las estaciones.
9. Los buitres terminan de ...... lo que los leones, las hienas y otros animales dejan del cadáver de una cebra.
10. ...... los últimos quijotes entre las risotadas de los materialistas.

(II) Busca sinónimos de las siguientes expresiones:

—Quedarse frito.
—Pasar la noche en blanco.
—Dormir como un lirón.
—Estar abarrotado.

Tema de debate

La eutanasia.

a) *Pon una forma correcta de SER o ESTAR*

1. ...... fresco si crees que voy a enfadarme por lo que tú digas.
2. No sigas hablando, nosotros ...... al cabo de la calle.
3. No pienso presentarme al examen, ... pez.
4. A pesar de mis dotes de actriz, Pedro no se tragó lo que le dije, ... mosca por lo que le ha pasado.
5. ¿Qué vamos a hacer? ...... en un callejón sin salida.
6. No ...... a la altura de lo que se esperaba de ti.
7. A veces ...... insoportable observar el comportamiento de la gente.
8. Siempre ...... pendiente del qué dirán ¿cómo vas a ...... feliz?
9. Para ese trabajo (tú) ...... todavía muy verde.
10. Si piensas que vamos a hacerte caso, ... listo.
11. Las cosas ya ...... arregladas. Eso crees tú, ... arreglado con tu ingenuidad.
12. ...... al borde de una crisis nerviosa.
13. ...... a la orilla de los ríos donde se dan los chopos.
14. Me han suspendido, ... que muerdo.
15. ¿Quieres repetir? ...... que no he entendido bien.
16. Mi pantalón ...... de un verde distinto.
17. ¿Cómo quieres que te preste dinero si ...... más pelado que el trasero de un mono?
18. ¿A quién se le ocurre tirar esos recibos? Cada día (tú) ...... peor, ... para que te encierren.
19. El tratamiento no ha hecho ningún efecto, (él) ...... igual que al principio.
20. Por ahí ...... por donde se va y no por donde tú decías.
21. Tienes que perdonarme, ... realmente avergonzada.
22. Tus guisos siempre ...... para chuparse los dedos.
23. Te has enfadado, y no ...... para menos, hay que ver cómo ...... hoy día los niños de salvajes.
24. ...... de un amable subido ¿qué te pasa? ¿...... enfermo?
25. No te preocupes, eso que quieres ...... en un abrir y cerrar de ojos.
26. Siempre (tú) ...... despistado, nunca ...... seguro que vayas a tus citas porque ...... olvidadizo ¿...... (tú) satisfecho de ti mismo?
27. Siempre ...... de viaje, parece que ...... viajante; pero sólo ...... que no le gusta ...... en casa.
28. Nuestra economía no ...... para esos gastos.

29. ¡Cállate! ¡no ...... chivato!
30. ...... de suponer que lo hará bien.

b) *Consolidación gramatical*

Como sabes, ESTAR expresa la apariencia, pero hay otros verbos que sirven también para manifestar lo que el hablante ve: **Aparecer, manifestarse, mostrarse, presentarse, resultar, salir, parecer, semejar, verse, creerse, considerarse**, etc.

Completa las siguientes frases usando los verbos citados:

1. El muchacho ...... viejo porque desde pequeño había tenido que trabajar.
2. «Cuando los perros se miran en el agua, ... hombres con barba».
3. ¿Qué ...... más disculpable, matar toros o focas?
4. Este chico nos ...... rana, eso nos pasa por confiar en un desconocido.
5. Por su carácter ...... solo y abandonado por todos.
6. Lo que antes nos ...... una barbaridad, ahora ...... una pequeñez.
7. Los cabellos de la anciana ...... hilos de plata.
8. Los reyes ...... complacidos por el recibimiento que les dispensaron.
9. A pesar de su pena, en la reunión ...... serena e incluso hermosa.
10. Cada vez que le preguntábamos ...... inquieto y preocupado.

c) *VOCABULARIO*

(I) Expresa, usándolas en frases, las siguientes expresiones:

—Vérselas y deseárselas.   —Pasarlas moradas.
—Salir pitando.   —A verlas venir.
—Salir redondo.   —Pasar de largo.

(II) Completa las siguientes frases usando las expresiones: **dar razón; dar la razón, llevar razón, entrar en razón.**

1. Creo que no (tú) ......, debes hacerle caso.
2. ¡No me ...... como a los locos!
3. No sé ...... de mis pasos a partir de las 12.
4. Debes ...... y cambiar de idea.
5. Se gratificará a cualquiera que pueda ...... del perrito extraviado.
6. Todos le ...... porque es el hijo del director.
7. Siempre quieres ...... ¿por qué no cedes alguna vez?
8. Te haré ...... por las buenas o por las malas.

Tema de debate

El feminismo actual: ¿una derrota del «sexo débil»? ¿qué más quieren las mujeres? Esta es una pregunta que se hacen algunos hombres. ¿Queréis contestarla?

a) *Transforma el infinitivo en el tiempo y modo adecuados, y añade los pronombres donde sea necesario*

Victoria (llevar) ...... mucho rato llorando y en su cabeza los proyectos (atropellar) ...... unos a otros: desde meterse monja hasta echarse a la vida, todo (parecer) ...... mejor que seguir en su casa. Si su novio (poder) ...... trabajar, (proponer, ella) ...... que (escapar) ...... juntos; trabajando los dos, malo (ser) ...... que no (poder, ellos) ...... reunir lo bastante para comer. Pero su novio, no (estar) ...... para nada más que para estarse en la cama todo el día, sin hacer nada y casi sin hablar. ¡También era fatalidad! Lo del novio, todo el mundo (decir) ......, a veces (curar) ...... con mucha comida y con inyecciones; por lo menos, si no (curar) ...... del todo, (poner) ...... bastante bien y (poder) ...... durar muchos años, y casarse, y hacer vida normal. Pero Victoria no (saber) ...... cómo buscar dinero. Mejor dicho, sí (saber) ...... pero no (acabar) ...... de decidir; si Paco (enterar) ......,(dejar) ...... en el momento, ¡menudo es! Y si Victoria (decidir) ...... a hacer alguna barbaridad, no (ser) ...... por nada ni por nadie más que por Paco. Hay momentos en los que Victoria (pensar) ...... que Paco (decir) ...... «Bueno, haz lo que quieras, a mí no me importa», pero pronto (dar) ...... cuenta de que no, de que Paco no (decir) ...... eso. Victoria en su casa no (poder) ...... seguir, ya (estar) ...... convencida; su madre (hacer) ...... la vida imposible, todo el día con el mismo sermón. Pero también, lanzarse así, a la buena de Dios, sin alguien que (echar) ...... una mano, (ser) ...... muy expuesto.

Victoria (hacer) ...... ya sus cálculos y (ver) ...... que la cosa (tener) ...... sus más y sus menos; yendo todo bien,(ser) ...... como un tobogán, pero las cosas, bien del todo, no (ir) ...... nunca, y a veces (ir) ...... muy mal. La cuestión (estar) ...... en tener suerte y que alguien (acordar) ...... de una; pero ¿quién (ir) ...... a acordar de Victoria? Ella no (conocer) ...... a nadie que (tener) ...... diez duros ahorrados, a nadie que no (vivir) ...... de un jornal. Victoria (estar) ...... muy cansada, en la imprenta todo el día de pie, a su novio (encontrar) ...... cada día peor, su madre (ser) ...... un sargento de Caballería que no (hacer) ...... más que gritar, su padre (ser) ...... un hombre blandengue y medio bebido con el que no (poder) ...... contar para nada. Quien (tener) ...... suerte (ser) ...... la Pirula, que (estar) ...... con Victoria en la imprenta, y que (llevar) ...... un señor, que además de tenerla como una reina,(querer) ...... y (respetar) ...... Si (pedir) ...... dinero, la Pirula no (negar) ......; pero claro, la Pirula (poder) ...... dar veinte duros, tampoco (tener) ...... por qué darle más. La Pirula ahora (vivir) ...... como una duquesa, todo el mundo (llamar) ...... señorita, (ir) ...... bien vestida y (tener) ...... un piso con radio. Victoria (ver) ...... un día por la calle, en un año que (llevar) ...... con ese señor, hay que ver el cambio que (hacer) ......, no (parecer) ...... la misma mujer, hasta (parecer) ...... que (crecer) ...... y todo. Victoria no (pedir) ...... tanto.

«La colmena» Camilo José Cela
(Texto adaptado)

b) *Consolidación gramatical*

(I) Completa las frases usando los pronombres necesarios:

1. Ahora que vivo así no quiero acostumbrar ...... a esas cosas, mi padre no ...... permitirá cuando regrese.
2. No ...... pidas que traiga sus sellos, ... enseñará todos, ... caerá la baba mirándolos y ...... darán las uvas.
3. No ...... preocupes si nadie quiere ayudar, ... arreglaremos solos.
4. ...... lloran los ojos y ...... empañan las lentillas cuando entra en un local lleno de humo, ... sé porque a mí también ...... pasa.
5. ...... nombraron para ese cargo, de acuerdo, pero ...... que ...... fastidia es que ...... atribuyan a él todos los méritos que son también del grupo.
6. Creyó que ...... echaban del trabajo, fija ...... con el paro que hay y tres niños, al final todo ...... ha arreglado; pero ...... ha pasado canutas.

(II) Recuerda los valores del gerundio y explica cuáles de ellos aparecen en las siguientes frases:

1. **Hablando** se entiende la gente.
2. **Trabajando** los dos podríamos comprarnos un coche nuevo.
3. **Saliendo** de casa me crucé con él.
4. Se le cayó en los pies un puchero de agua **hirviendo**.
5. Lo ha conseguido **trabajando** como un animal.
6. **Yendo** todo bien, saldré de aquí el 28 por la tarde.

(III) Recuerda las frases de relativo. Busca las que haya en el texto y di qué has elegido para ellas: Indicativo o Subjuntivo. ¿Por qué?

Completa las siguientes frases usando el relativo que sea necesario:

1. Los libros ...... has comprado los he leído ya, pero ...... recomendó el profesor no los encuentro en las librerías.
2. Mis amigos, ... ya conociste el año pasado, vendrán a pasar unos días a la casa ...... tienen cerca de Salamanca.
3. Esa historia la escribió un novelista ...... nombre no recuerdo.
4. Estoy escribiendo una carta, después de ...... podremos salir si me esperas.
5. Son ellos ...... no tienen razón, por ...... no deben acusar a nadie.
6. Trabajando con constancia es ...... salió del anonimato.
7. ...... me molesta es que pretenda que creamos ...... dice.
8. ...... me encuentro perfectamente, es con mis antiguos compañeros de clase.
9. Entraron en la sala algunas personas ...... tenían un aire clarísimo de estar perdidas.

10. Fue en aquella época ...... las cosas empezaron a irme mejor ...... fue una sorpresa incluso para mí.

c) *VOCABULARIO*

(I) Busca sinónimos de las siguientes expresiones:

—Tener sus más y sus menos una cosa.
—Ser un sargento.
—Ir hecho un pincel.
—Tener mala pata.
—Ser un blandengue.

(II) Sustituye las palabras subrayadas por otras de significado análogo:

1. Siguen **indagando** las causas del incendio.
2. Es muy **expuesto** hacer eso que tú quieres.
3. Las palabras se le **atropellaban** por la emoción.
4. Mi ausencia no es **óbice** para que continuéis con los planes.
5. Te dará lo que le pidas porque es muy **desprendido**.
6. Al niño lo **atropelló** un coche y luego salió **disparado**.
7. Como es muy **negligente** no te escribirá.
8. No me **soliviantes** al niño, que está muy tranquilo.
9. **Se jacta** de no haber pedido nunca ayuda.
10. Por **terco** que sea, se dejará convencer ante mis argumentos.

(III) Coloca correctamente las palabras siguientes: **Eficaz, / efectivo / eficiente.**

1. Pago con dinero ......
2. Se puede confiar en ella, es muy ......
3. El remedio más ...... contra la gripe es el calor y el reposo.
4. Sus sospechas estaban basadas en razones ......

Tema de debate

Las agencias matrimoniales.

a) *Transforma el infinitivo en una forma de indicativo o subjuntivo*

1. Es difícil que tú (encontrar) ...... una secretaria que (saber) ...... todo lo que tú (querer) ......

2. Cuando el pobre (ver) ...... a los guardias, (asustarse) ......, aunque (tener) ...... la conciencia tranquila.

3. (Repetir, tú) ...... lo que (acabar, yo) ...... de decir.

4. (Ser) ...... natural que Vd. no (aceptar) ...... esa oferta. Yo, en su lugar, (hacer) ...... lo mismo.

5. Insistiré en que ese trabajo (terminarse) ...... cuanto antes, no porque a mí me (correr) ...... prisa, sino porque el plazo de presentación (terminar) ...... mañana.

6. No hay quien le (hacer) ...... desistir de tan descabellado proyecto.

7. No (dejar) ...... Vd. de avisarme tan pronto como (recibir) ...... alguna noticia suya.

8. Estoy convencido de que Carlos (cambiar) ...... aunque le (costar) ...... mucho.

9. Mientras yo (vivir) ......, no (olvidar) ...... lo que tú (hacer) ...... por mí.

10. (Hacer) ...... (tú) por él lo que (poder) ...... para que nadie (decir) ...... que, a pesar de su pobreza, le (abandonar) ......

11. No (creer, yo) ...... que nadie me (pedir) ...... una cosa así.

12. Yo (preferir) ...... que vosotros no (hablar) ...... de política.

13. No (juzgar, tú) ...... que esto (poder) ...... perjudicarte.

14. Siempre he pensado que la modestia (ser) ...... la virtud de los tontos.

15. No pienses que la gente (ayudarte) ...... por tu cara bonita.

16. Ya (saber, yo) ...... que mi pastel (encantarte) ......

17. No (saber) ...... que este tipo de cosas (llamar) ...... tu atención.

18. No es que yo no (querer) ...... hacerlo, es que no (tener) ...... tiempo.

19. El próximo perro que yo (tener) ......, (ser) ...... un pastor alemán.

20. Que yo (recordar) ....., (llevar, yo) ...... un mes sin pisar la calle.

21. Admito que la victoria de nuestros adversarios (ser) ...... justa.

22. Quisiera saber bien en qué (consistir) ...... todo este lío.

23. En el momento que (tener, yo) ...... el pasaporte, (largarme) ...... al extranjero.

24. El que no (querer) ...... hacer el trabajo que (mandar, yo) ......, allá él.

25. Ahora me entero de que él (llegar) ...... esta mañana.

26. Se lamentó de que su amigo le (abandonar) ...... en aquellos momentos.

27. El equipo no ascenderá a no ser que (ganar) ...... todos los partidos que le (quedar) ...... hasta el final de la temporada.
28. Una vez que (terminar) ...... la sesión, el presidente animó a todos a que (seguir) ...... trabajando como hasta ese momento.
29. ¡Quién (ir) ...... a sospechar que él (rendirse) ...... tan pronto!
30. ¿Te vas de vacaciones? ¡Quién (ser) ...... tú!
31. La lluvia torrencial hizo que los ríos (desbordarse) ......
32. Pórtate bien no sea que (yo) (tener) ...... que tomar medidas más severas.
33. Siempre que tú (decir) ...... esas cosas, a mí (ponérseme) ...... los pelos de punta.

b) *Consolidación gramatical*

(I) Explica si funcionan según las mismas reglas las frases 11, 13 y 15. ¿Por qué? Completa las siguientes frases correctamente:

1. No afirmes que ...... por si acaso no es así.
2. Nunca he afirmado que lo ...... hacer.
3. ¿Afirmas que la tierra ...... ovalada?
4. Dime lo que ......, no me parecerá mal.
5. No digas que tu vida ...... dura.
6. No he dicho que ...... sino que ......
7. No mires lo que ......, quiero darte una sorpresa.
8. No he visto si ...... carta.
9. No veo que ...... el polvo de los muebles.
10. Sabía que te ...... más que ninguna otra cosa.
11. No sabía si ...... venir o no.
12. No sabía que ...... una beca.

(II) Hay verbos que pueden llevar **indicativo** y **subjuntivo** cambiando su significado:
    decir + indicativo = comunicar
    decir + subjuntivo = mandar
—Otros verbos pueden llevar indicativo y subjuntivo sin cambiar de significado. Ej.: **Admitir** (frase 21).
—Recuerda otros verbos de ambos tipos y completa las frases siguientes usándolos.

1. (Yo) ...... que leamos este libro por su vocabulario.
2. (Yo) ...... que (estar) ...... cansado, pero haz un esfuerzo más y así terminamos.
3. (Vosotros) ...... muy pronto que hay nuevos vecinos, tienen niños pequeños.
4. (Vosotros) no ...... que no estuvieran en la reunión porque no los conocéis bien.
5. Vds. ...... en vano que (llegar) ...... esa gran noticia.
6. El coronel ...... que la carta (llegar) ...... un día no lejano.
7. ¿Qué te pasa? ...... que (ver, tú) ...... un fantasma.
8. El médico me ...... que dejara de fumar o lo lamentaría.
9. Un compañero me ...... que me iban a echar para que estuviera preparado.
10. Los padres ...... en que la recuperación del niño (ser) ...... rápida y total.

(III) **Quién.** Aparece en las frases 29 y 30. ¿Funciona en ambas de la misma forma? Explica la diferencia, si la hay.

Completa las frases usando **que, quien** o **cual**, según exija el contexto:

1. ¡Buen fin de semana y ...... te mejores!
2. Todavía no sé ...... de los dos quiero comprar.
3. Por favor dame ese libro ¿......? ¿el gordo?
4. ¡...... va a tener Juan tanto dinero como dice!
5. ...... sea el Presidente no le autoriza a abusar del poder.
6. Es un tipo reservado, aún desconocemos ...... son sus gustos y antipatías.
7. ¡...... diría que has estado en la playa! Estás tan blanca como cuando te fuiste.
8. No ha precisado ...... van a venir, si los padres solos o con los hijos.
9. ¡...... tuviera una segunda oportunidad en la vida!

(IV) **Allá él** aparece en la frase 24. Sustituye esa expresión por una frase que explique su significado.

c) *VOCABULARIO*

Completa las siguientes frases usando correctamente las palabras: **descabellado, largura, ascenso, ascensor, ascensión, rendición, rendimiento, espeluznante, electrizante, desistir, largarse, ascender, rendir (se).**

1. La música de ese grupo es ......, la gente baila como si le hubieran aplicado corrientes.
2. Para mejorar el ...... de los trabajadores han instalado altavoces, que difunden música relajante.
3. ¡Qué idea más ......! no creo que puedas llevarla a la práctica.
4. La ...... de tu salón es excesiva comparada con su anchura.
5. La ...... a la montaña se dificultaba a causa del frío reinante.
6. Los alpinistas tuvieron que ...... de su propósito, aunque no por eso ......
7. Si quieres ...... más, debes descansar un rato y volver a la tarea con la cabeza despejada.
8. El jefe me ha dicho que mi ...... ya está concedido, es cuestión de unos días el que me lo comuniquen oficialmente.
9. Es un mal educado, se ...... dando un portazo y sin decir adiós.
10. ¡Qué horror! La cuenta del teléfono de estos dos meses ...... a 15.000 pesetas. ¿A quién has llamado?
11. Los vencedores exigieron la ...... sin condiciones.
12. Otra vez el ...... está estropeado. Nueve pisos a pie es demasiado para mí.
13. ¡Qué historia tan ......! ¿Cómo le cuentas al niño esas cosas?
14. Ese negocio, llevado de otra manera, podría ...... más.
15. Cuando vuelvan tus padres, tendrás que ...... cuentas.

Tema de debate

«La lengua de la calle» refleja mucho mejor el espíritu del pueblo que la habla, que la «lengua culta». Justifica tus argumentos con ejemplos prácticos.

Uno de los signos más reveladores de la masculinidad es la capacidad de acción y la acción sin reflexión, es decir, sin espejo. De todos los donjuanes que registra la historia de las letras el menos genuino es el de Marañón. Un Don Juan feminoide. Nada menos cierto. Confundía Marañón los síntomas con los síndromes —cosa rara en un médico— es decir, las consecuencias con los motivos. Es seguro que a fuerza de ser mimados y amados por las mujeres, los hombres pueden llegar a adquirir una cierta dulzura equívoca. Puede Don Juan adquirir una suavidad equívoca y ése es el riesgo de ser adorado.

Los que nos adoran nos desnaturalizan. Los dioses eran, con frecuencia, andróginos, al menos en apariencia.

El secreto de Don Juan consiste en que no tiene espejo, es decir, en que es incapaz de reflexión moral, física, estética. No sabe lo que es eso. No tiene nada de Narciso Don Juan, y si quiere verse hermoso, busca a la mujer y confirma su propio poder de seducción en la seducción misma.

Se podría decir que el hombre que sabe que es hombre ya no es hombre. Por eso algunos países, con la obsesión permamente de la hombría, son los que dan un más alto índice de homosexualidad. El león que quiere ser león, es decir, que lo aparenta conscientemente, ha dejado de ser león. La reflexión (la vuelta sobre el hecho del simple existir) destruye gran parte del existir. Don Juan, sin espejo y sin reflexión y sin regreso sobre la acción (eso es la reflexión) es el hombre más vivo que se puede imaginar. Todo en él es acción. No hay tiempo para verse a sí mismo, para ensayar una interpretación y, sin embargo, Don Juan tiene una estética y sus instintos saben lo que les gusta a las mujeres. Como suele suceder en la vida, los instintos, con su saber innato e inconsciente, aciertan y triunfan. Don Juan es, pues, un esteta instintivo del amor. Si alguien se lo dijera, preguntaría quizá lo que quiere decir la palabra y cuando se lo explicaran se reiría con inocencia. Porque en Don Juan, como en todos los sabios instintivos (y eso son los hombres de acción triunfantes), hay una gran inocencia natural. Esa inocencia les lleva a realizar una tarea meritísima: la rectificación de lo real en la dirección de la naturaleza. Destruye Don Juan la hipocresía y la moralidad y el idealismo retórico del amor y recuerda a todo el mundo que el amor es una función glandular y un placer carnal y que éste es legítimo, y que la legitimidad es sagrada. Ese fue y sigue siendo el secreto de su éxito como arquetipo y como mito.

Don Juan triunfa porque debe triunfar. No hay mujer en el mundo que no sienta por él una reservada o manifiesta amistad y no hay hombre que no lo respete o envidie. El triunfo de Don Juan es, pues, universal, límpido y sin sombras. Y eso es posible porque representa los derechos de nuestra carne a un placer desnudo de retórica y de falso idealismo.

«Tres ejemplos de amor y una teoría»
Ramón J. Sender
(Texto adaptado)

a) *Consolidación gramatical*

(I) Di qué funciones desempeña el **participio** en las siguientes oraciones:

1. Los edificios **construidos** con ese material resultan poco seguros.
2. ¡Ya está! ¡Problema **resuelto**!
3. **Abandonado** por todos, sólo Dios se ocupará de mí.
4. Bien **arreglado**, ese vestido de tu hermana podría servirte a ti.
5. Tengo **pensado** qué vamos a hacer de ahora en adelante.
6. **Puestos** a imaginar cosas maravillosas, yo os gano.
7. **Estropeado** y todo, ese juguete sigue siendo su favorito.
8. **Llegado** el momento, hablaremos.
9. Parece que sólo le gustan las patatas **cocidas**.
10. ¿Queda **entendido** el problema?

(II) Expresa con **infinitivo, gerundio** o **participio** lo que va en negrita:

1. **Cuando llegue** la hora, sabrás qué hacer.
2. **Aunque lo viera** yo misma, no lo creería.
3. **Si fueras más inteligente**, le habrías pedido ayuda.
4. **Si llegas temprano**, encontrarás entradas, si no, no.
5. El muchacho, **como estaba preocupado** por las notas, no tenía ganas de fiestas.
6. **Puesto que ves así** las cosas, no tenemos nada más que discutir.
7. **Si lo has hecho tú**, estará bien, estoy segura.
8. **En cuanto llegues** al desvío, verás el letrero indicador.
9. **Como me lo has confesado** voluntariamente, tendrás una recompensa.
10. **Una vez que hayamos vendido** la casa, podremos marcharnos.

(III) Di qué participios tienen sentido activo y cuáles sentido pasivo:

1. Mis amigos son tipos muy **leídos** y **estudiados**.
2. Eres lo más **pesado** que conozco.
3. Es un tipo muy **callado**.
4. El que no es **agradecido** no es bien nacido.
5. Escribir a máquina es muy **cansado**.
6. Estoy **cansada** de escribir a máquina.

b) *VOCABULARIO*

(I) Completa las frases usando las siguientes palabras:

—Desnaturalizar   —Sobrevenir
—Innato   —Leal
—Límpido   —Irreversible

—Rectificar   —Recalcar
—Acertar   —Afrontar

1. No trates de comprender su reacción, eso es algo ...... en él.
2. No creas que es fácil ...... con tus gustos, eres muy especial.
3. Como dijo que no quería a su hijo, todas la llamaron madre ......
4. Cayó un chaparrón grande, después salió el sol en un cielo ......
5. Porque ...... tu decisión nadie te va a considerar voluble.
6. No le temo a la competencia, siempre que sea ......
7. La transformación que han sufrido sus relaciones es ......
8. Todos los datos lo anunciaban y por fin ...... la catástrofe.
9. Está hundido; nadie le ha enseñado a ...... los reveses de la vida.
10. ...... una y mil veces que si hacía aquello no era por su gusto.

(II) Busca una o varias expresiones equivalentes a las que van en negrita:

1. ¿Te casas? Vaya, hombre, **otro que va a ahorcarse.**
2. Juan tiene novia y **está coladito por ella.**
3. El padre de la chica la **pilló haciendo manitas** con su amigo.
4. Tú dirás que es muy guapo, pero a mí no me **hace ni fu ni fa.**
5. ¿A quién no le gustaría **echarle el guante a un tío tan bueno?**
6. Corta el rollo, tío, **a mí no me la das.**

(III) Construye un diálogo usando las siguientes expresiones:

—¡Qué marchoso-a!
—Ni lo sueñes ......
—¡Anda ya ......!
—Cuando las ranas críen pelos.
—Vas a sudar tinta.
—Hasta ahí podíamos llegar.

Tema de debate

El mito de Don Juan. ¿Estáis de acuerdo con lo expuesto en el texto?

Quien curra no está muerto. Currar, un verbo clave; el curro igual que la poesía, es una manera de vivir, una opción. Tener dinero para gastar es un placer enaltecedor, acaso el más sublime que proporciona esta selva, donde la lastimosa totalidad de las ramas, lianas y ciénagas, tienen su precio.

El dinero, una sorpresa que deparaba una reestructuración fundamental, fortalecía sin grupos; a propósito, los infames que siempre lo tuvieron pretenden interesadamente hacernos creer que el dinero no es todo en la vida, miren un poco qué manga de hipócritas, justamente los que lo tienen y no lo largan, se ponen a pregonar los beneficios de lo espiritual, son cretinos. A nosotros la guita nos sacudió, con la mosca flameamos como un trapo o una bandera, sobre todo porque nunca antes la habíamos tenido en cantidad, como para disfrutarla.

Confieso que con dinero siempre me sentí mejor, soy más aplomado, sereno, en una palabra soy ganador, con dinero tengo una audacia ilimitada, una confianza ciega en mis proyectos, en mí, me valoro y me siento necesario, hasta puedo darme el lujo de ser un tipo noble. Suelo también irradiar un contagioso optimismo, o escepticismo, o lo que tenga, una vital seguridad que por lo general deprime al semejante, y por si no bastara, con dinero logro tener algo que siempre admiré y sólo de a ratos tuve: cautela, sobriedad; es una papa ser cauto cuando no existen desesperaciones ni urgencias, ser sobrio cuando no hay ninguna debilidad económica, así cualquiera (…).

Entonces Rodolfo se dedicó a comer, y no porque antes no comiera, es obvio pero la tela lo ayudó a soltarse, aprendió a apoyarse en las barras con la firmeza del que sabe que puede pagar varias vueltas, a pedir whisky importado que no muerde, a no quedarse con hambre y sed nunca más; aprendió, gracias a la guita, a dejar de vestir a lo ratón; aprendió sobre todo, a comprar libros aunque no estuvieran en mesas de ofertas, y a no tratar de seducir nunca más, sólo a mujeres que tuviesen departamento, ya podía seleccionarlas de acuerdo a sus maneras o cuerpos y no de acuerdo a las comodidades. La guita le ayudó a salir, por ejemplo, con alguna estudiante pobre, encuestadora o maestra, de economía corta pero erotismo largo. Entonces el piojo resucitado era otro, dejó de contabilizar los amores de acuerdo con el gasto. Al final, las cuentas eran cargadas en el apartado de «gastos de representación».

Lo malo del dinero es que, después de conquistarlo, conforma un hábito y el jorobado temor de dejar alguna vez de poseerlo, por eso incita a un engolosinado o torpe a tener más, mucho más de lo que necesitará en una década, y se enloquece. Para mí, si se enloquece el individuo, pierde, se equivoca, allá él.

«Elogio de la guita», en «Carne picada»
Jorge Asís (Texto adaptado)

a) *Consolidación gramatical*

(I) Di qué funciones desempeña el **gerundio** en las siguientes oraciones:

1. **Mintiendo** así, no llegarás a ninguna parte.
2. **En terminando** este ejercicio, saldré a dar una vuelta.
3. **En terminando** las clases, me iré de vacaciones.
4. Les convenció **explicándoles** las ventajas de su plan.
5. Vio a la niña **jugando** con sus amigos.
6. **Trabajando** tres horas diarias, podrás acabarlo para la fecha prevista.
7. No te lo dará, aun **insistiendo** mucho.
8. Ni **soñando,** serías capaz de igualar a María.
9. Cuando me di cuenta, ya estaban todos mis papeles **ardiendo.**
10. Viene **insistiendo** en que trabajemos juntos, pero yo no quiero.

(II) Expresa con **infinitivo** o **gerundio** lo que va en negrita:

1. **Si hubieras estudiado** más, habrías aprobado el examen.
2. **Si riegas** tanto las plantas, se te pudrirán.
3. **En cuanto te pongas a trabajar,** olvidarás todas esas fantasías.
4. **Después de leer el libro,** haré un trabajo sobre él.
5. **Aunque arregles** el vestido, no te servirá.
6. Vio a un hombre **que paseaba** a su perro.

(III) Señala los errores que aparecen en las frases que siguen y propón la solución correcta:

1. Publicó su libro, obteniendo al poco tiempo un gran éxito.
2. Se ganaba la vida dando clases particulares.
3. Los alumnos, viniendo sólo por un mes, aprenden poco.
4. Es un libro de gramática explicando todo lo que hay que saber.
5. Haciendo eso es como conseguirás su ayuda, no enfrentándote con él.
6. Le hizo una pregunta a su madre tratando de desviar su atención del cenicero roto.

b) *VOCABULARIO*

(I) Completa las frases usando las siguientes palabras:

—Currar   —La mosca   —Engolosinado
—Deparar   —Aplomado   —Irradiar
—Largar(se)   —Flamear
—Pregonar   —Sobrio

1. No te voy a contar lo que sé porque te conozco y a la primera de cambio tú lo ......
2. De un tiempo a esta parte la ropa de los hombres ha dejado de ser ......
3. Le han prometido un coche por su cumpleaños y está ...... con la idea.
4. No sigas ...... que tu novio es multimillonario, nos lo sabemos de memoria y estamos hartos de oírte.

5. No te hagas el sueco, la semana pasada te llevaste varias cosas sin pagar, ahora suelta ...... o te denuncio.
6. No podemos hacer planes a tan largo plazo, no sabemos lo que nos ...... el destino.
7. Para un trabajo tan importante necesitamos a un tipo más ...... que tú, que tenga sangre fría.
8. Aquí tienes que ...... si quieres comer, no te van a mantener por tu cara bonita.
9. El viento soplaba y hacía ...... la ropa tendida en los balcones como si fueran banderas.
10. No quiero que estés aquí, así que ......
11. Nos sirvió de postre unos riquísimos plátanos ......
12. La gente lo aprecia porque ...... simpatía y amabilidad.

(II) Sustituye la parte en negrita por otra(-s) expresión(-es) equivalente(-s):

1. **Sois una manga** de inútiles, ¿es que no sabéis hacer nada solos?.
2. ¡Mira cómo alardea de su posición y avasalla a los demás **el piojo resucitado ese**!
3. Vaya ginebra que nos has servido, apenas he echado un trago y ya me **está mordiendo** el estómago.
4. No tengo guita, voy a **dar un sablazo** a los viejos.
5. No te jactes de lo que has hecho, **es pura papa**.
6. Todos te hemos ayudado a terminar el trabajo, **así cualquiera**.

(III) Construye un diálogo usando los siguientes elementos:

> —¡Estoy sin blanca!
> —A mí no me mires para ......
> —Eres más agarrado ......
> —A ése no le sacas ni ......
> —Parece alguien ......
> —Ni que fuera un ......

Tema de debate

¿Cómo influye el dinero en las personas? ¿Puede uno mantener sus principios o el dinero corrompe? ¿El dinero no da la felicidad?

El gallo de la veleta, recortado en una chapa de hierro que se cantea al viento sin moverse y que tiene un ojo sólo que se ve por las dos partes, pero es un solo ojo, se bajó una noche de la casa y se fue a las piedras a cazar lagartos. Hacía luna, y a picotazos de hierro los mataba. Los colgó al tresbolillo en la blanca pared de levante que no tiene ventanas, prendidos de muchos clavos. Los más grandes los puso arriba y cuanto más chicos, más abajo. Cuando los lagartos estaban frescos todavía, pasaban vergüenza, aunque muertos, porque no se les había aún secado la glandulita que segrega el rubor, que en los lagartos se llama «amarillor», pues tienen una vergüenza amarilla y fría.

Pero andando el tiempo se fueron secando al sol, y se pusieron de un color negruzco, y se encogió su piel y se les arrugó la cola, se les dobló hacia el mediodía, porque esa parte se había encogido al sol más que la del septentrión, adonde no va nunca. Y así vinieron a quedar los lagartos con la postura de los alacranes, todos hacia una misma parte, y ya, como habían perdido los colores y la tersura de la piel, no pasaban vergüenza.

Y andando más tiempo todavía, vino el de la lluvia que se puso a flagelar la pared donde ellos estaban colgados, y los empapaba bien y desteñía todo lo suyo, y cuando volvieron los días de sol tan sólo se veían en la pared unos esqueletos blancos, con la película fina y transparente, como las camisas de las culebras y que apenas destacaban del encalado.

Pero el niño era más hermano de los lagartos que del gallo de la veleta, y un día que no hacía viento y el gallo no podía defenderse, subió al tejado y lo arrancó de allí y lo echó a la fragua, y empezó a mover el fuelle. El gallo chirriaba en los tizones como si hiciera viento y se fue poniendo rojo, amarillo, blanco. Cuando notó que empezaba a reblandecerse, se dobló y se abrazó con las fuerzas que le quedaban a un carbón grande, para no perderse del todo. El niño paró el fuelle y echó un cubo de agua sobre el fuego, que se apagó resoplando como un gato, y el gallo de la veleta quedó asido para siempre al trozo de carbón (...).

Volvió el niño a su palangana y vio cómo había quedado en el fondo un poso pardo. A los días, toda el agua se fue por el calor que hacía y quedó tan sólo polvo. El niño puso el montoncito sobre un pañuelo blanco para ver el color y vio que el polvillo estaba hecho de cuatro colores: negro, verde, azul y oro.

De los cuatro polvillos usó el primero, que era el de oro, para dorar picaportes; con el segundo, que era azul, hizo un relojito de arena; el tercero que era verde, se lo dio a su madre para teñir visillos, y con el negro, tinta, para aprender a escribir. La madre se puso muy contenta al ver las industrias de su hijo, y en premio, lo mandó a la escuela. Todos los compañeros le envidiaban allí la tinta, por lo brillante y bonita que era, porque daba un tono sepia como no se había visto. Pero el niño aprendió un alfabeto raro que nadie comprendía y tuvo que irse de la escuela porque el maestro decía que daba mal ejemplo. Su madre lo encerró en un cuarto con una pluma, un tintero y un papel y le dijo que no saliera de allí hasta que no escribiera como los demás. Pero el niño, cuando se veía solo, sacaba el tintero y se ponía a escribir en su extraño alfabeto, en un rasgón de camisa blanca que había encontrado colgando de un árbol.

«Alfanhuí» R. Sánchez Ferlosio
(Texto Adaptado)

a)   *Consolidación gramatical*

(I) Completa las frases usando los pronombres necesarios y explica su función:

1.   No ...... molestes a mamá, está trabajando.
2.   Mi tía ...... ha marchado de vacaciones.
3.   ...... voy a comer ...... toda la ensalada.
4.   Si no ...... haces caso, ... voy ahora mismo.
5.   Ahora ...... acabo de acordar ...... de que tenía que pasar ...... por su casa para pedir ...... unos apuntes.
6.   Nunca ...... olvido de ...... que prometo.
7.   Nunca ...... olvido ...... que me dicen.
8.   Desde aquí ...... oye el tren pero no ...... ve.
9.   Tú ...... quedas aquí para esperar ...... a él.
10. Ya no ...... queda nada; esos tragones ...... han comido todo.
11. Yo no ...... tiré, ... cayó al suelo y ...... rompió.
12. Di ...... (a ella) que ...... esperamos en la Plaza.

(II) Además de la construcción con SE: Se vive bien aquí; hay otras formas de expresar la impersonalidad:

—3.ª persona del plural: Llaman a la puerta.
—La 2.ª persona del singular: **Te** matas a estudiar para que **te** suspen**dan**.
—La construcción haber que: Hay que comer para vivir...

Convierte las siguientes frases en impersonales:

1.   Ciertas personas dicen que cambiará el gobierno.
2.   Trabajamos a cambio de un jornal de hambre.
3.   Advertimos a los niños que no jugaran en la calle.
4.   Llamaremos la atención a los alumnos.
5.   Debido al frío, la gente no acudió a votar.
6.   En el extranjero, o nos adaptamos o nos morimos de nostalgia.
7.   Cambiaremos de táctica si queremos conseguir algo.
8.   Estamos a nuestras anchas en esta casa.

(III) Clasifica los pronombres que aparecen en el texto hasta «Pero andando...».

b) *VOCABULARIO*

(I) Si **negruzco** significa un color que tira a negro, di cómo se llama el color que tira a:

—Rojo.

—Azul.

—Amarillo.

—Verde.

—Naranja.

—Gris.

—Rosa.

—Violeta.

—Blanco.

Ahora, haz frases donde esos derivados tengan sentido.

(II) Completa las siguientes frases usando correctamente estos verbos: **Flagelar, empapar, chirriar, reblandecer, resoplar.**

1. La locomotora que conducía mi abuelo subía la loma ...... como un viejo asmático.
2. Sus lágrimas acabarán por ...... el duro corazón del viejo avaro.
3. Al frenar en seco para evitar el atropello, las ruedas ......
4. Cristo fue ...... antes de ser crucificado.
5. Para improvisar una luz (nosotros) ...... un algodón en alcohol.
6. Tenía una fuerte hemorragia, llevaba ...... varios vendajes.
7. Nos dimos cuenta de que había entrado porque la puerta ......
8. Sus artículos periodísticos ...... la actuación del gobierno sin piedad.
9. Deja de ...... no te vas a librar por ello del trabajo que tienes que hacer.
10. Podrás comer el pan duro si lo echas en leche y dejas que se ......

(III) Construye un diálogo usando las siguientes expresiones:

—Pasar apuro(s).

—Dar corte.

—Echarle jeta a la cosa.

—Me entra un canguelo...

—A mí me deja frío.

—Tú tienes más cara que espalda.

Tema de debate

¿A qué edad hay que obligar a los niños a aprender?

Félix Barco agitó su mano pequeña y morena, con las uñas negras, descuidadas en ademán de protesta:

—Jo, tío, eres la pera —volvió los ojos a Ayuso—: dos horas rompiéndonos la crisma y ahora al Diputado que no le gusta.

—Entiéndeme —dijo Víctor—: A mi juicio os enrolláis demasiado.

—Y ¿puedes decirme cómo le comes tú el coco al personal sin darle el coñazo?

Víctor frunció la frente pensativo:

—Muy sencillo —dijo al cabo—: con ideas concretas. A estas alturas de la campaña nadie se traga un rollo de éstos, así le den veinte duros.

Terció Carmelo:

—Creo que Víctor, lleva razón, estamos ahogando al pueblo en literatura; en mala literatura.

Víctor prosiguió imperturbable, como si nadie le hubiera interrumpido:

—Al lector sólo hay que decirle tres cosas, así de fácil: Primera, que vote. Segunda, que no tenga miedo. Y tercera, que lo haga en conciencia.

Félix protestó muy enfadado: —¿Y si la conciencia no coincide con nuestro programa—?

—Mala suerte.

Carmelo se inclinó nuevamente sobre la mesa, ordenó los folios con calma, golpeando el canto contra el tablero y, finalmente, los ojeó sin leerlos:

—Es demasiado —insistió—: a Dani tampoco va a gustarle esto.

—¡Ostras, que lo haga él! —voceó Félix Barco—.

—Tampoco es eso, coño.

Inopinadamente, a través de las rendijas del balcón, penetró en la estancia una voz lejana, metálica, que fue progresivamente aumentando, hasta llegar a la estridencia, sofocando todo otro rumor. En las pausas, entre frase y frase, se oía el zumbido de un motor. Paulatinamente, de la misma manera que surgió, el vocerío se fue alejando, apagándose, y la casa fue recobrando sus ruidos de fondo habituales. Ayuso comentó que los de la oposición no dejaban en paz al pueblo y Víctor asintió preguntando a su vez si conocían el sondeo del Instituto-Consulta.

Félix Barco dijo con suficiencia que sí:

—Habrás visto que hay mucho vacile, que todavía queda un cuarenta por ciento de indecisos en el país ¿no? Bueno, pues lo que interesa es decidirlos, ganárnoslos. ¿Con triunfalismo? Al contrario, con pocas palabras, con palabras sencillas, exponiendo nuestra verdad.

Ayuso puso una mano encima del brazo de Félix Barco —Vamos a dejarlo, tío y hagamos como dice el Diputado—. Víctor sonrió tenuemente:

—Tampoco creáis que gobernar ahora va a ser una pera en dulce.

Carmelo asintió, moviendo su impúdica calva. Félix Barco accionó sus pequeñas manos morenas y expresivas.

—También eres tú de los que piensan que ganar ahora sería la leche ¿no?, una especie de catástrofe.

—Tampoco es eso —respondió Víctor— pero procuro ser realista. —Vale— dijo Ayuso. Y sin consultar con Félix Barco cogió los folios los rasgó y los tiró. —Miró a Víctor con ojos apagados—: Lo enfocaremos como tú dices y punto.

«El disputado voto del señor Cayo»
Miguel Delibes
(Texto adaptado)

a) *Consolidación gramatical*

(I) Di qué funciones desempeña el **infinitivo** en las siguientes oraciones.

1. Me han declarado apto para **pasar** el curso siguiente.
2. **Saber amar** es mucho **saber**.
3. Se oye al perro **ladrar** a la luna.
4. Me molesta **escuchar** siempre lo mismo.
5. Los católicos van a misa las fiestas de **guardar**.
6. Se echó a **reír** como un loco.
7. Es una pregunta difícil de **responder**.
8. Me conformo con **llegar**.
9. Ya estás cerca de **conseguirlo**.
10. Tengo que **hacerlo** cuanto antes.

(II) Sustituye las frases en negrita por otras equivalentes con el verbo en forma personal.

1. Niños, **¡A dormir!**
2. **¡Hacerle** yo eso a una pobre viejecita!
3. **¿Llorar** él?
4. **A decir** verdad, salir por la noche no me gusta.
5. **Con tener** tanto dinero, no ha conseguido su propósito.
6. **Al llegar,** me lo encontré esperándome.
7. **¡Haberme avisado!**
8. **Además de hacerlo** mal, pretendes echarme a mí la culpa.
9. **Nada más verme,** vino a saludarme.
10. No sé **qué pensar**.
11. **Con haberme avisado,** sólo has conseguido estropear la sorpresa.
12. **De haber tenido** más tiempo, habríamos terminado el mueble hoy.

b) VOCABULARIO

(I) Completa las frases usando las siguientes palabras.

—Vocear.   —Romperse la crisma.
—Estridencia.   —Ademán.
—Tragarse un rollo.   —Dar el coñazo.
—Sofocar.   —Fruncir.
—Terciar.   —Suficiencia.

1. Siempre ...... el ceño cuando algo le daba vueltas en la cabeza.
2. Niño, no bebas tanta agua ahora, que estás ......
3. Aunque nadie me había preguntado yo ...... en la conversación para aclarar las cosas.
4. Todos están acostumbrados a tus mentiras y no van a ...... más, sobre tus faltas de asistencia.
5. Nadie duda de tus conocimientos pero a todos nos molesta tu aire de ...... al hablar.
6. Deja de ...... desde el balcón, baja a la calle y habla con él como una persona bien educada.
7. La ...... de su voz es capaz de romperle los tímpanos a cualquiera.
8. Cuando le dijo aquella barbaridad hizo ...... de darle una bofetada y luego se arrepintió.
9. Ya sé que hay que regalarle algo original porque tiene de todo; pero no se me ocurre nada por más que me ......
10. He tenido que dejarle el coche porque si no, me ...... hasta que le hubiera mandado a paseo.

(II) Sustituye la parte en negrita por una expresión equivalente.

1. Si no quieres prestarme el dinero lo robaré. —Hombre, **tampoco es eso**—, es que no tengo suficiente.
2. Tío, **eres la pera**, ¿cómo te has atrevido a decirle eso, sabiendo el carácter que tiene?
3. ¡Vamos, hombre! yo he trabajado aquí toda la vida, llega él y los demás no hemos hecho nada ¡**Esto es la leche**!
4. Oye, oye, vivir con tu hermana **no es ninguna pera en dulce**, a ver qué te has creído.
5. Había **así de gente** en la manifestación de ayer.
6. No lo hará **así le rompas** todas las muelas.

(III) Construye un diálogo incluyendo estas expresiones:

—¡Ostras!
—No me comas el coco.
—¿Por quién me has tomado?
—Tío, no me vaciles.
—Yo, paso de ......

Tema de debate

«¿Las democracias perfectas» producen hastío?
—Si no hay libertad la gente se interesa más en política ¿no?

Recabarren, tendido, entreabrió los ojos y vio el oblicuo cielo raso de junco. De la otra pieza le llegaba un rasgueo de guitarra...... Recobró poco a poco la realidad, las cosas cotidianas que no cambiaría nunca por otras. Miró sin lástima su gran cuerpo inútil, el poncho de lana ordinaria que le envolvía las piernas. Afuera, más allá de los barrotes de la ventana, se dilataba la llanura y la tarde; había dormido, pero aún quedaba mucha luz en el cielo. Con el brazo izquierdo tanteó hasta dar con un cencerro de bronce que había al pie del catre. Una o dos veces lo agitó; del otro lado de la puerta seguían llegándole unos modestos acordes. El ejecutor era un negro que había aparecido una noche con pretensiones de cantor y que había desafiado a otro forastero a una larga pavada de contrapunto. Vencido seguía frecuentando la pulpería, como a la espera de alguien. Se pasaba las horas con la guitarra pero no había vuelto a cantar; acaso la derrota lo había amargado, la gente ya se había acostumbrado a ese hombre inofensivo. Recabarren no olvidaría ese contrapunto; al día siguiente al acomodar unos tercios de yerba, se le había muerto bruscamente el lado derecho y había perdido el habla. A fuerza de apiadarnos de las desdichas de los héroes de las novelas concluimos apiadándonos con exceso de las propias; no así el sufrido Recabarren, que aceptó la parálisis como antes había aceptado el rigor de las soledades de América. Un chico de rasgos aindiados (hijo suyo, tal vez) entreabrió la puerta. Recabarren le preguntó con los ojos si había algún parroquiano. El chico, taciturno, le dijo que no; el negro no contaba. El hombre postrado se quedó solo.

La llanura bajo el último sol, era casi abstracta, como vista en un sueño. Un punto se agitó en el horizonte y creció hasta ser un jinete que venía o parecía venir a la casa. Recabarren vio el chambergo, el largo poncho oscuro, el caballo moro, pero no la cara del hombre, que, por fin, sujetó el galope y vino acercándose al trotecito. Recabarren le oyó chistar, apearse, atar el caballo al palenque y entrar con paso firme en la pulpería.

Sin alzar los ojos del instrumento, donde parecía buscar algo, el negro dijo con dulzura:

—Ya sabía yo, señor, que podía contar con Vd.

El otro, con voz áspera, replicó:

—Y yo con vos, moreno. Una porción de días te hice esperar pero aquí he venido.

El otro explicó sin apuro:

—Más de siete esperé yo sin ver a mis hijos. Los encontré ese día y no quise mostrarme como hombre que anda a las puñaladas.

—Ya me hice cargo —dijo el negro—.

El otro pidió una caña y la paladeó sin terminarla; explicó que a sus hijos les había dado buenos consejos, entre otros, que no derramaran la sangre del hombre.

Un lento acorde precedió a la respuesta del negro:

—Hizo bien. Así no se parecerán a nosotros.

—Por lo menos a mí —dijo el forastero y añadió como si pensara en voz alta—: Mi destino ha querido que yo matara y ahora, otra vez, me pone el cuchillo en la mano.

El negro observó que con el otoño los días se acortaban y el otro replicó que, con la luz que había, bastaba. Se puso en pie y ambos se encaminaron a la puerta. Se alejaron un trecho de las casas, caminando a la par. De pronto se miraron, se detuvieron y el forastero se quitó las espuelas. Ya estaban con el poncho en el antebrazo, cuando el negro dijo:

—Una cosa quiero pedirle antes que nos trabemos: que en este encuentro ponga todo su coraje y toda su maña, como en aquel otro de hace siete años cuando mató a mi hermano.

Acaso por primera vez en su diálogo Martín Fierro oyó el odio. Su sangre lo sintió como un acicate. Se entreveraron y el acero filoso rayó y marcó la cara del negro.

Hay una hora de la tarde en que la llanura está por decir algo; nunca lo dice o tal vez lo dice infinitamente y no lo entendemos, o lo entendemos pero es intraducible, como una música......

Desde su catre Recabarren vio el fin. Una embestida y el negro reculó, perdió pie, amagó un hachazo a la cara y se tendió en una puñalada profunda que penetró el vientre. Después vino otra y Fierro no se levantó. Inmóvil, el negro parecía vigilar su agonía laboriosa. Limpió el facón ensangrentado en el pasto y volvió a las casas con lentitud, sin mirar para atrás. Cumplida su tarea de justiciero, ahora era nadie. Mejor dicho era el otro: No tenía destino sobre la tierra y había matado a un hombre.

«El fin», en «Artificios»
Jorge Luis Borges (Texto adaptado)

a) *Consolidación gramatical*

(I) Verbos con extensión preposicional.

Completa las frases usando las preposiciones **A**, **CON** o **DE** según convenga.

1. Estoy tan harto de hacer el bobo en el trabajo que me limito ...... venir y cobrar.
2. Todavía no puedes prescindir ...... su ayuda.
3. Se resistía ...... pasar por las normas convencionales.
4. ¡Cómo vive! No se priva ...... nada.
5. Lo siento pero tus opiniones no coinciden ...... las mías.
6. Confrontando su declaración ...... la del acusado, vemos que éste decía la verdad.
7. Se cubrió la cara ...... las manos.
8. Con aquella intervención se cubrió ...... gloria.
9. Trata ...... ajustarte ...... las instrucciones que te han dado.
10. Se comprometieron ...... reconstruir el edificio en ruinas.

(II) Frases preposicionales:

Completa las frases usando las siguientes expresiones:

—A ciencia cierta   —Bajo cuerda   —De carretilla   —De refilón
—A destiempo   —Con creces   —De cuidado   —En tal caso

1. ¿No puedes venir? ...... lo dejaremos para otra ocasión.
2. He pagado ...... los errores que he cometido.
3. No sé ...... si lo hizo él, pero me parece sospechoso.
4. ¿Por qué hablas siempre ......?
5. Explicó ...... la lección.
6. Es un tipo ......, ándate con ojo.
7. Ganó el concurso porque dio dinero al jurado ......
8. Le dio un golpe ...... pero gritó como si le hubiera atacado violentamente.

b) *VOCABULARIO*

(I) Completa las frases usando las siguientes palabras:

—Barrotes   —Trabarse
—Tantear   —Amago
—Postrado   —Entreverar
—Paladear   —Embestida
—Acorde   —Contrapunto

1. Empezó a ...... su venganza mucho antes de que llegara el momento de ejecu-
    tarla.
2. Sus palabras fueron el ...... apropiado a lo que allí se había discutido.
3. Su gesto no estaba ...... con sus palabras.
4. ...... a sus pies, imploraba su perdón.
5. De momento no hay que preocuparse, esto sólo ha sido un ...... de infarto.
6. Antes de anunciarle mi decisión voy a ...... el terreno.
7. ...... (ellos) en una pelea que parecía no tener fin.
8. La última ...... del coche consiguió lanzar fuera de la carretera al vehículo don-
    de huían los ladrones.
9. ...... de la cama le hacían sentir como si estuviera en la cárcel, por eso odiaba
    aquel lecho.
10. No me gusta hablar con ella, siempre ...... en su charla críticas contra todo el
    mundo.

(II) Sustituye por otras expresiones, las que van en negrita.

1. No me expliques más, **me hago cargo**.
2. Su crítica **le servía de acicate**.
3. No le hagas caso, **está como un cencerro**.
4. Se puso a cantar y **le salió un gallo**.
5. Y ahora ¿**qué tripa se te ha roto**?
6. ¿Qué te pasa? **Tienes cara de pocos amigos**.
7. No insistas, **no se apeará de su burro**.

8. Si quieres que te entienda, **habla en cristiano.**
9. Le dije lo que pensaba y **se quedó de piedra.**
10. Mucho pedir y prometer y luego si te he visto no me acuerdo.

(III) Construye un diálogo con las siguientes expresiones:

—Saber de buena tinta.
—Como lo oyes ......
—¿A que no sabes......?
—¡No me digas!
—Hablar por hablar.
—Te lo digo yo.

Tema de debate

El destino. ¿Todo está escrito o existe el libre albedrío?

Creo haber dicho que soy muy tímido; por eso había pensado y repensado un probable encuentro y la forma de aprovecharlo. La dificultad mayor con que siempre tropezaba en esos encuentros imaginarios, era la forma de entrar en conversación. Conozco muchos hombres que no tienen dificultad para abordar a una mujer desconocida; yo siempre les tuve envidia, pues, aunque nunca fui mujeriego o precisamente por no haberlo sido, en dos o tres oportunidades lamenté no poder comunicarme con una mujer.

En esos encuentros imaginarios había analizado diferentes posibilidades. Conozco mi naturaleza y sé que las situaciones imprevistas y repentinas me hacen perder todo sentido a fuerza de atolondramiento y timidez. Había preparado, pues, algunas variantes que eran lógicas o por lo menos posibles.

La muchacha, por lo visto, solía ir a los salones de pintura. En caso de encontrarla en uno, me pondría a su lado y no resultaría demasiado complicado entrar en conversación a propósito de algunos de los cuadros expuestos.

Después de examinar esta posibilidad, la abandoné. Yo nunca iba a salones de pintura. Puede parecer extraña esta actitud en un pintor, pero tiene una explicación y si la expusiera todo el mundo me daría la razón. Pero estoy tan quemado que ahora vacilo mil veces antes de ponerme a justificar una actitud mía. Por eso no sé si valdrá la pena que explique en detalle este rasgo mío referente a los salones, pero temo que si no lo explico, crean que es una mera manía mía, cuando en verdad obedece a razones profundas.

Diré antes que nada, que detesto los grupos, las sectas, las cofradías, en general esos conjuntos de bichos que se reúnen por razones de profesión, de gusto o de manía semejante. Esos conglomerados tienen una cantidad de atributos grotescos: la repetición del tipo, la jerga, la vanidad de creerse superiores al resto.

¿Qué quiero decir con eso de «la repetición del tipo»? Habrán observado qué desagradable es encontrarse con alguien que a cada instante guiña un ojo o tuerce la boca. Pero ¿imaginan a todos esos tipos reunidos en un club? No hay necesidad de llegar a esos extremos, sin embargo: basta observar a las familias numerosas donde se repiten rasgos, gestos.....que parecen deformaciones, caricaturas, del rasgo original.

Quizás cosas así me pasen por ser pintor, porque he notado que la gente no da importancia a esas deformaciones de familia.

Algo parecido me pasa con esos malhadados infelices que pintan a la manera de un maestro, Picasso, por ejemplo.

Después está el asunto de la jerga, otra característica que no soporto. Basta examinar cualquiera de los ejemplos: psicoanálisis, comunismo, fascismo, periodismo. No tengo preferencias; todos me son repugnantes.

Sin embargo, de todos los conglomerados detesto particularmente el de los pintores. En parte porque es el que más conozco y ya se sabe que uno puede detestar con mayor razón lo que conoce a fondo. Pero tengo otra razón: los críticos. Es una plaga que nunca pude entender. Si yo fuera un cirujano, y un señor que jamás ha manejado un bisturí, ni es médico, ni ha entablillado la pata de un gato, viniera a explicarme los errores de mi operación ¿qué se pensaría? Lo mismo pasa con la pintura. Lo singular es que la gente no advierte que es lo mismo, y aunque se ría de las pretensiones del crítico de cirugía, escucha con un increíble respeto a esos charlatanes. Se podría aceptar si alguna vez hubieran pintado aunque más no fueran telas mediocres. Pero aun en ese caso sería absurdo, pues ¿cómo puede encontrarse razonable que un pintor mediocre dé lecciones a uno bueno?

«El túnel» Ernesto Sábato
(Texto adaptado)

a) *Consolidación gramatical*

(I) Verbos con extensión preposicional.

Completa las frases usando las preposiciones: EN, PARA, POR.

1. No quiero opinar ahora, prefiero reservar mi juicio ...... el final.
2. Han clasificado a los alumnos ...... su nivel de lengua hablada.
3. Está que no cabe de alegría porque la han designado ...... un trabajo muy especial.
4. Aunque le ha costado mucho, ha logrado integrarse ...... el grupo.
5. ¿Por qué te obcecas ...... tus opiniones?
6. El accidente le ha incapacitado ...... cualquier tipo de trabajo físico.
7. Los Reyes se han interesado ...... el estado de salud de los heridos.
8. Al final te recompensarán ...... tus desvelos.
9. Creo que podemos insertar ese artículo ...... la página dedicada a las opiniones del lector.
10. Ese partido político ha abogado ...... la abolición de la pena de muerte.
11. Ambos contendientes rivalizan ...... el primer puesto.
12. El tribunal se ha pronunciado ...... su total absolución.

(II) Frases preposicionales.

Completa las frases usando las siguientes expresiones:

—De par en par   —De raíz
—De antemano   —De relleno
—En falso   —En lo sucesivo
—En redondo   —En seco
—En su fuero interno —Sin rodeos

1. La enferma pidió al médico que le dijera la verdad ......
2. Por mucho que se lo rogamos, se negó ...... a participar.

3. No critiques la calidad de ese artículo del periódico, salta a la vista que lo han puesto ......
4. Lo miraba extasiada, con los ojos abiertos ......
5. Voy a pedírselo aunque sé ...... que me va a decir que no.
6. Ahora yo soy la directora y, ..., no quiero faltas de disciplina.
7. Nadie sabe cómo eliminar ese mal ......
8. El coche frenó ...... para evitar el atropello.
9. Has dado un paso ...... que nadie te va a perdonar.
10. Seguía sin apearse de su burro, pero ...... sabía que no tenía razón.

VOCABULARIO

(I) Completa las frases usando las siguientes palabras:

—Abordar.
—Atolondramiento.
—Conglomerado.
—Charlatán.
—Hacer guiños.

1. Tienes que tener mucho tacto para ...... ese tema en público.
2. No le hagas caso, no dice nada que valga la pena, es un ......
3. Trataba de ligar con una chica de la barra y le ...... que, vistos por los demás, resultaban cómicos.
4. Yo sé que has estudiado, pero con tu ...... habitual, has confundido las preguntas.
5. Este amigo tuyo es un ...... de contradicciones, no hay manera de entenderse con él.
6. Te voy a castigar, eres un ...... y molestas a tus compañeros con tus parloteos.
7. La luz me ...... como si quisiera transmitirme un mensaje cifrado que sólo yo pudiera entender.
8. El barco pirata ...... al galeón para sacar un buen botín.
9. En medio del ...... en que le había dejado el golpe que le dieron, no pudo reconocer a sus agresores.
10. Me parece difícil que lleguéis a poneros de acuerdo, en vuestro grupo hay un ...... de intereses que habría que clarificar primero.

(II) Busca expresiones sinónimas de las que van en negrita:

1. Me resulta difícil **entrar en conversación** con alguien.
2. No creo en la generosidad de sus intenciones, **estoy muy quemado**.
3. Ten cuidado con él, **es un bicho**.
4. Perdonadme, he vuelto a olvidarlo, es que **tengo la cabeza a pájaros**.
5. ¿Por qué **la has tomado conmigo**?
6. Cuando le di la noticia, **se quedó pasmado**.
7. Tú, o te pasas o no llegas. ¡**Ni tanto ni tan calvo**, hombre!
8. Lo que te ha pasado **te está muy bien empleado**.
9. ¡**Ahí va con la que sale**! Eso se avisa.
10. ¡**Ahí me las den todas**! Ese es tu lema de vida.

(III) Construye un diálogo usando las siguientes expresiones:

—Chico, es que me da corte......
—Anda, hombre......
—Lo más que puede pasar......
—Me pongo a temblar y ......
—No seas gallina......

Tema de debate

Comentar esta afirmación del poeta Gabriel Celaya:

«Maldigo la poesía
concebida como un lujo cultural
por los neutrales».

Esta afirmación puede extenderse a todo el arte.

Acabó mi hermano por ir a misa siempre, a oír a don Manuel, y cuando se dijo que cumpliría con la parroquia, que comulgaría cuando los demás comulgasen, recorrió un íntimo regocijo al pueblo todo, que creyó haberle recobrado. Pero fue un regocijo tal, tan limpio, que Lázaro no se sintió vencido ni disminuido.

Y llegó el día de su comunión, ante el pueblo todo, con el pueblo todo. Cuando le tocó el turno a mi hermano, pude ver que don Manuel, tan blanco como la nieve y temblando como tiembla el lago cuando le hostiga el cierzo, se le acercó con la sagrada forma en la mano y de tal modo le temblaba ésta al arrimarla a la boca de Lázaro, que se le cayó la forma al tiempo que le daba un vahído. Y fue mi hermano mismo quien recogió la hostia y se la llevó a la boca. Y el pueblo al ver llorar a don Manuel, lloró, diciéndose: «¡Cómo le quiere!».

Al volver a casa y encerrarme en ella con mi hermano le eché los brazos al cuello y besándole, le dije:

—¡Ay Lázaro, Lázaro! ¡qué alegría nos has dado a todos! ¡Y sobre todo a nuestra madre! ¿Viste? El pobre don Manuel lloraba de alegría. ¡Qué alegría nos has dado!

—Por eso lo he hecho —me contestó.

—¿Por eso? ¿Por darnos alegría? Lo habrás hecho ante todo por ti mismo, por conversión.

Y entonces Lázaro, tembloroso y pálido, me hizo sentarme y me dijo:

—Mira, Angelita, ha llegado la hora de decirte la verdad, porque a ti no puedo, no debo callártela y además habrías de adivinarla, y a medias, que es peor, más tarde o más temprano.

Y entonces me contó una historia que me sumergió en un lago de tristeza. Cómo don Manuel le había venido trabajando, sobre todo en aquellos paseos a las ruinas de la abadía, para que no escandalizase, para que diese buen ejemplo, para que se incorporase a la vida religiosa del pueblo, para que fingiese creer si no creía, para que ocultase sus ideas al respecto, mas sin intentar siquiera catequizarle, convertirle de otra manera.

—Pero ¿es eso posible? —exclamé consternada.

—¡Y tan posible, hermana, y tan posible! Y cuando yo le decía: «Pero es usted, el sacerdote, el que me aconseja que finja?» él, balbuciente: «¿Fingir? ¡Fingir, no! ¡eso no es fingir! Toma agua bendita, que dijo alguien, y acabarás creyendo». «¿Y usted, celebrando misa ha acabado por creer?», él bajó la mirada y se le llenaron los ojos de lágrimas. Y así es como le arranqué su secreto.

—¡Lázaro! —gemí.

—Entonces —prosiguió mi hermano— comprendí sus móviles y con esto comprendí su santidad, porque es un santo. No trataba, al emprender ganarme para su santa causa, arrogarse un triunfo, sino que lo hacía por la paz, por la felicidad, por la ilusión si quieres, de los que le están encomendados; comprendí que si los engaña así —si es que esto es engaño— no es por medrar. Me rendí a sus razones y he aquí mi conversión. Y no me olvidaré jamás del día en que diciéndole yo: «Pero, don Manuel, la verdad, la verdad ante todo» él, temblando, me susurró: «¿La verdad? La verdad Lázaro es acaso algo terrible, algo intolerable, algo mortal; la gente sencilla no podría vivir con ella». «Y ¿por qué me la deja entrever ahora, aquí, como una confesión?» le dije, y él: «Porque si no, me atormentaría tanto que acabaría gritándola en medio de la plaza, y eso jamás, jamás. Yo estoy para hacer vivir a las almas de mis feligreses, para hacerles felices, para hacer que se sueñen inmortales y no para matarlos. Lo que aquí hace falta es que vivan sanamente, que vivan en unanimidad de sentido, y con la verdad, con mi verdad no vivirían. Que vivan, ¿religión verdadera? Todas las religiones son verdaderas en cuanto hacen vivir espiritualmente a los pueblos que las profesan, en cuanto les consuelan de haber tenido que nacer para morir y para cada pueblo la religión más verdadera es la suya. ¿Y la mía? La mía es consolarme en consolar a los demás, aunque el consuelo que les doy, no sea el mío».

«San Manuel bueno mártir»
Miguel de Unamuno
(Texto adaptado)

Consolidación gramatical

(I) Verbos preposicionales.

Completa las frases usando los siguientes verbos:

—Dar a	—Estar para	—Hacer de
—Dar con	—Estar con	—Hacer por
—Dar (se) por	—Estar en	—Hacerse con
—Darle a uno por	—Estar de	—Hacerse a

1. Ya (yo) ...... la solución del problema y, la verdad, ahora no me parece tan difícil.
2. Naturalmente (yo) ...... los que piensan que no debe existir la discriminación entre los seres humanos.
3. Nunca hubiera imaginado que ella se comportara así, pero, claro, uno ...... todo.
4. Mira, estoy hasta las narices de tus quejas, te gusta ...... víctima y eso no lo aguanto.
5. No, no quiero vivir en una habitación que ...... un patio de luces.
6. ¿Quieres ese puesto? Lo puedes ...... conseguido, el director es íntimo amigo mío.
7. No, no he olvidado lo que me encargaste, ... ello.
8. Ahora a Juan ...... decir que nadie le comprende, no hay que hacerle caso, está como un cencerro.
9. (Tú) (imperativo) ...... enterarte de lo que ha ocurrido de una manera discreta.
10. Aunque ya (ella) ...... cinco meses, no se le nota nada.

11.   Ella ...... las riendas de la empresa a la chita callando.
12.   Hombre, hoy no ...... fiestas, no me vengas con tus planes maravillosos.

(II) Frases preposicionales.

Completa las frases usando las siguientes expresiones:

 —A carcajada limpia   —En balde
 —Con buen pie   —De un tirón
 —De balde   —De sopetón

1. Me soltó la noticia ...... y claro, me quedé boquiabierta.
2. Espero que empieces tu tarea ......, la primera impresión es muy importante.
3. ¡Qué bien me siento! He dormido toda la noche ......
4. Tú eres muy listo, se ve ¿crees que lo vas a conseguir ......?
5. Deseo de todo corazón que mis esfuerzos no hayan sido ......
6. Has entrado ...... en esta empresa, en tan poco tiempo nadie había conseguido tanto como tú.
7. Cada vez que abre la boca es para decir algo gracioso. Nos pasamos el rato ......
8. Así, ..., no se qué contestar, déjame que lo piense.
9. Dijo lo que tenía que decir ......, cosa extraña en él, que siempre se distrae con el vuelo de una mosca.
10. No le importa donde esté, cuando tiene que reírse lo hace ......
11. ¿Todo esto te lo han dado ......?
12. Puede hablar con propiedad de la cultura oriental, no ...... ha pasado casi toda su vida en Asia.

VOCABULARIO

(I) Completa las frases usando las siguientes palabras:

 —Hostigar   —Medrar
 —Vahído   —Profesar
 —Consternado   —Catequizar
 —Arrogarse   —Menudear
 —Encomendar   —Engatusar

1. Estos niños le ...... un cariño que tiene mucho de adoración.
2. No me gustan las personas que ...... a costa del esfuerzo ajeno.
3. Nadie puede ...... el derecho de decir lo que es bueno y lo que es malo.
4. El padre de este chico me ...... muy encarecidamente el cuidado de su hijo.
5. Fue un crimen abominable, que dejó ...... a la opinión pública.
6. Si le ...... de ese modo, se revolverá como un animal herido y verás de lo que es capaz.
7. Le dio un ...... y todos pensaron que estaba embarazada.
8. No te dejes ...... por su simpatía, es como una serpiente y te clavará el puñal en cuanto te descuides.
9. Sus palabras dulces y su encantadora sonrisa son capaces de ...... a cualquiera por muy firme que se crea.

10. Sus encuentros ......, lo cual hizo pensar a la gente que tramaban algo.

(II) Sustituye las palabras en negrita por otras de significado parecido:

1. No les digas esas cosas a los niños porque los **alborotas**.
2. **Se vanagloria** de haber llegado sola al puesto que ocupa.
3. Debemos **acatar** sus órdenes.
4. En el agua **pululan** seres microscópicos.
5. Le gusta **exhibirse** con ella, es uno de sus múltiples artículos de lujo.
6. Van a **inhumar** los restos del cadáver en el cementerio del Oeste.
7. Creo que has **extraviado** ese papel tan importante.
8. Su pasión por la música **raya** en la manía.
9. A pesar de lo bien hecho que está, todos hemos notado que ese fragmento ha sido **interpolado** en el texto original.
10. Uno de los miembros de la oposición **interpeló** al Ministerio del Interior sobre un asunto poco claro.

(III) Sustituye por otras o explica las expresiones en negrita:

1. ¿Sabes qué te digo? **¡Qué les den morcilla a las matemáticas!**
2. ¡Hombre! **A nadie le amarga un dulce.**
3. **¡Anda que no ha llovido desde entonces!**
4. Bueno, mujer, **menos da una piedra**.
5. **Ha pagado la novatada**, como todos al llegar.
6. Ya se sabe ¿no? **«el que tiene padrinos se bautiza y el que no...»**.

Tema de debate

El papel de la religión (cualquier religión) en el mundo.

No había razón alguna para que Carlos se enfadara con ella, ninguna razón para que se mostrara celoso y ofendido, y mucho menos para que se sintiera desdichado (esto sería lo peor), se había repetido Sara una y otra vez desde el momento en que «el otro», Diego, ese muchacho reservado y melancólico, la había despedido en el aeropuerto, besándola en el último instante, con una furia en él inesperada, abrazándola fuerte en un gesto que tenía algo de desolado, el abrazo de un niño al que abandona su mamá, Dios sabe por cuánto tiempo, acaso para siempre («no puedo prometerte nada», había puntualizado Sara precavida, «no puedo asegurarte siquiera que volvamos a vernos» y luego, tan sin motivo a la defensiva, «yo no te debo nada», y él sarcástico, de pronto, agresivo, «claro que no me debes nada, no hace falta que lo digas»). No había ante todo razón alguna para que ella, Sara, se sintiera culpable ante Carlos (como tampoco se sentía culpable ante este chico, ni entendía por qué no iban a poder seguir siendo felices los tres, ni entendía por qué iba a tener alguien que sufrir), nada que tuviera la fuerza suficiente para obligarla a simular, a ocultar, a mentir, odiando Sara desde siempre la simulación y la mentira, puesto que también con Carlos (con él más que con nadie) había quedado muy clara la situación años atrás, el día que se conocieron (y ella, Sara, había actuado arrastrada por ese peligroso arrebato de locura, esa pasión que rompe, incontrolada, las barreras y rompe con todo y lo atropella todo y lo arrasa todo, que pone el universo entero patas arriba, que nos impulsa a reaccionar y actuar y pensar y sentir como si fuéramos extraños a nosotros mismos —lo que en uno queda de sano y de sensato, anonadado e impotente ante la magnitud del estropicio— esa fiebre maligna que se llama amor y que nos hace a un tiempo tan injustos, tan malvados, tan inocentes, tan egoístas, tan desprendidos y magnánimos, tan terribles), todo acordado entre ellos dos, se había repetido Sara en el avión que la llevaba de una ciudad a otra, de un amor a otro amor —se dijo, con una sonrisa— y, sin embargo, al cumplimentar los trámites y recoger el equipaje en el aeropuerto desconocido y encontrarse con Carlos que la esperaba (curioso que hubiera ido a buscarla precisamente hoy, cuando no lo había hecho casi nunca en el curso de dos años), y que la besó, también él con vehemencia inusitada. Como si llegara Sara del otro extremo del mundo, donde la hubieran retenido prisionera contra su voluntad, como si hubieran pasado tiempo y tiempo separados, cuando, de hecho, sólo llevaban unos pocos días sin verse, los imprescindibles para que Carlos pudiera terminar aquí el trabajo que le habían encargado, y la estrechó también él en un apretado abrazo (cuando no tenía que temer él que Sara pudiera como un sueño desvanecerse, como un perfume evaporarse), se sintió la mujer incómoda y mal, y presintió que quizá contra toda lógica iba Carlos a sufrir, y contra toda lógica iba quizá ella a considerarse culpable.

Intentó decírselo en el coche pero se encontró a sí misma ansiosa y llena de reparos y vergüenzas, incapaz de enunciar que aquel chico que desde el principio le había caído tan mal, la había telefoneado y se habían visto, se encontró a sí misma farfullando titubeante: «he hecho algo que no te va a gustar» con vocecilla de niñita que ha cometido alguna fechoría, pero Carlos no entendió.

«Las sutiles leyes de la simetría»
Esther Turquets en «Doce relatos de mujeres»
(Texto adaptado)

Consolidación gramatical

(I) Verbos preposicionales.

Completa las frases usando los siguientes verbos:

—Andar tras	—Lucirse con
—Andarse con	—Ir para
—Andar en	—Ir con
—Correr con	—Tachar de
—Pasar por	—Valerse de
—Acertar a	

1. (Tú) ...... el cariño que te tengo para hacer tu santa voluntad.
2. Diciendo esas cosas en público, me ...... inmoral.
3. «El que la sigue, la consigue» y yo ...... ese sello tan raro hace años.
4. No ...... suspicacias y acepta lo que te ofrecen.
5. Se ofreció voluntario porque sabía que podía ...... su buen acento inglés.
6. Tiene todas las trazas de ...... alcalde, le falta el último empujoncito.
7. Aunque tus padres ...... todos los gastos, no está bien que abuses.
8. Yo tengo mis principios y jamás, óyelo bien, jamás, ... eso.
9. Se esconde de la policía porque ...... negocios sucios.
10. No, no salgo con ellos porque sus diversiones no ...... mi carácter.
11. Tú podrías ...... nativa perfectamente.
12. A pesar de mis esfuerzos no ...... comprender tus intenciones.

(II) Frases preposicionales.

Completa las frases usando las siguientes expresiones:

—Sin ton ni son	—En concepto de
—So pena de	—En definitiva
—A flor de	—De puntillas
—A rabiar	—Al vuelo
—A granel	—Al grano
—En depósito	—Aposta

1. Con todas las intoxicaciones que ha habido, yo no compraría aceite ......
2. No tengo el dinero, pero puedo dejarle una cantidad ......
3. ¿No te das cuenta de que dices las cosas ...... y la gente que no te conoce va a pensar que eres bobo?

4. Tendrá usted que hacer lo prescrito por la ley, ... pagar una elevada multa.
5. Deje de meter paja y vamos ......
6. No me digas ahora que lo sientes, sé perfectamente que lo has hecho ......
7. Es un peligro darle dinero si hay un bingo cerca, le gusta el juego ......
8. Entró .. ... en la habitación para que no oyera su marido a qué hora regresaba
9. Me han entregado esa cantidad ...... adelanto.
10. Puedes llamarme suspicaz, pero yo cazo ...... las indirectas.
11. No le piques demasiado, ha pasado un día terrible y tiene los nervios ...... piel.
12. Después de tantos esfuerzos, ..., sólo hemos conseguido granjearnos la enemistad de todos.

VOCABULARIO

(I) Completa las frases usando las siguientes palabras:

—Pegote   —Evaporar(se)
—Precavido   —Tener reparos
—Cumplimentar   —Farfullar
—Inusitado   —Fechoría
—Estrechar(se)   —Desolado
--Desvanecer(se)   —Estropicio

1. A su llegada al país, los Reyes fueron ...... por una delegación oficial.
2. Niño, ¿tú sabes el ...... que has hecho al romper todas esas figuritas?
3. Siente que ...... el círculo que la aprisiona.
4. Aquella comprensión ...... me pareció muy sospechosa.
5. Tú siempre has sido muy ......, me gustaría comprobar que puedes tener algún fallo.
6. Si no me lo prestaste de primera intención, hacerlo ahora es un ......
7. ...... toda esperanza de salvación con el diagnóstico emitido por los doctores.
8. Estas son ...... propias de niños de su edad, no hay que darles demasiada importancia.
9. La tierra, sin agua y bajo aquel sol, ofrecía un aspecto ......, desamparado.
10. Es capaz de cualquier cosa, no creo que ...... en decirle eso y mucho más si hace falta.
11. No me digas que el vino ...... porque sé que te lo has bebido tú.
12. Su timidez le hacía ...... lo que en otra ocasión hubiera sido un discurso brillante.

(II) Sustituye las palabras en negrita por otras:

1. Se pusieron a comer con gran **deseo**.
2. Cuando una está embarazada, debe satisfacer sus **deseos**.
3. Trabaja con **deseo** para lograr su objetivo.
4. El **deseo** de estar por encima de los demás acabará con él.
5. Su **deseo** de estar con él, es casi locura.
6. Ser mayor de edad es una **cosa** imprescindible para votar.
7. Recoge todas tus **cosas** y vete.
8. Tiene sus **cosas** de trabajo muy cuidadas.

9. Cuando oigo esa música me entra una **cosa** que no puedo explicar.
10. Tienes que recubrir el extremo de los cables con una **cosa** aislante.

(III) Sustituye por otras o explica las expresiones en negrita:

1. Hoy día nadie **guarda ausencia** a su pareja.
2. **No te hagas el longuis** y cumple lo que prometiste.
3. Mira, ¡**cómo se arrullan los tortolitos**!
4. Quiero hablar con **el que maneje este cotarro.**
5. No sé de qué te asombras. Eso **no es nada del otro jueves.**
6. **Cuando no es por pitos es por flautas,** nunca vienes a la hora.

Tema de debate

¿Son compatibles con una pareja estable las relaciones sexuales esporádicas? (Bien entendido, fuera de esa pareja estable).

A veces me entretengo en el supermercado observando a las amas de casa, que vacilan ante los estantes decidiendo qué comprar y me pregunto cuál de ellas es la que se va a suicidar ese día a las seis de la tarde. Esta costumbre me viene de un estudio médico, según el cual, las mujeres más felices de las democracias occidentales, al cabo de una vida fecunda de matriarcas evangélicas, después de haber ayudado a sus maridos a salir del pantano y después de haber formado a sus hijos con pulso duro y corazón tierno, terminan por suicidarse al atardecer.

Se han emitido desde siempre muchos juicios sobre la condición de la mujer y es difícil saber cuáles han sido los más certeros. Recuerdo uno feroz que habla del miedo a la inseguridad que tienen las mujeres, de su deseo de luchar contra cualquier catástrofe y para ello recurren al engaño, y se sirven de cualquier rapacidad con tal de mantener a salvo su hogar. Incluso afirma que, si la civilización hubiera estado en manos de las mujeres, seguiríamos viviendo en las cavernas. Por los tiempos en que conocí esta frase afirmé: «Todos los hombres son impotentes». Muchos, no pudiendo reprimir sus ímpetus machistas, me replicaron con denuestos que pueden resumirse así: «El ladrón juzga por su condición». Pienso ahora que en ambas frases lo único reprochable es la exageración. No hay duda de que los hombres podemos ser impotentes porque nos han enseñado que las mujeres esperan de nosotros mucho más de lo que somos capaces y ese fantasma inhibe a los tímidos y conturba a los arrogantes. En la frase sobre las mujeres, que en realidad fue atribuida a las del imperio romano, falta señalar el horror de esa condición que en nuestros tiempos conduce a tantas amas de casa a tomarse el frasco de somníferos a las seis de la tarde.

No hay nada más difícil, más estéril y empobrecedor que la logística de la casa. Creo que muy pocos hombres serían capaces de mantener el orden de la casa con tanta naturalidad y eficacia, y yo no lo haría por ninguna razón ni dinero de este mundo. En esa logística doméstica está el lado oculto de la historia que no suelen ver los historiadores. Para no ir muy lejos he creído siempre que las guerras civiles de Colombia en el siglo pasado no hubieran sido posibles sin la disponibilidad de las mujeres para quedarse sosteniendo el mundo de la casa. Los hombres se echaban la escopeta al hombro, y se iban a la aventura. Cómo estas mujeres sacaron adelante a sus familias sin ayuda, es algo que no figura en los libros de historia escritos por los hombres. En realidad en toda la polvorienta y mojigata Academia de la Historia de Colombia sólo ha habido una mujer, y tengo motivos para creer que vive intimidada por la gazmoñería de sus compañeros de gloria.

La explicación de que las mujeres terminen por suicidarse a las seis no es tan misteriosa como podría parecer. Ellas, que en otros tiempos fueron bellas, se habían casado muy jóvenes con hombres emprendedores, que apenas empezaban su carrera. Eran laboriosas, tenaces, leales y empeñaron lo mejor de ellas mismas en sacar adelante al marido con una mano, mientras que con la otra criaban a los hijos con una devoción que ni ellas mismas apreciaron. «Llevaban todo el peso de la casa encima». Sin embargo, aquel heroísmo, por agotador e ingrato que fuera, era una justificación de sus vidas. Lo fue menos cuando el marido empezó a cosechar solo los frutos de un esfuerzo común y lo fue menos aún cuando los hijos acabaron de crecer y se fueron de la casa.

Aquél fue el principio de un gran vacío. Al principio no comían solas: algunas amigas en iguales condiciones estaban ansiosas de acompañarlas. No obstante después de la siesta, de la peluquería obsesiva, de las novelas de televisión, sólo quedaba en el porvenir ese abismo de las seis de la tarde. A esa hora o se conseguían un amante de entrada por salida o se tomaban de un golpe un frasco de somníferos. Muchas hacían ambas cosas.

El comentario de los amigos sería siempre el mismo: «¡Qué raro, si tenía todo para ser feliz!». Mi impresión personal es que esas esposas felices sólo lo fueron en realidad, cuando tenían muy poco para serlo.

«Las esposas felices se suicidan a las seis»
G. García Márquez. (El País, 1982)
(Texto adaptado)

Consolidación gramatial

(I) La conjunción Y sirve para enlazar sintagmas paralelos, pero a veces esa función no está clara o no existe.

¿Puedes explicar qué valor tiene en las siguientes frases?

1. Se lo dije una y otra vez, y nada.
2. Se le sacude y caen bellotas.
3. Te lo explico y como si nada.
4. ¿Y esa salud?
5. Si yo fuera su madre, lo cogía por mi cuenta y ¡bueno!
6. Y usted que lo vea.
7. Le llamó idiota en su cara y ¡ahí fue Troya!
8. ¡Hala! Os dais un besito y tan amiguitos ¿eh?
9. ¿Y si no quiero, qué?
10. Se lo explicas y ¡Santas Pascuas!

(II) La conjunción PERO tiene valor adversativo. Sin embargo, no siempre la encontramos en esta función.

¿Puedes explicar qué valor tiene en las siguientes frases?

1. Eres **pero** que muy bueno.
2. Será pobre, **pero** honrada.
3. **Pero,** bueno, y eso ¿por qué?
4. **Pero,** pase usted, por favor.
5. **Pero** ¿a dónde vamos a parar?

(III) QUE puede tener muchas funciones.

¿Puedes explicar cuáles de ellas aparecen en las siguientes frases?

1. Los ruidos **que** llegan de la calle me molestan muchísimo.
2. Has sido tú el que lo ha hecho, **que** te conozco.
3. ¡Vete de aquí, **que** no te vea más!
4. **Que** no, hombre, **que** no, **que** eso no hay quien se lo crea.
5. No quiero **que** me hables, **que** sólo quiero oír tu silencio.

VOCABULARIO

(I) Completa las frases usando las siguientes palabras:

—Certero   —Mantener
—Recurrir   —Mojigato-a
—Rapacidad   —Gazmoñería
—Conturbar   —Tenacidad
—Sostener   —Empeñar(se)
—Apoyar

1. Para hacer una fiesta que todos recordaran como única (él), ... hasta la camisa.
2. De su ...... ha quedado constancia en ese trabajo que le ha llevado tanto tiempo.
3. La ...... de los prestamistas sólo es comparable a la de los buitres.
4. De un golpe ...... lo mató en el acto.
5. Para ...... esa línea de conducta hace falta algo más que buenas intenciones.
6. Dice que esas palabras hieren su sensibilidad, a mí me parece un ......
7. Todos necesitamos que nos ...... en nuestros proyectos e ilusiones, aunque sólo sea moralmente.
8. Está hecho polvo, ya no puede ni ...... la pluma entre los dedos.
9. Su manera de mirar me ...... a pesar de mi mucha experiencia.
10. Ya no sé a qué ...... para que este niño me haga caso.
11. (Ellos) ...... en hacerlo y lo harán, ¡son más cabezotas...!
12. Si algo me molesta de las «niñas bien» es su ......

(II) Sustituye las palabras en negrita por otra equivalente:

1. «[...] y en sus entrañas, **urden** sus telas las arañas».
2. ¿Qué estáis **tramando**? No será nada bueno cuando habéis puesto esa cara.
3. El libro que sacó del viejo baúl tenía las pastas **carcomidas**.
4. Colgaron los cuadros **en hilera**.
5. El viento **ha tronchado** los árboles recién plantados.
6. Parece mentira cómo está, lo miras y sólo ves un **despojo** humano.
7. Me miró con ceño **torvo** y recordé las películas de miedo.
8. Los que peleaban a veces **amagaban** un golpe para despistar al contrincante.
9. **Se amotinó** la tripulación y el capitán fue relevado de su cargo.
10. La lluvia **pertinaz** se extiende como un velo que quisiera ocultar la pobreza reinante.

(III) Sustituye por otras o explica las expresiones en negrita:

1. **Para zanjar toda esta historia,** voy a decirle cuatro cosas bien dichas.

2. Se lo he explicado de todas las maneras posibles y él sigue **erre que erre**.
3. Tú, sí que sabes, les das **una de cal y otra de arena**.
4. Cómo puede gustarte eso: **¡Eres más hortera...!**
5. No te preocupes, ha dicho que irá y **estará allí como un clavo**.
6. Un día me volveré serio y formal, pero luego **¡que me quiten lo «bailao»!**

Tema de debate

Los hombres y las mujeres, por el hecho de serlo, ¿necesitan «cosas» distintas para ser felices? Comenta el texto de García Márquez.

Nada hay que afecte tanto al ser humano, descomponiéndolo, como el hundimiento de sus más íntimas convicciones. El cuenta, conscientemente o no, con la caducidad de sí mismo y de sus sentimientos: cuando siega a su alrededor, la muerte le duele, pero no lo deshace, y el final de un amor lo desgarra. Pero si ese amor era más: un proyecto interminable, la luz nueva del mundo, y se concluye sin el comprensible seísmo de la muerte, el ser humano se anonada, porque no es sólo el amor, sino su entero mundo el que se tambalea; no es que quede imposible para el amor en adelante, sino para la vida y la fe en ella...

Una de las más profundas convicciones —si no la más— del hombre es el trabajo. Puede negarse a él, puede evitarlo, pero sabe que está oponiéndose a una ley que —se le ha repetido tanto, tanto— es natural. Yo desconfío de tal apelativo aplicado a las leyes morales. Creo que la naturaleza es más comprensiva y menos obligatoria de lo que se nos enseña. Sin embargo, hasta tal punto se ha insistido sobre la perentoriedad del trabajo del hombre, que la llevamos en la médula de los huesos y el alma. ¿Qué busca el hombre? Más o menos adornados, su pan y su pareja y su cubil. Desde la Creación hasta nuestros días, la vida consiste en hacerse a sí mismo a costa del trabajo, y escalar puestos y ascender a la cúspide y alcanzar la deslumbrante constelación del éxito. O sea, del trabajo es imposible huir. El hombre habita una sociedad edificada por el trabajo común, sobre el común trabajo; su tiempo hasta casi morir, se reduce a trabajar, comer y dormir lo indispensable para trabajar. Se ha hecho del trabajo el protagonista de este episodio que llamamos vida. Y si algún país sureño siente la necesidad de disminuir sus necesidades con tal de disminuir las fatigas que le vale el satisfacerlas, ya se encargan los laboriosos nórdicos de tacharlo de perezoso e indolente. Conclusión: del trabajo es imposible huir.

Pero ¿qué pasa cuando es el trabajo el que huye de los hombres? De unos hombres a los que machaconamente, se les empujó, hasta configurarlos por dentro y por fuera, a ser hombres de provecho, formales, hacendosos, dignos, a vivir con la frente muy alta, de aquello que se gane, a ser ejemplo de sus hijos, a alcanzar un salario decoroso y creciente. ¿Qué pasa cuando es cualquier trabajo, todo trabajo, el que huye de esos hombres? ¿Podrá extrañar entonces que los parados sufran trastornos físicos y síquicos? Es un mundo entero, una moral entera, una fe entera, un dogma, un culto enteros los que se bambolean, ¿y no se bamboleará la pobre mente humana, el corazón humano? Los parados no viven ya: desviven. Entre ansiedades, neurosis, astenias, úlceras gástricas, infartos, impotencia sexual, frigidez, desgana, infinita tristeza.

¿Quién es capaz de defender un orden en que hay campesinos sin campo y sin faena;

obreros sin jornal ni jornada; albañiles sin andamio y sin tajo; hombres con las manos inútiles, los ojos en el suelo, sin entender lo que ha ocurrido con el mundo de ayer y sus promesas, sin libertad, sin paz, sin dios, sin esperanza?

El drama de los hombres que no encuentran trabajo es el que apuñala a nuestra sociedad en el corazón de su corazón. No hay nada que destroce tanto al hombre como el hundimiento de una de sus pocas convicciones: el trabajo.

«En torno al paro»
Antonio Gala. (El País, 1982)
(Texto adaptado)

Consolidación gramatical

(I) Derivación de palabras.

Explica el sentido que tienen las siguientes palabras y haz frases usándolas:

1. Arroyuelo	4. Señorito	7. Amigote	10. Porrazo
2. Reyezuelo	5. Calentito	8. Palabrota	11. Ojazo
3. Locuelo	6. Fiestecita	9. Grandote	12. Bandazo
13. Puñalada	16. Hombrón	19. Blanducho	22. Cigarrillo
14. Limonada	17. Mandón	20. Feúcha	23. Durillos
15. Cucharada	18. Empujón	21. Casucha	24. Pobrecillo
25. Comedor	28. Penal	31. Poblacho	34. Bebedizo
26. Vendedor	29. Semanal	32. Vivaracha	35. Enfermizo
27. Tenedor	30. Parcial	33. Populacho	36. Pasadizo

(II) Preposiciones.

Coloca la preposición adecuada:

1. Es muy moreno ...... piel.
2. El grifo está pasado ...... rosca.
3. Lo han puesto ...... patitas ...... la calle.
4. Mañana, ... cenar, os haré algo especial.
5. Basta ...... el momento.
6. ...... esa pinta no te dejarán entrar.
7. ...... lo que fumas y el poco ejercicio que haces, tu resistencia es mínima.
8. No les contesté pero dije ...... mí que me las pagarían.
9. ...... su punto de vista, hemos obrado mal.
10. ...... su mirada me siento como un gusano.
11. ...... unos minutos de indecisión, todos reaccionaron ...... el unísono.
12. Había mucho trabajo y los camareros servían a los clientes ...... medias.
13. ...... su angustia no hay ningún remedio.
14. Aprobó el examen ...... todo pronóstico.
15. ¡...... ahí podíamos llegar!

VOCABULARIO

(I) Completa las frases usando las siguientes palabras:

—Caducar   —Esgrimir
—Perentorio   —Encajar
—Indolencia   —Suscitar
—Improbo   —Desaire
—Decorosamente   —Percatarse
—Bambolear(se)   —Radiante

1. Tendrá que pagar la multa en el plazo ...... de ocho días.
2. Amaneció un día ...... que combinaba perfectamente con su alegría.
3. Lo siento mucho, ya no puede presentar su declaración, el plazo ...... ayer.
4. Mi sueldo me permite vivir ......, pero sin grandes excesos.
5. Aprende, sí, pero le cuesta un trabajo ......; no es precisamente un niño inteligente.
6. Nadie ...... de que habían entrado algunas personas que no habían sido invitadas.
7. No vino a mi boda. ¡Menudo ...... me hizo!
8. Su presencia no ...... en aquella reunión.
9. Su aspecto exterior refleja la ...... de su carácter.
10. La torre de platos del malabarista ...... arrancando gritos del público.
11. Cuando habla, ... sus argumentos como si fueran armas.
12. Las medidas tomadas por el gobierno ...... un gran malestar en la opinión pública.

(II) Sustituye las palabras en negrita por varios sinónimos:

1. Estoy en un **atolladero** y no se cómo salir de él.
2. Los niños pequeños son una **pejiguera**, ¡que los cuiden sus padres!
3. Pisando la línea continua **ha trasgredido** el Código de Circulación.
4. Las clases pasivas son **onerosas** para el Estado.
5. **Ha reivindicado** el buen nombre de su familia.
6. No quiero valerme de mis **prerrogativas** para hacer que se me escuche.
7. No seas **pusilánime** y habla claramente con ella.
8. Nadie puede **sustraerse** a su encanto y simpatía.
9. Las nevadas en Salamanca son **esporádicas**.
10. Hablaba de una manera **incongruente**.
11. No se cómo decírtelo para que no **tergiverses** mis palabras.
12. Fue condenado por **suplantar** a otra persona.

(III) Sustituye por otras o explica las siguientes expresiones:

1. En el parque nuevo había gente **a porrillo**.
2. Puedes consultarle a ella tus dudas, sabe gramática **por un tubo**.
3. ¿No puedes callarte un momento? **Hablas hasta por los codos**.
4. El traje que me regalaste **me viene como anillo al dedo**.
5. Es que **tengo la negra**, nada me sale a derechas.

6. Parece mentira que ésta sea la casa de mi hijo, me siento **como gallina en corral ajeno.**

Tema de debate

¿El trabajo ennoblece o es una maldición? ¿Podríamos vivir sin trabajar?

CLAVE

1.ª PARTE

UNIDAD - 1

a) 1 - está llegando; 2 - se conservan; 3 - es... medirá; 4 - se abrió; 5 - iré; 6 - haz (harás); 7 - calla... otorga; 8 - es... me gustan / me están gustando; 9 - caigo; 10 - tendré... entregaré... podrás; 11 - te estoy hablando... estás prestando; 12 - ve y dile; 13 - estás afirmando / has afirmado; 14 - harás; 15 - te está quedando / te quedará... me lo regalarás.

b) 1 - menor; 2 - superior; 3 - mejor; 4 - superior / inferior; 5 - peor; 6 - superiores / inferiores; 7 - menor; 8 - mejor; 9 - mayor; 10 - mayor / menor... superiores / inferiores.

d) 1 - voy... llevo; 2 - va; 3 - venir... traer; 4 - venga / vaya... traeré / llevaré; 5 - vas... llévale. // P.- ...vas; L.- voy... venir; P.- voy; L.- voy... vienes; P.- voy... vengo; L.- tráeme; P.- ha llevado.

UNIDAD - 2

a) 1 - empezaremos; 2 - estaos callados (estaréis)... hablaré; 3 - se pica... come; 4 - ofrece... aceptaré; 5 - rompí; 6 - renuncia... dámelo y agradeceré; 7 - legalizó... duró; 8 - está trabajando; 9 - estoy diciendo... sé... soy; 10 -abriré... enfadarás; 11 - viaja (está viajando)... se está acercando... espera (está esperando); 12 - dijo... quería; 13 - cruza (cruzarás)... sigue (seguirás)... está; 14 - serán... estoy preguntando... presentaré; 15 - llámame... dime... podrás.

b) 1 - cuanto; 2 - que; 3 - de lo que; 4 - cuanto; 5 - que el que; 6 - de la que; 7 - que los que; 8 - de lo que; 9 - cuanto; 10 - que; 11 - que la de; 12 - que los de.

d) 1 - suéltate / recógete; 2 - recogerlas; 3 - quitó; 4 - coge; 5 - deja; 6 - he abandonado; 7 - he recogido; 8 - coge / quita; 9 - suelta; 10 - deja; 11 - quita; 12 - abandonaré.

UNIDAD - 3

a) 1 - mencionó; 2 - he dicho... equivocaste / has equivocado; 3 - me han gustado; 4 - pasó... se dio; 5 - ha pasado; 6 - he sabido... he venido // supe... vine; 7 - has enterado... ha casado; 8 - habéis respondido... habéis estudiado; 9 - quise... quedó; 10 - terminé; 11 - han luchado; 12 - me enfadé... dijiste... has disculpado; 13 - llegó... se sentó... pidió; 14 - has llegado... he preguntado; 15 -han sido... compré... desgravaron.

b) 1 - mínimo; 2 - ínfima / pésima; 3 - supremo... máximo; 4 - supremo; 5 - óptimos; 6 - ínfima; 7 - mínimo; 8 - mínimo; 9 - óptima; 10 - ínfima; 11 -pésima; 12 - máximo.

d) 1 - desempeñar / representar / interpretar; 2 - cometes; 3 - armando; 4 - conseguís / lográis; 5 - resolver / efectuar; 6 - componiendo; 7 - construyendo / levantando; 8 - formando; 9 - cumples; 10 - amasado / acumulado.

UNIDAD - 4

a) 1 - supiste / sabías... estaba... abrió / abría; 2 - di... tenías... vi; 3 - entró... salió / salía; 4 - estaba... pensé... esperaban... hacían... anunciaba (había anunciado); 5 - seguí... notó; 6 - quería; 7 - daba (daría)... podías (podrías); 8 - pegaba... mataba // pegó... mató; 9 - propuso... tenía; 10 - empecé / empezaba... frenó; 11 - dije... sabía / supo... pasaba... estaban; 12 -citó... entró; 13 - soñé... venía... llegó; 14 - podía; 15 - ocurría... me acercaba... se levantaba... se iba.

b) 1 - he trabajado; 2 - acabáis de llegar; 3 - llevo un año diciéndote; 4 - llevo trabajando; 5 - ha sido; 6 - acaban de decir; 7 - llevo defendiendo; 8 - acabo de explicártelo; 9 - han tenido.

d) 1 - faltan; 2 - hacen falta; 3 - fallar; 4 - te has equivocado; 5 - echo de menos; 6 - hacer faltas; 7 - hace falta; 8 - echo de menos; 9 - fallado; 10 - os habéis equivocado; 11 - hace falta; 12 - hace faltas / se equivoca; 13 - faltan; 14 - faltan.

UNIDAD - 5

a) 1 - nos dimos... habían desaparecido; 2 - habíamos decidido / decidimos... era; 3 - eran... había anochecido / anochecía; 4 - se repetía... se iba / se había ido... empezaban... daba; 5 - fue... habían concedido; 6 - habías llamado / llamaste; 7 había visto... acordaba... fui; 8 - habían recibido... entré; 9 - quedamos / habíamos quedado... se presentó; 10 - advertí / había advertido... había anunciado / anuncié; 11 - había preparado; 12 - Había soñado... se desarrolló / se desarrollaba; 13 - organizó / había organizado... estropeaste; 14 - estaba... se había entrenado; 15 - había visto; 16 - habías dicho / decías / dijiste... dije / decía.

b) 1 - nevaba... se suavizaba (habitual) / nevó... se suavizó (aquel año); 2 - aquel... causaron; 3 - me parecía / me pareció... estabas; 4 - llegó... propuso... seguimos... tiene; 5 - es / era... te mandan / te mandaban; 6 - había dicho / dije... gustaba; 7 - estaba... ocultaba / ocultó / había ocultado; 8 - había podido / pude... estaba... caía; 9 - estuviste... estropeaste // habías estado... estropeaste; 10 - aquel... propusimos / habíamos propuesto.

d) 1 - cuenta con; 2 - contiene; 3 - ofrece / pone a su disposición; 4 - posee; 5 - asumes; 6 - se me ocurre; 7 - consta de; 8 - dispones de; 9 - presenta; 10 - mide.

e) 1 - un cuarto; 2 - diez coma ocho por ciento de mil... ciento ocho; 3 - la raíz cuadrada de ciento cuarenta y cuatro es doce; 4 - tres elevado a la cuarta potencia es ochenta y uno; 5 - cero coma uno por ciento; 6 - la décima; 7 -diecisiete entre tres a cinco... dos; 8 - undécimo; 9 - décimo; 10 - dieciséis y diecisiete.

UNIDAD - 6

a) 1 - empezará... tendremos; 2 - habrás hecho; 3 - cambiarás... serás; 4 - tendrá; 5 - habrá cometido; 6 - harás; 7 - llamará / habrá llamado... serán / habrán sido... sentirán... vendrán / habrán venido; 8 - dirás; 9 - habrá dado; 10 - estarán... habrán salido; 11 - habrá hecho; 12 - serás; 13 - sabré; 14 - habrá anunciado; 15 - aceptaré... habrán hecho / harán.

b) 1 - lleva; 2 - trabajamos; 3 - te has levantado... has llegado; 4 - hablé... explicó; 5 - habrá oído; 6 - acosté / acostaría; 7 - se apagó... asustamos; 8 - sabía; 9 - era... tenía; 10 - has dicho... estaba.

d) 1 - está cargante; 2 - son una carga; 3 - hecho / dado un encargo; 4 - has cargado; 5 - cargar; 6 - tiene un cargo; 7 - te encargas; 8 - se cargó; 9 - hacerte / darte un encargo; 10 - he encargado; 11 - cargar; 12 - se ha cargado; 13 - cargarte; 14 - es una carga; 15 - está tan cargante.

e) 1 - para / hacia; 2 - en; 3 - a / para / hacia; 4 - en; 5 - a; 6 - a; 7 - hacia; 8 - para; 9 - para / hacia; 10 - contra / hacia; 11 - contra / hacia; 12 - sobre; 13 - a / hacia / sobre; 14 - por; 15 - por.

UNIDAD - 7

a) 1 - haría / habría hecho; 2 - tendrías; 3 - diría; 4 - habría ayudado; 5 - diría; 6 - haría / habría hecho; 7 - habrías reaccionado; 8 - sería; 9 - habría sido; 10 - querría; 11 - se portaría / se habría portado; 12 - habría acompañado; 13 - habrías salido; 14 - Podría... gustaría; 15 - habrías debido; 16 - habrían evitado.

b) 1 - aquel... serían; 2 - aseguraba... pagaría; 3 - habría hecho; 4 - sería; 5 - tendría... dices / decías... aparentaba; 6 - dejaría; 7 - importaría... llegara (-se); 8 - sabía... comprenderías; 9 - estaban... habrían llegado; 10 - Te recordé... al día siguiente empezarían; 11 - habría leído... parecía.

b₁) 1   { *Lo haré...* afirmo, aseguro que lo haré
{ *Lo haría...* no me molesta hacerlo *pero* hay algún inconveniente.

2   { *Será...* no me gusta. Ese objeto que me estás enseñando   } concesivas
{ *Sería...* no me gustaba. El objeto que tenías el otro día   }

3   { Para... lo *habrán terminado.* Acción futura anterior a la llegada del verano.
{ »   lo *habrían terminado.* Tenían la intención de terminarlo *pero* algo se
lo ha impedido (se sobreentiende: si hubieran [-sen] podido).

4   { No te *importará...* Pido cortésmente algo de lo que estoy *casi* segura.
{ Te *importaría...* Cond. de *cortesía.* Tengo más dudas sobre el hecho (observad
que si anteponemos *NO,* como en la frase anterior, cambia el sentido).

d) 1 - plantado; 2 - mete / guarda; 3 - han instalado; 4 - echan / dan; 5 - añadir; 6 - aparcarán / estacionarán; 7 - coloqué / aposté; 8 - Deja; 9 - Escríbame / anóteme; 10 - se escondió / se ocultó.

UNIDAD - 8

a) 1 - habré leído; 2 - habrá sido; 3 - hará / habrá hecho... hará / habrá hecho; 4 - habría visto; 5 - será / habrá sido; 6 - debería; 7 - resultaría; 8 - vendrían; 9 -

habré terminado; 10 - habrán aprendido... habrán visto / verán; 11 - habría corregido; 12 - llamaría... estarás; 13 - habrán salido; 14 - habrás hecho / harías; 15 - costará... costará.

b) 1 - lo habré perdido; 2 - habrá caminado; 3 - medirá; 4 - serán; 5 - sabría; 6 - me acostaría; 7 - habría caminado; 8 - habría estado; 9 - llegarían; 10 -habría.

d) 1 - rodear; 2 - date la vuelta; 3 - circular; 4 - rondando; 5 - gire; 6 - rodando; 7 - dar una vuelta; 8 - dando vueltas; 9 - te das la vuelta; 10 - se volvió; 11 - rodeó; 12 - rodarán; 13 - da vueltas; 14 - dale la vuelta; 15 - gira; 16 - circulan.

e) 1 - ante; 2 - en; 3 - desde; 4 - sobre / en; 5 - por; 6 - entre; 7 - a / por; 8 - del; 9 - bajo; 10 - tras; 11 - en; 12 - a / en; 13 - por / del; 14 - entre; 15 - desde.

UNIDAD - 9

a) 1 - viajaba... le gustaba... se sabe / se sabía... puede / podía... aquel era... había tomado... había pedido... se le pinchaba... podría... pararse... tendría... dice... se pondría... al día siguiente.
Un día después: creía que el día anterior lo había dejado... había metido... faltaba su... El día anterior resultaba... no tenía... tuvo / había tenido... su... se puso / se había puesto... había planeado.

b) 1 - El narrador le contó a P. que el canario de los niños *había amanecido* muerto *aquel día. Era* verdad que el pobre *estaba* muy viejo —se decía el autor—. El invierno último lo *había pasado* (...) y al entrar *aquella* primavera, cuando el sol *hizo / hacía* jardín la estancia y *abrían / abrieron* las rosas del patio, él *quiso* también... y *cantó* ...*era* quebradiza... El narrador siguió contando que el mayor de los niños que lo *cuidaba se apresuró* a decir que no le *había faltado* de nada. El autor repitió que no le *había faltado* nada, que el canario *se había muerto* porque sí. El autor preguntó a P. si *había* un paraíso (...). J. Ramón le dijo a P. que por la noche *bajarían* el pájaro al jardín, la luna *estaba entonces (...) parecería*... lo *enterrarían* y en primavera *verían*... *se pondría* y *habría*...

d) 1 - aprovecharte / abusar; 2 - benefician; 3 - aprovecharla; 4 - lo pasamos bien; 5 - abusar; 6 - he disfrutado / me he beneficiado; 7 - goza; 8 - lo pasamos bien; 9 - Disfruta / goza; 10 - aprovechar; 11 - aprovecharse; 12 - gozando; 13 - abuses; 14 - disfrutan / gozan; 15 - aprovecha.

UNIDAD - 10

a) Comenzaba / había comenzado... lograban... tenía... se asomó... vestía... estaba... miró... blanqueaba... se volvió.

b) Llegó... llegó... pude / podía... tiembla / temblaba... hostiga / hostigaba... acercó... temblaba / tembló... cayó... daba / dio... fue... recogió... llevó.

d) 1 - probado; 2 - ensayar; 3 - entrenar(se); 4 - ejercer; 5 - tratado; 6 - trata; 7 - practicar; 8 - ensayado; 9 - practicamos; 10 - ejercer; 11 - se entrena; 12 - inténtalo; 13 - prueba; 14 - probármelo; 15 - tratas.

e) 1 - habremos hecho; 2 - empezó / ha empezado; 3 - había ido; 4 - había (refugios); 5 - estaba; 6 - querían; 7 - entendíamos / entenderíamos; 8 - entendimos / hemos entendido; 9 - volvimos / hemos vuelto; 10 - somos; 11 -han compenetrado; 12 - ha llevado.

UNIDAD - 11

a) 1 - emigró / había emigrado... era... se empleó... era... explotaba... cambiaba... pidió... se habría reído / hubiera reído... servía... cedió... tuvo / tenía... fue / era... llegó... dedicó / dedicaba... concedían / habían concedido... Había... habría desistido / hubiera desistido... Hizo... se compró... concedían / conceden... se adiestró y esperó... salía / salió / había salido... aguardaba / había aguardado... puso... avanzó... vio... se aproximaba... se caló... apretó... podía... mantuvo... habrían sido / hubieran sido / serían... llegó... pudo... tuvo / tenía... empezó... Debió... exclamó... servirán... escapó... pudo... aplastó... es... gruñó... dejó... heredó... estaba... pagó... cobró... es... gustaría... conocen... dedicaron.

b) 1 - habría hecho; 2 - llamaría... cogí... habían colgado; 3 - sabrá; 4 - te pones... hay; 5 - imaginé... sería... gustó... dices (digo)... tienes (tengo); 6 - habían anunciado... pude; 7 - se habrá vestido; 8 - he comido / había comido; 9 - harías // habrías hecho / hubieras hecho; 10 - te he dicho.

UNIDAD - 12

a) 1 - Haz; 2 - mete y ponlas; 3 - oye; 4 - ven; 5 - ve y pregúntale; 6 - pídele y deja; 7 - vuelve; 8 - sal; 9 - ten y mira; 10 - di y guárdate; 11 - ríete; 12 -vístete; 13 - Huele; 14 - sé y pórtate; 15 - estate y suelta.

1 - haga (Vd.) / haced (vosotros); 2 - meta (Vd.) / meted (vos.) // póngalas (Vd.) / ponedlas (vosotros); 3 - oiga (Vd.) / oíd (vos.); 4 - venga (Vd.) / venid (vos.); 5 - vaya (Vd.) / id (vos.) // pregúntele (Vd.) / preguntadle (vos.); 6 - pídale (Vd.) / pedidle (vos.) // deje (Vd.) / dejad (vos.); 7 - vuelva (Vd.) /volved (vos.); 8 - salga (Vd.) / salid (vos.); 9 - tenga (Vd.) / tened (vos.) // mire (Vd.) / mirad (vos.); 10 - diga (Vd.) / decid (vos.) // guárdese (Vd.) / guardaos (vos.); 11 - ríase (Vd.) / reíos (vos.); 12 - vístase (Vd.) / vestíos (vos.); 13 - huela (Vd.) / oled (vos.); 14 - sea (Vd.) / sed (vos.) // pórtese (Vd.) / portaos (vos.); 15 - estese (Vd.) / estaos (vos.) // suelte (Vd.) /soltad (vos.).

1 - ...; 2 - Ha dicho que meta(-s)... las ponga(-s); 3 - ...oiga(-s); 4 - venga(-s) / vaya(-s) a verme (le); 5 - vaya(-s) y le pregunte(-s); 6 - ...le pida(-s) y deje(-s); 7 - ... vuelva(-s); 8 - ... salga(s); 9 - tenga(-s) y mire(-s); 10 - ... diga(-s) y se (te) guarde(s); 11 - ría(-s); 12 - se (te) vista(-s); 13 - ... huela(-s); 14 - sea(-s) y se (te) porte(-s); 15 - se(te) esté(s) y suelte(-s).

b) 1 - No tengas...; 2 - no abras; 3 - no te rías; 4 - no salgáis; 5 - no digas; 6 - no os estéis; 7 - no te pongas; 8 - no pidáis; 9 - no vayas; 10 - no hagáis; 11 - no oigáis; 12 - no me mientas; 13 - no huyáis; 14 - no lo cojas; 15 - no corrijas.

b₁) 1 - amarás / has de amar / tienes que amar; 2 - Debéis estudiar / a estudiar / hay que estudiar; 3 - vas / irás... le das / le darás; 4 - debes cambiar / tienes que cambiar; 5 - A comer / vamos a comer; 6 - A trabajar y sin protestar; 7 - ¿me pasas...?; 8 - Me dices...; 9 - ¿podría / podía...?; 10 - me prestarás.

d) 1 - de; 2 - desde; 3 - desde; 4 - de; 5 - desde; 6 - de; 7 - de; 8 - de / desde; 9 - de; 10 - desde.

e) 1 - *echar en cara* = reprochar. Ej.: Tú me ayudaste sin que yo te lo pidiera, por lo tanto *no me lo eches en cara*, ahora.
2 - *echar chispas* = estar muy enfadado; furioso. Ej.: He hecho un buen examen y me han suspendido, estoy que *echo chispas*.
3 - *echar una cana al aire* = permitirse una expansión o diversión desacostumbradas.

Ej.: Nunca sale por la noche, pero ayer volvió a casa a las 5 de la madrugada. De vez en cuando es bueno *echar una cana al aire.*

4 - *echar raíces* = adquirir compromisos o lazos para quedarse en un sitio. Ej. Para *echar raíces* aquí tendría que casarme y encontrar un trabajo fijo.

5 - *echar a perder* = estropear. Ej.: Tira el pescado, *se ha echado a perder;* los abuelos están *echando a perder al niño* con tantos caprichos.

UNIDAD - 13

a) 1 - gustaría... viéramos (-semos) // habría / hubiera gustado... hubiéramos (-semos) visto; 2 - hiciera (-se); 3 - se comportara (-se)... sabíamos; 4 - hicieran (-sen); 5 - hayas perdido... se ha oído; 6 - le espero / esperaré; 7 -me espere; 8 - pudieras (-ses); 9 - se alegre / haya alegrado; 10 - veáis; 11 -había bajado / estaba bajando; 12 - vayas; 13 - agradecemos... nos animes / hayas animado; 14 - vamos (van) / iremos (irán); 15 - se las dé / se las haya dado... coge; 16 - estábamos... dejaran (-sen); 17 - hubiera (-se) salido; 18 - tengamos; 19 - salgas; 20 - explicara (-se); 21 - lo haga / lo haya hecho /lo hiciera (-se); 22 - cumpliera (-se).

b) 1 - vayas; 2 - venga / viniera (-se); 3 - lo haga / lo hiciera (-se); 4 - cambie / cambiara (-se); 5 - lo diga / lo dijera (-se) / lo haya dicho / lo hubiera (-se) dicho; 6 - trabaja / ha trabajado / trabajará; 7 - aprendas / lo hayas aprendido tan pronto; 8 - vaya / fuera (-se); 9 - canten / hayan cumplido los 20 años; 10 - es / fue / ha sido / será fácil; 11 - me manden; 12 - venga / haya venido; 13 - lloviera (-se) / hubiera (-se) llovido antes; 14 - lo hagamos juntos / lo hayamos hecho solos; 15 - viniera (-se) solo; 16 - soy / vayas / fue un error / estabas equivocado; 17 - vinieras (-ses) / vengas; 18 - juega bien / ha jugado; 19 - vinieras (-ses) / hubieras (-ses) venido; 20 - soy / he sido.

d) 1 - dejar de; 2 - quitarle; 3 - acabarás por; 4 - acabamos a; 5 - acabo de; 6 - acabarás por / acabarás enfadándolo; 7 - dejé; 8.- dejado; 9 - dejaremos de; 10 - acabas (-n) de; 11 - acabar a; 12 - quitar; 13 - acabaré por / acabaré escribiendo; 14 - acabarás / has acabado; 15 - deja.

d₁) *Hacer la pelota* = Hacer o decir cosas amables para obtener buenas notas, un ascenso en el trabajo, cualquier tipo de beneficio. Ej.: *Le hace la pelota* al profesor descaradamente, menos mal que él no le hace caso.

H. novillos = No asistir a la clase sin razón justificada. Ej.: Ayer *hiciste novillos,* Hans, ¿dónde estuviste?

H. una faena = Hacer algo a otra persona que le molesta, que le causa perjuicio. Ej. Me habías prometido llevarme en tu coche y ahora te vuelves atrás, ¡qué faena! Ya no puedo pedírselo a otra persona.

H. manitas = Exp. familiar usada cuando una pareja se acaricia las manos, se coge de las manos. Ej.: El padre entró en la habitación y los encontró *haciendo manitas.*

H. el ganso = Comportarse de tal modo que se provoca la risa de los demás. Ej.: *Deja de hacer el ganso,* ya eres mayorcito para jugar a esas cosas.

H. el primo = Ser tan bueno que los demás abusan de esa bondad. Ej.: Está bien que ayudes a los demás pero tú exageras, *estás haciendo el primo* y nadie te lo agradecerá.

Hacerse el sueco, el tonto = Fingir que uno no entiende, no ha oído lo que otro ha dicho o pedido. Ej.: Me has entendido perfectamente, así que no *te hagas el sueco.* Hoy te toca fregar, sí, sí, te toca, no *te hagas el tonto.*

UNIDAD - 14

a) 1 - interesa / interesaba; 2 - sabes / sabrás... quiero / querría (=quisiera); 3 - hubieras (-ses) sacado / habías sacado (leng. hablada); 4 - tomaría / iba a tomarlo; 5 - servirá / ha servido; 6 - haya llegado; 7 - te moleste / molestará... vaya... me gusta;

8 - monta / montará // ha montado / habrá montado; 9 - te preocupes... pase; 10 - dijeron / habían dicho / decían; 11 - sería // ha sido / habrá sido; 12 - resulta / resultará / resultaría; 13 - leáis; 14 - fuera (-se) / sería; 15 - estás / estés; 16 - invita (-n); 17 - tuviera (-se) / tenía (lengua hablada); 18 - voy; 19 - es / ha sido / fue / será; 20 - haya sufrido / ha sufrido; 21 - me entretengo.

b) 1 - estás / estés // hayas estado / has estado // estuviste / estuvieras (-ses); 2 - está / ha llegado / vendrá; 3 - lo hace / lo hará // ha hecho / habrá hecho // hizo / haría; 4 - habla / ha llegado // puede ser / podrá ser; 5 - has progresado / tienes... / lo habías escrito ya; 6 - Vd. tiene / tenga / tendrá // tenía / tuviera (-se); 7 - estaba / estuviera (-se) // hubiera (-se) bebido / había bebido; 8 - llegaras (-ses) / llegarías; 9 - llegues; 10 - sabía / había pasado / dijeron; 11 - sé / pase / has dicho / me dijiste el otro día; 12 - estás / has llegado / lo harás / tuviste problemas / debería obligarte; 13 - ponerlo // estabas / habías ido / lo esconderías; 14 - sería posible / era posible / te había gustado; 15 -estabas aquí (leng. hablada) / estuvieras (-ses) // habías aprobado (leng. hablada) / hubieras (-ses) aprobado; 16 - lo haré / voy // vayas; 17 - es peligroso / será peligroso // seas prudente; 18 - hacerlo // lo haré / podría resultar; 19 - fuera (-se) / sería / era (leng. hablada); 20 - estaba / había ido / tendría.

d) 1 - sobrado; 2 - faltarán; 3 - dura; 4 - tardes; 5 - tarda; 6 - dejado; 7 - quedado; 8 - queda; 9 - dejado; 10 - falta / dejé; 11 - sobran; 12 - durando / tardando.

d₁) *No faltaría más* = Por supuesto. Ej.: ¿Me prestas tu bolígrafo? *No faltaría más.*
Sólo faltaba eso = Claro que no. Ej.: La profesora, además de enseñar a sus alumnas, tiene que ser su confidente y amiga íntima. *Sólo faltaba eso.* Yo seré amiga de quien quiera, no por obligación.
Se ha quedado de una pieza = sorprendido, paralizado. Ej.: Después de tantos años la han echado del trabajo y al recibir la noticia *se quedó de una pieza.*
Déjate de cumplidos = Aquí hay confianza, no uses tantas normas de cortesía con nosotros. *Déjate de cumplidos.*
Lo sé de sobra = muy bien. Ej.: *Sé de sobra* que mi presencia te molesta.
Aquí estamos de sobra = nuestra presencia no es necesaria. Ej.: Ellos pueden resolver sus problemas perfectamente, así que *estamos de sobra.*
¿Te quieres quedar conmigo o qué? = ¿Te estás burlando de mí? Yo no me creo que vaya a casarse ese tipo con una mujer tan inteligente, *¿te quieres quedar conmigo?*
Pepe y María se han dejado = han roto su noviazgo, su amistad, su relación.
Eso deja mucho que desear = Es bastante malo, mediocre. Ej.: Tú dices que esa novela te gusta, a mí me parece que *deja mucho que desear.*
¿En qué quedamos? = Ej.: Primero dices una cosa. Ahora otra, ¿sabes exactamente lo que quieres? *¿En qué quedamos?* ¿vamos al cine o no?

UNIDAD - 15

a) 1 - solucione / solucionara (-se); 2 - necesitaba; 3 - cure; 4 - haya resistido / resista / resistiera; 5 - interese; 6 - quiera... meta; 7 - vengan; 8 - haremos / hagamos; 9 - use; 10 - conforma... tiene // conforme... tenga; 11 - estime / estimara (-se); 12 - viera (-se)... han dado / habían dado; 13 - llegue / llega; 14 - controles... apetece / apetezca; 15 - encuentre; 16 - ha viajado / viaja; 17 - acabara (-se); 18 - manden / mandan; 19 - piensen / piensan; 20 - comporta / comporte.

b) 1 - me preocupan; 2 - me ayuden; 3 - explique; 4 - explica...; 5 - sea / sepa; 6 - buscabas; 7 - me moleste; 8 - no tengan...; 9 - sea capaz; 10 - hará / haga; 11 - nos hizo; 12 - viva / viviré; 13 - estudiaran (-sen); 14 - estudiaron / habían estudiado; 15 - lo prepares; 16 - lo preparaste / habías preparado / cantaba; 17 -quieran...; 18 - deseen...; 19 - no necesiten / hayan leído.

c₁) 1 - pero; 2 - si no; 3 - pero; 4 - sino; 5 - sino; 6 - pero; 7 - si no; 8 - sino; 9 - si no; 10 - sino; 11 - sino; 12 - sino.

UNIDAD - 16

a) 1 - llegas; 2 - llegaste; 3 - llegues; 4 - lo aprendas / hayas aprendido; 5 - se supo; 6 - diéramos (-semos) / hubiéramos (-semos) dado; 7 - mandara (-n) (-sen); 8 - pida (-n); 9 - sepa; 10 - cobraste; 11 - estudia / estudie; 12 - trabaje / trabaja; 13 - hiciste / habías hecho; 14 - deis; 15 - corre y salta // corra y salte; 16 - esfuerces / esfuerzas; 17 - gritéis; 18 - trabajó / trabaja / trabajara (-se); 19 - tiene / tenga... sea; 20 - parezca; 21 - vayas; 22 - sea / fuera (-se).

b) 1 a) me ponía... se iban;
      b) me pondré... se vayan.
    2 a) llovía... se metía;
      b) llueva... se meterá.
    3 a) conocía... le contaba;
      b) conozca... le contará.
    4 a) iban llegando... iban sentándose;
      b) vayan llegando... irán sentándose.
    5 a) avanzaba... tenía;
      b) avance... tendrá (-dré).

b₁) 1 a) estaba... adelgazaba;
      b) esté... adelgazará;
      c) estuviera (-se)... adelgazaría.
    2 a) trabajaba... ganaba;
      b) trabaje... ganará;
      c) trabajara (-se)... ganaría.
    3 a) explicabas... entendía;
      b) expliques... entenderé;
      c) explicaras (-ses)... entendería.
    4 a) era... decía;
      b) sea... dirá;
      c) fuera (-se)... diría.
    5 a) decía... estaba;
      b) diga / dice... estará;
      c) dijera (-se)... estaría.

b₂) 1 - después de que se marchó; 2 - sabes / sepas; 3 - llegamos; 4 - estudies; 5 - pidas; 6 - llegue.

d) 1 - date prisa; 2 - corren; 3 - metas; 4 - tengo / llevo; 5 - metes; 6 - llevo / tengo; 7 - corre; 8 - damos.

d₁) *dar coba* = lisonjear de manera insincera e interesada; a veces para burlarse. Ej.: ¡Qué maravilla de coche! ¡No he visto otro igual! Bueno, no me des coba, te dejaré dar una vuelta en él, hombre.

dar la lata, la paliza, la vara a alguien = molestar, fastidiar, insistir hasta el cansancio. Ej.: No me des más la lata (la paliza), estoy harto de ti y de tus manías.

dar pie a, para = propiciar, ofrecer una ocasión. Ej.: Con tu silencio das pie a que crea que estás de acuerdo con su opinión.

darse aires de = actuar con superioridad. Ej.: Desde que lo han nombrado jefe de departamento se da unos aires... No hay quien lo aguante.

darse una paliza = Trabajar mucho para hacer algo en poco tiempo. Ej.: Este fin de semana he limpiado toda la casa, me he dado una paliza tremenda.

dar(se) de alta, de baja = Inscribir(se) / Borrar(se). Ej.: Voy a darme de alta en el Ayuntamiento. No puedo pagar la cuota mensual del club, voy a darme de baja.

darse por contento = conformarse. Ej.: Me doy por contento si vienen la mitad de los que se han inscrito.

darse bien / mal una cosa = tener / no tener facilidad para hacerla. Crecer algo con facilidad. Ej.: A mi hermano siempre se le han dado bien las matemáticas. Los plátanos no se dan bien en esta zona.

UNIDAD - 17

a) 1 - dicen / han dicho / digan; 2 - quieres; 3 - sabía; 4 - sepas; 5 - parece; 6 - parecía; 7 - llamen; 8 - fuiste; 9 - vayas; 10 - baño; 11 - salía; 12 - permiten; 13 - tenga; 14 - esté; 15 - fuera (-se); 16 - sea / fuera (-se) / hubiera (-se) sido; 17 - come / coma; 18 - corregía / corrigiera (-se); 19 - ponía / pusiera (-se); 20 - te gusta / te guste.

b) 1 - desde; 2 - en... a; 3 - entre; 4 - de... a; 5 - con / al; 6 - desde; 7 - en; 8 - a; 9 - entre; 10 - De... a; 11 - a; 12 - con; 13 - en; 14 - en; 15 - a.

d) 1 - confesó / admitió; 2 - sostiene / pretende / afirma / presume de que / se jacta de que; 3 - expresar / manifestar / exponer; 4 - Ha declarado / ha denunciado; 5 - pidió / rogó / suplicó / imploró; 6 - Me reveló / contó / me descubrió; 7 - enumerarte; 8 -pronunció; 9 - alegar / dar / aducir / invocar; 10 - Ha notificado / ha comunicado; 11 - protestó / se lamentó / censuró / les reprochó; 12 - repitió / reiteró; 13 - comentando /cuchicheando; 14 - murmures / critiques a los demás; 15 - soltó.

d₁) 1 - ocho grados sobre cero... a las catorce... un grado sobre cero / bajo cero a las tres treinta; 2 - Dos tercios... tercio; 3 - Mil novecientos ochenta y tres... cero coma uno por ciento; 4 - de nueve treinta a una treinta, de cuatro y cuarto a siete cuarenta y cinco (u ocho menos cuarto); 5 - cinco, siete cuarenta y cinco (u ocho menos cuarto) y a las once menos cuarto (o diez cuarenta y cinco).

UNIDAD - 18

a) 1 - compramos; 2 - quería... podía / podría; 3 - veía... entraba; 4 - has visto; 5 - observaste... debiste / habrías (hubieras) debido // hubieras (-ses) observado... debiste / habrías (hubieras) debido; 6 - iba... era / es // fue... era / es; 7 - tuviera (-se); 8 - hay; 9 - durara (-se)... cabrían (-mos); 10 - hubieras (-ses) escuchado... harías / habrías hecho (hubieras hecho);11 - hubiera (-se) nevado... haría; 12 - fuera (-se)... habrían (hubieran) robado; 13 - hubiera (-se) dicho... habría (hubiera) vuelto // dijera (-se)... volvería; 14 - cambiabas... tomarían; 15 - molestó... era / fue // molesta... era / fue; 16 - te he prohibido... habrá sido / será // prohíbo... será // prohíbí... fue / sería; 17 - habéis trabajado... haréis // hubierais (-seis) trabajado... haríais / habríais hecho / hubierais hecho; 18 - tuvieras (-ses)... habrían (hubieran) echado; 19 - habías pensado... dijiste // has pensado... has dicho // pensabas... decías / dijiste; 20 - había pasado / pasaba... estaba... se emborrachaba; había tenido / tenía... se ponía... bebía; hubiera (-se) informado... habría (hubiera) empezado... sería.

b) 1 - la... una; 2 - Ø... unos; 3 - una / Ø... al... los; 4 - la; 5 - un / el; 6 - el... unos; 7 - los... la... unos / Ø... la; 8 - el... una; 9 -una; 10 - la... la... el... una... un; 11 - el... Ø... Ø; 12 - el... la; 13 - un; 14 - un; 15 - Ø / un.

d) 1 - hace media hora que trata...; 2 - es dos años mayor que yo; 3 - ...sobra una; 4 - se entienden muy mal; 5 - he estudiado 15 lecciones; 6 - cobrar; 7 -cuesta mucho tiempo; 8 - me han dado / he pasado; 9 - sufre / soporta; 10 -maneja / dirige / controla.

UNIDAD - 19

a) 1 - des; 2 - aprendas... se hacen; 3 - llegues... haya; 4 - prestes; 5 - te portes // has portado; 6 - te estés; 7 - insista... cuentes; 8 - pidas; 9 - asistas; 10 - entienda; 11 - se enteren; 12 - rompa; 13 - den; 14 - dejes; 15 - hagas // has hecho; 16 - tengas;

17 - prefieras; 18 - seas / fueras (-ses); 19 - tuvieras (-ses); 20 - aprendieras (-ses)...
fueras (-ses).

b)   1 - A menos que / a no ser que / como no hagas; 2 - con tal de que tú estés; 3 - con
que / con tal de que... me lo empiece; 4 -...mientras no te pregunten / salvo que te
pregunten; 5 - siempre que tengas; 6 - como no pagues; 7 -siempre que tengas / de
tener tiempo; 8 - como no pongas / excepto que pongas / salvo que pongas; 9 - con
que le regales; 10 -en caso de que se estropee / estropeara (se).

d)   1 - hacia / sobre; 2 - tras; 3 - hacia / para / por / sobre; 4 - por; 5 - Ø / por; 6 - para /
hasta; 7 - para; 8 - hasta; 9 - tras; 10 - para / hasta (por no indica tiempo sino *causa*);
11 - por; 12 - hacia; 13 - hasta; 14 - por; 15 - para / hasta; 16 - hasta; 17 - por / hacia; 18 - para / por; 19 - hacia / sobre; 20 -por.

e)   1 - me conformo con; 2 - consta de / se compone de; 3 - consiste en; 4 - consta de;
5 - me   consta;   6 - adapto   /   amoldo;   7 - consiste   en;.   8 - consta
de / se compone de; 9 - se compone de; 10 - confórmate con; 11 - adaptarte a /
amoldarte a; 12 - amoldarte / adaptarte; 13 - consta; 14 - conste; 15 - se compone
de / consta de.

UNIDAD - 20

a)   1 - vale; 2 - se puede; 3 - vaya; 4 - necesitáis; 5 - has hecho; 6 - cierra; 7 - sabes /
sabías; 8 - estaban; 9 - oigo; 10 - crees; 11 - diera (-se); 12 - tengamos; 13 - pongan /
hayan puesto; 14 - presta / ha prestado; 15 - gusta; 16 - teníamos; 17 - tiene;
18 - apetece... manden; 19 - digas... es; 20 - podía.

b)   1 - para aprender; 2 - no cambia; 3 - que viniera (-se); 4 - que lo contara (-se); 5 -
no cambia; 6 - no cambia; 7 - que no dijeras (-ses); 8 - no cambia; 9 - no cambia;
10 - para sacar; 11 - no cambia; 12 - quiero tener.

c)   1 - el... Ø; 2 - Ø... Ø; 3 - Ø; 4 - el... una; 5 - Ø... un; 6 - un... un... la; 7 - Ø; 8 -
un... Ø; 9 - el... Ø; 10 - Ø; 11 - un... Ø / los... Ø / los; 12 - un; 13 - el... Ø / un...
una; 14 - la... lo; 15 - el... uno.

e)   1 - devuelvas; 2 - se volvió; 3 - envolver (me); 4 - se desenvuelve, (me, te) desen-
vuelvo (-es); 5 - revuelvas; 6 - desenvolver; 7 - volverme; 8 - devolvió; 9 - revuel-
ven; 10 - envuelve; 11 - devuelvan; 12 - se desenvuelve; 13 -vuelvas; 14 - vuélvete;
15 - vuelvo.

UNIDAD - 21

a)   1 - arruine / arruinara (-se); 2 - haya aprobado; 3 - hubiera (-se) estudiado // estudia-
ra (-se); 4 - tuviera (-se); 5 - os divirtáis; 6 - mejores; 7 - fuera (-se); 8 - iba; 9 - pudiera (-se); 10 - habla; 11 - puede / ha podido / habrá podido... se ha enterado / habrá enterado / haya enterado; 12 - sabe / sabrá; 13 - haya / hubiera (-se); 14 - recuerde; 15 - es / ha sido; 16 - se va... se vaya; 17 - hagan; 18 - viva... viva // viviera (-
se)... viviera (-se); 19 - hiciera (-se)... hiciera (-se); 20 - llueva... nieve; 21 - guste;
22 - callas... vas; 23 - casa... case; 24 - haya dicho; 25 - seas.

b)   1 - tenga; 2 - hables; 3 - tenga; 4 - bien; 5 - eres; 6 - vienes; 7 - bien; 8 - duerme;
9 - explicaras (-ses); 10 - fueras (-ses); 11 - hará / hace; 12 - va / irá / va a ir;
13 - bien; 14 - vaya donde vaya; 15 - bien.

d)   1 - viva; 2 - arreglo; 3 - esperaba; 4 - dice; 5 - des (-n); 6 - seas; 7 - tenía (-s); 8 -
preparas; 9 - estaba / está / ha estado; 10 - llevan.

e)   1 - me he entretenido; 2 - mantener; 3 - detuvo; 4 - atente; 5 - sostienen; 6 - contener; 7 - retenerme; 8 - contener / detener; 9 - se entretiene; 10 - sostenerle; 11 -
mantenerse; 12 - me atengo / me he atenido; 13 - han retenido / retuvieron; 14 - con-
tente; 15 - se mantiene.

UNIDAD - 22

a) 1 - creyera (-se)... hacía // hubiera (-se) creído... había hecho; 2 - vayan... echan; 3 - se enfadara (-se) / hubiera (-se) enfadado... había dicho; 4 - he explicado / expliqué... viene / vendrá / vendría... repasemos... repasáramos; 5 -paguen... prestaste; 6 - se atrevió / ha atrevido... respetan / respetaban; 7 - conoces / has conocido... quiera / quisiera (-se)... obliguen / obligaran (-sen); 8 -piensen / hayan pensado... se inscriban; 9 - dices / digas... engañarás / has engañado / engañas; 10 - diga... haga; 11 - diga (-s)... es; 12 - recibas / hayas recibido; 13 - volvió; 14 - cueste / cuesta / haya costado... necesita; 15 - quieras; 16 - parezca / haya parecido / pareciera (-se); 17 - parece / parezca... hacen; 18 - mire; 19 - fuera (-se) / hubiera (-se) sido; 20 - se lo cuentes; 21 -ayudes... quieres (-n)... haga (-mos); 22 - estaba... era; 23 - compraste / habías comprado; 24 - invites (-n); 25 - hagas; 26 - haré (-mos)... pensaba / había pensado; 27 - sustrae; 28 - conozco... me doy; 29 - supiera (-se) / hubiera (-se) sabido; 30 - fuera (-se); 31 - pones... fueras (-ses); 32 - marchas... quedas; 33 - marches... quedes; 34 - tengáis... seais; 35 - gustaba.

b) 1 - Ø... Ø... la; 2 - las... Ø; 3 - la... Ø / la; 4 - Ø; 5 - una / Ø; 6 - el... Ø; 7 - la... Ø; 8 - un... el; 9 - el; 10 - el... el... el...; 11 - el... Ø / un; 12 - un... un.

c₁) 1 - te fuiste; 2 - sales / salgas; 3 - ha parecido; 4 - visto... veas; 5 - pongas; 6 - sabes.

d) 1 - acogió; 2 - sobrecogen; 3 - encoja; 4 - recoge; 5 - encogido; 6 - recoges; 7 - sobrecogido; 8 - acogido; 9 - recoger; 10 - encogió; 11 - acogieron; 12 - recoger; 13 - recoge.

UNIDAD - 23

a) 1 - es; 2 - son; 3 - está (-n)... es; 4 - fue; 5 - estaré; 6 - son... estoy; 7 - estamos... es; 8 - es; 9 - estamos; 10 - está; 11 - es... está; 12 - está... es; 13 -era; 14 - es; 15 - es... es (la actitud) / está (Pepe); 16 - está; 17 - es; 18 - están; 19 - es / era / fue / será; 20 - estás; 21 - eres; 22 - está... es; 23 - estará; 24 - es; 25 - es.

b) 1 - ambas correctas: 1.ª: la vida es así / 2.ª: las cosas han evolucionado hasta llegar a este punto; 2 - ambas correctas: 1.ª: tu carácter / 2.ª: te ha pasado algo y por eso esta tarde, hoy te comportas así; 3 - 1.ª: incorrecta / 2.ª: correcta; 4 - 1.ª: correcta / 2.ª: incorrecta; 5 - 1.ª: incorrecta / 2.ª: correcta; 6 - 1.ª: correcta / 2.ª: incorrecta; 7 - 1.ª: correcta / 2.ª: incorrecta; 8 - ambas correctas: 1.ª: tu carácter / 2.ª: hoy te comportas así, de una manera poco usual o bien tu carácter se muestra especialmente pesado; 9 - ambas correctas: 1.ª: ¿te portas bien? / 2.ª: ¿ya no estás enfermo?; 10 - ambas correctas: 1.ª: carácter / 2.ª: ha recibido una buena noticia o bien está más alegre de lo habitual; 11 - ambas correctas: 1.ª: cosa rara en ti, que habitualmente no hablas / 2.ª: como de costumbre; 12 - 1.ª: correcta / 2.ª: incorrecta.

d) 1 - a; 2 - Ø; 3 - al; 4 - Ø; 5 - Ø; 6 - a; 7 - Ø; 8 - Ø; 9 - al; 10 - a; 11 - Ø / a; 12 - a; 13 - Ø; 14 - a; 15 - Ø.

e) 1 - aun; 2 - ya... todavía; 3 - todavía; 4 - ya; 5 - ya; 6 - todavía; 7 - todavía; 8 - aun; 9 - ya; 10 - todavía.

UNIDAD - 24

a) 1 - es... está; 2 - ser; 3 - está; 4 - estoy; 5 - es; 6 - es; 7 - está; 8 - está; 9 - está; 10 - fue; 11 - es; 12 - está; 13 - están / han sido; 14 - estaré; 15 - soy... estamos; 16 - es; 17 - estar; 18 - estar; 19 - eres; 20 - estás; 21 - está; 22 - es; 23 - es; 24 - estamos... está; 25 - fue / es... estuve.

b) 1 - es; 2 - es; 3 - es; 4 - estoy; 5 - estás; 6 - está; 7 - estoy; 8 - estoy; 9 - es; 10 - estar; 11 - estás; 12 - estás; 13 - es; 14 - es; 15 - seas; 16 - es; 17 - estamos; 18 - está; 19 - ser; 20 - estoy.

d)   1 - a; 2 - Ø; 3 - a; 4 - Ø; 5 - a; 6 - Ø... Ø; 7 - al; 8 - Ø... Ø; 9 - Ø... a; 10 - Ø / a;
       11 - Ø; 12 - a; 13 - a; 14 - a; 15 - Ø.

e)   Vivalavirgen = Persona despreocupada e informal. Ej.: No le confíes nada de
       responsabilidad, es un vivalavirgen.

       Sabelotodo = Persona que pretende saber mucho y presume de ello. Ej.: Tú eres un
       sabelotodo pero esta vez te has equivocado.

       Engañabobos = algo de poco valor o calidad que, sin embargo, atrae a la gente. Ej.:
       Eso de los premios de los detergentes es un engañabobos.

       Metepatas = Persona con «habilidad» especial para meter la pata o cometer errores.
       Ej.: Pero ¿por qué le has contado lo del viaje? Ahora querrá venir con nosotros
       y es un pesado, eres un metepatas.

       Matasanos = despectivo, médico. Ej.: ¿Cómo puedes llevar a tu hijo a ese matasanos?

       Caradura = atrevido, sinvergüenza. Ej.: Soy yo quien te ha prestado el dinero y
       encima me llamas a mí tramposo, eres un caradura.

       Correveidile = originalmente: recadero. Chismoso. Persona que se entera de las
       cosas privadas de unos y se las cuenta a otros. Ej.: No te confíes a ése, es el
       correveidile del jefe.

       Tiralevitas = Pelotillero, adulón. Persona que adula para obtener alguna ganancia
       rebajándose hasta la indignidad. Ej.: No me explico cómo Pepe conserva su tra-
       bajo. Pues yo sí, sólo porque es un tiralevitas.

       Repasa:
       1 - pero; 2 - sino; 3 - pero; 4 - si no; 5 - sino; 6 - si no; 7 - sino.

UNIDAD - 25

a)   1 - están; 2 - está; 3 - estaban / habían sido; 4 - son; 5 - es; 6 - es; 7 - esté / sea;
       8 - fue; 9 - está / ha sido; 10 - está / ha sido; 11 - fue / ha sido; 12 - son / eran; 13 - es-
       tán; 14 - está / ha sido / fue; 15 - ha sido / fue; 16 - está / ha sido; 17 - es; 18 - fue;
       19 - fuimos; 20 - está; 21 - he sido / fui; 22 - están; 23 -ha sido; 24 - fue.

b)   1 - estaba; 2 - es; 3 - está; 4 - es; 5 - es; 6 - es; 7 - estar... es; 8 - es; 9 - estás;
       10 - es... es; 11 - está; 12 - es; 13 - está; 14 - está; 15 - está; 16 - estando; 17 - es;
       18 - es; 19 - está; 20 - es (la enfermedad) / está (el enfermo).

d)   1 - se ha quedado; 2 - se ha vuelto / se ha hecho; 3 - convierten; 4 - quedamos; 5 - se
       ha vuelto / se ha hecho; 6 - llegarás a ser / te convertirás en; 7 - puso; 8 - llegó a ser;
       9 - te estás volviendo / te pones; 10 - se hizo; 11 -convirtió; 12 - hacerte / llegar a ser.

e)   estar pez = No saber nada. Ej.: No me presento al examen, porque no he estudiado
       y estoy pez en historia.

       estar como pez en el agua = sentirse bien en un determinado ambiente o situación. Ej.:
       A pesar de su edad, está como pez en el agua cuando se encuentra entre sus alumnos.

       estar trompa = e. borracho. Ej.: Yo conduciré, tú estás trompa y no serías capaz ni de
       abrir la puerta del coche.

       estar al margen = e. fuera, no participar. Ej.: Yo no quiero intervenir en esa discu-
       sión, prefiero estar al margen.

       estar sin blanca = sin dinero. Ej.: Hoy es día 16 y ya estoy sin blanca, no sé qué hago
       con el dinero.

       estar mosqueado = enfadado. Ej.: Ya le has tomado el pelo bastante, creo que está
       mosqueado, no sigas.

       estar apañado = (irónico) encontrarse en una situación difícil. Ej.: Estoy apañado,
       me han echado del trabajo y no tengo ningún otro en perspectiva.

       estar en paz = haber saldado las deudas. Ej.: Ya te he pagado lo que te debía, ahora
       estamos en paz, ¿eh? // Has confesado tus culpas, ahora estás en paz con tu
       conciencia.

Repasa:
1 - cuanto; 2 - de lo que; 3 - que el que; 4 - que la de; 5 - de los que; 6 - cuanto; 7 - que el que; 8 - de lo que; 9 - que el de; 10 - cuanto.

UNIDAD - 26

a) 1 - lo > se lo dio; 2 - lo > me lo; 3 - lo / le; 4 - la > se la; 5 - les; 6 - lo; 7 - la estoy esperando / esperándola; 8 - la estoy esperando / ...esperándola; 9 - la > se la; 10 - le; 11 - le > se lo; 12 - tenlo; 13 - los / les; 14 - les > se lo; 15 - lo.

b) 1 - lo... lo; 2 - la; 3 - la; 4 - lo; 5 - lo / le; 6 - la; 7 - le; 8 - la; 9 - lo; 10 - lo / le; 11 - lo; 12 - lo / le; 13 - la... cuéntame*la*; 14 - lo / le; 15 - las.

b₁) 1 - lo... lo; 2 - no cambian; 3 - los; 4 - no cambia; 5 - lo; 6 - no cambia; 7 - los; 8 - no cambia; 9 - lo; 10 - lo.

d) 1 - marcha; 2 - funciona; 3 - caminar; 4 - circulan; 5 - movernos / avanzar; 6 - pasear; 7 - deambulando; 8 - transiten; 9 - callejear; 10 - está.

e) echar de menos = sentir que algo o alguien no está presente // sentir nostalgia por la lejanía de algo o alguien. Ej.: Nada más entrar en casa eché de menos la figura de plata que había encima de la mesita. ¿Quién la cogería? // Cariño mío, vuelve pronto, te echo mucho de menos.

echar una bronca = reñir, regañar. Ej.: Si no saco buenas notas mis padres me echarán una bronca.

echar por tierra = desacreditar, desvalorizar. Ej.: Sé que me odia, echa por tierra todo lo que hago, aunque esté bien hecho.

echar un sermón = amonestar, moralizar. Ej.: Ya sabemos que eres el hermano mayor, pero tú no tienes que echarme un sermón si vuelvo tarde por la noche.

quedar bien / mal con alguien = Hacer algo (o no hacerlo) para que otra persona piense bien o mal de mí. Ej.: Nadie se acordó de su cumpleaños, y yo le mandé un ramo de flores, quedé muy bien con ella (quedé como una reina). // Si no vas a darle la enhorabuena por el premio que le han concedido quedarás muy mal con ella.

quedar bien / mal una cosa = resultar b. / m., sentar b. / m. Ej.: Las patatas te han quedado muy bien / mal con esa nueva receta. // Ese vestido te queda bien / mal.

quedar con alguien = Concertar una cita // Ponerse de acuerdo para algo. Ej.: No puedo acompañarte porque he quedado con mis amigas a las 8. // He quedado con Juan para que hagamos juntos ese trabajo.

quedar en ridículo = Hacer o decir algo que resulta absurdo y provoca la risa en los demás y la vergüenza (el ridículo) en quien lo ha hecho o lo ha dicho. Ej.: Dijo que sabía inglés perfectamente, le pedimos que nos sirviera de intérprete y no podía hablar ni una palabra. Quedó en ridículo.

Repasa: 1 - acabamos de comer; 2 - no cambia; 3 - no cambia; 4 - llevo un año trabajando; 5 - acaban de salir; 6 - lleva viviendo 5 años... (con llevar todavía puede seguir viviendo); 7 - lleva haciendo; 8 - acaba de terminar; 9 - no cambia; 10 - no cambia.

UNIDAD - 27

a) 1 - le / lo; 2 - se; 3 - los; 4 - se; 5 - la; 6 - vístete; 7 - los / las; 8 - se; 9 - lo / la / me / te; 10 - se; 11 - se; 12 - lo / le; 13 - la / lo / le / me... la / lo / le / me; 14 - te; 15 - le... lo; 16 - se / Ø / me / nos; 17 - las... les; 18 - se; 19 - Ø... los; 20 - me.

b) 1 - ...les / ...se la; 2 - ...le / ...se la; 3 - les / se la...; 4 - le / se las; 5 - nos / nos la; 6 - os / os las.

d) 1 - alargar / extender / prolongar; 2 - blanquear / encalar / enjalbegar; 3 - adelgazar / enflaquecer / consumirse; 4 - engordar / hincharse / abultar (se); 5 - ordenar / colocar

/ clasificar; 6 - acortar / reducir / abreviar; 7 - envejecer; 8 - rejuvenecer (se); 9 - retroceder / regresar / recular / replegarse; 10 -avanzar / progresar / ganar; 11 - desordenar / descolocar / alterar.

e) *Estar en las nubes* = estar despistado, distraído, fuera de la realidad. Ej.: Pepito, no sabes de qué hablábamos porque estabas en las nubes.

Me importa un comino = nada (un pimiento, un pito, tres pepinos, un rábano). Ej.: Lo que tú hagas o dejes de hacer me importa un...

Hacer la vista gorda = Hacer como si no hubiéramos visto algo que en realidad sí hemos visto. Ej.: Como era una chica guapa la que conducía el coche, el policía hizo la vista gorda ante la infracción de tráfico.

Fumarse la clase = No asistir a la clase sin razón justificada (hacer novillos). Ej.: Hoy juegan la final de fútbol España y Yugoslavia y no quiero perdérmela, me fumaré la clase.

Repasa: estaba... crecía / había crecido... había aumentado... había... precedía... fue... había acudido / acudió.

UNIDAD - 28

a) 1 - me / te / le / Ø; 2 - me... Ø / me; 3 - Ø; 4 - se; 5 - Ø; 6 - se... Ø; 7 - se; 8 - Ø; 9 - se; 10 - se; 11 - Ø; 12 - se; 13 - me; 14 - Ø; 15 - se... ordenarlos; 16 - Ø; 17 - se; 18 - Ø / se; 19 - Ø; 20 - me; 21 - Ø; 22 - se; 23 - te; 24 - Ø; 25 - te.

b) 1 - Ø; 2 - se; 3 - se; 4 - Ø / se; 5 - Ø; 6 - se; 7 - se; 8 - Ø / se; 9 - se (me); 10 - se; 11 - Ø / se; 12 - se; 13 - Ø... se (me); 14 - se.

d) 1 - entregar / depositar; 2 - donó; 3 - regaló; 4 - enciende; 5 - proporcionaron / facilitaron; 6 - prestadnos / dejadnos; 7 - otorgado / concedido; 8 - comunicó / espetó; 9 - ofrendan / ofrecen; 10 - celebró / organizó.

e) *Tomarle el pelo a alguien* = burlarse de esa persona; gastarle bromas para reír a su costa. Ej.: Mi novio está en la mili, ¿cómo es que lo has visto paseando por la ciudad? Ah, me estás tomando el pelo.

Meter la pata = equivocarse, ponerse en una situación ridícula, comprometida. Ej.: A ver si no metes la pata, mi padre no sabe que me he fumado las clases, así que tú no digas nada, ¿eh?

Hacérsele a uno la boca agua = gustarle a uno tanto una cosa que siente placer sólo con pensar en ella. Ej.: Se me hace la boca agua al pensar en la comida tan estupenda que habrá preparado mi marido para comer hoy.

Ponérsele a uno la carne de gallina = Tener frío o miedo. Ej.: Tú dices que no hace frío, pues a mí se me está poniendo la carne de gallina.

Caérsele a uno la baba = por algo = estar embelesado:
por alguien = sentir cariño, admiración por esa persona, parecerle bien todo lo que dice o hace. Ej.: Se le cae la baba mirando los dibujos de su hijo. // Cuando la abuela habla de sus nietos, se le cae la baba.

Ponérsele a uno los pelos de punta = sentir emoción o miedo. Ej.: Cuando oigo la música de Falla se me ponen los pelos de punta. // ¿Has visto esa película de miedo? Sí, se me ponen los pelos de punta sólo de pensar en ella.

Repasa: 1 - habrá llamado; 2 - habrían dicho; 3 - sacarán; 4 - habrá desenchufado; 5 - molestaría; 6 - dolerían; 7 - estará / estaría; 8 -habrán rodado; 9 - beberían / habrían bebido; 10 - se lo habrá contado.

UNIDAD - 29

a) 1 - se (me); 2 - (le)... (le) no es necesario el uso del C.I. pero sí posible; 3 - se (me)... se (me); 4 - las; 5 - se me / le /nos; 6 - se; 7 - (le); 8 - le; 9 -se; 10 - Ø; 11 -

se; 12 - Ø; 13 - se me / te / le... se me / te / le; 14 - le / Ø... se... se le; 15 - Ø... se le; 16 - Ø / me; 17 - me / te / le / Ø; 18 - le; 19 - se; 20 - se... Ø / se.

b) 1 - no cambia; 2 - no se venden pisos; 3 - se vive; 4 - no cambia; 5 - se consume; 6 - se trabaja; 7 - se encontró el cuerpo; 8 - en esta ciudad se viste bien; 9 - se ha aprobado; 10 - no cambia; 11 - no cambia; 12 - se retransmitía; 13 - no cambia; 14 - no cambia; 15 - no cambia.

d) 1 - a / para; 2 - para; 3 - a / para; 4 - para... para; 5 - para / por; 6 - para 7 - para; 8 - por; 9 - a / para; 10 - a.

c) 1 - tírame / lánzame; 2 - sirva / ponga; 3 - tires; 4 - han despedido / han expulsado; 5 - se lanzó / se abalanzó; 6 - se puso / empezó; 7 - despide / expele; 8 - poniendo; 9 - pronunció; 10 - dar.

Repasa: Mi tía me dijo que no *importaba* que *aquel* día *perdiera* las clases, que *tenía* que oír*la* (que era necesario que la oyera). Me confesó que durante 15 días *había estado pidiendo*... *mi* muerte... *mi* salvación. Me dijo que *iba* a dejar*me* en una casa que no *era* ya lo que *había sido*... porque antes era como el paraíso. De pronto tuvo una llama de inspiración y siguió diciendo que con la mujer de mi tío Juan *había entrado* la serpiente... Insistió en que ella, la mujer de mi tío *había vuelto* loca a mi abuela, porque, según la tía Angustias, mi abuela *estaba* loca y lo peor *era* que la *veía*... si no se *corregía*... En *su* juventud, la tía Agustias *había vivido*... pero *había enloquecido*... y *la había acabado*... los *soportaba / había soportado*.

Yo *miré*... Ella continuó diciendo que la *oía* como quien *oye / oía* llover y aseguró que la vida me *golpearía* y me *aplastaría* y entonces la *recordaría*. Me pidió, a continuación que no *la mirase* con *aquel* asombro. Dijo que ya *sabía* que hasta *aquel momento* yo no *había hecho* nada malo pero *sabía ella* que lo *haría* en cuanto *se fuera*.

UNIDAD - 30

a) 1 - quienes / los que; 2 - los que / quienes; 3 - los que / quienes; 4 - quienes / las que; 5 - que; 6 - que; 7 - del que / del cual; 8 - los cuales / que / quienes; 9 - que / quienes /los cuales; 10 - que; 11 - cuya; 12 - lo que; 13 -quien / al que; 14 - los que / los cuales; 15 - cuya; 16 - el que / quien; 17 - lo que / lo cual; 18 - lo que; 19 - el que / lo que; 20 - quien; 21 - cuyo; 22 -que; 23 - que / el cual... el que; 24 - el que / quien; 25 - los que / quienes.

b) 1 - no cambia; 2 - quienes; 3 - el cual; 4 - no cambia; 5 - no cambia; 6 - no cambia; 7 - de los que; 8 - en que / en el cual / donde; 9 - no cambia; 10 - a quien.

d) 1 - se ha esforzado; 2 - fortalecerte; 3 - fortificada; 4 - forzar; 5 - hacemos un esfuerzo; 6 - reforzó / fortaleció; 7 - forzar; 8 - fortalecerá (-ría); 9 - fortificado; 10 - se esfuerza / hace esfuerzos; 11 - se esforzó (-aba); 12 - reforzar

e) 1 - a; 2 - con / en; 3 - por... sin; 4 - de; 5 - en; 6 - de; 7 - sin; 8 - con; 9 - a; 10 - con; 11 - de; 12 - con.

Repasa: 1 - ¡Vete de aquí! / ¡Márchate! / ¡Lárgate! / ¡Desaparece (de mi vista)! / ¡Esfúmate!; 2 - Hazme este favor / ¿puedes hacerme...? / ¿Te importaría hacerme...?; 3 - ¡A callar! / ¡Cállense (Vds.) - Callaos (vos.)! / ¡Bajad (-en) la voz! / ¡Hablad (-en) más bajo! / ¡No gritéis (-en) (tanto)!; 4 - ¡Tened cuidado! / ¡Poned atención! / ¡Sed prudentes! / ¡No seáis locos! / ¡Mirad lo que hacéis!; 5 - Podrías prestarme... / Déjame... / Préstame // ¿Podría Vd. adelantarme...? / Necesito (-aría) un adelanto - un anticipo / ¿Puede adelantarme...? // Le recuerdo que nos debe dinero / ¡Páguenos! / Abone la cuenta; 6 - ¡Vete a paseo! / ¡Déjame en paz! / ¡No me des la lata! / ¡No me molestes...!

UNIDAD - 31

a) 1 - se echó / se puso / rompió a; 2 - se ha metido a / se ha puesto a; 3 - vayan terminando; 4 - echando a perder; 5 - ponerme a / liarme a; 6 - vamos a / íbamos a.

a_1) 1 - he dejado de / no he vuelto a; 2 - ha dejado encendida; 3 - acabará pidiendo / acabará por pedir; 4 - tenéis colocadas; 5 - tengo escritas / llevo escritas / van escritas; 6 - van contabilizados / llevamos contabilizados.

a_2) 1 - llevo trabajando; 2 - han vuelto a; 3 - tiene / tenía dicho; 4 - anda buscando / sigue buscando; 5 - van volviendo; 6 - sigue haciéndolo / no ha dejado de; 7 - vengo notando; 8 - siguen dormidos / siguen durmiendo; 9 - tienen obsesionado; 10 - llevas desatados.

b) 1 - acabo de entrar; 2 - llegó a ser / acabó siendo / acabó por ser; 3 - acabó gustándole / acabó por gustarle / llegó a gustarle; 4 - echó a correr; 5 - deben de venir; 6 - ponte a hacer; 7 - siguió repitiendo; 8 - quedó hecha; 9 -se lió a contar; 10 - va aprendiendo / anda aprendiendo.

d) 1 - arde; 2 - quemó; 3 - prendió fuego... ardió; 4 - abrases / quemes; 5 - arde; 6 - se abrasó; 7 - queman / incendian; 8 - incendiar; 9 - se abrasó / se quemó; 10 -se queman... arden.

e) 1 - tales; 2 - ambos; 3 - sendos; 4 - tales; 5 - ambos; 6 - sendas.

Repasa: 1 - no pongas tanto...; 2 - no salgas... no vuelvas tarde; 3 - no estudies; 4 - no lo hagas / no debes hacerlo / no creas que debes hacerlo; 5 - no venga; 6 - no hablemos de ello; 7 - no volváis otra vez; 8 - no pongáis; 9 - no creo que haya que repetirlo; 10 - no te vayas.

UNIDAD - 32

a) 1 - llegamos a ponernos / acabamos poniéndonos / acabamos por ponernos; 2 - ha dejado de; 3 - he dejado hecha; 4 - tengo estudiados; 5 - ha quedado aclarado; 6 - se puso a / se echó a; 7 - te metas a; 8 - voy a; 9 - se echó a / se puso a; 10 - va aprendiendo / llegará a / acabará aprendiendo / acabará por; 11 - vengo diciéndote; 12 - sigue yendo a / no deja de; 13 - sigue enfadado / anda enfadado; 14 - vengo observando; 15 - tengo hecha / llevo hecha / va hecha; 16 - acaban de; 17 - volver a; 18 - anda buscando; 19 - hay que / debes / tienes que; 20 - viene a / viene costando.

b) 1 - acabarás entendiéndome / por fin me entenderás; 2 - ha entrado hace un momento; 3 - me preocupa / me trae preocupada; 4 - he hecho ya / tengo hechas / van hechas; 5 - he cometido de nuevo; 6 - hace mucho tiempo que enseña; 7 - todo quedó preparado; 8 - todavía viven; 9 - se lió a estudiar / se metió a...; 10 - está aprendiendo a.

d) 1 - seguir / continuar; 2 - representa / atrae / cuenta / significa; 3 - disparar; 4 - lánzate / zambúllete / métete; 5 - me da tirones de pelo; 6 - lo arrastra; 7 - echarlos a la basura / desecharlos; 8 - viviendo / saliendo adelante / no me va mal del todo / así, así; 9 - se aproxima / se acerca al / se parece al; 10 -malgastar / desperdiciar / derrochar.

Repasa: 1 - estés... hablas; 2 - he terminado; 3 - te has / hayas tragado; 4 -es / fuera (-se); 5 - he conocido / conocí; 6 - piense / piensa... dije / he dicho; 7 - sirve / servirá; 8 - entra / ha entrado; 9 - gustara (-se) / gustaba; 10 - parece.

UNIDAD - 33

a) 1 - ganar; 2 - escrito... usado; 3 - perder... conseguidas; 4 - pensando... hacerlo; 5 - vigilados... jugando / jugar; 6 - hablando; 7 - situada; 8 - preparando; 9 - matando... tirado; 10 - paseando... cogidas; 11 - avispado... engañarle; 12 - volver... andar... cansados; 13 - haciendo; 14 - dicho; 15 -mirarla... hinchados... llorado; 16 - llorar; 17 - llorando; 18 - llorar; 19 -salir... arreglada; 20 - distraído... obsesionado; 21 - controlando / controlada; 22 - estudiando,... usar; 23 - encendidas; 24 - hirviendo; 25 - ardiendo; 26 - estando... decirme; 27 - acabada; 28 - visto; 29 - advertidos... corriendo.

b) 1 - cuando empecé; 2 - si estudias / si se estudia; 3 - si lo cuentas así; 4 - aunque es muy listo; 5 - si está; 6 - en contra de sus principios; 7 - sucias/llenas de basura / con un aspecto desagradable; 8 - como llueve mucho; 9 -si estuviera (-se) hecho de otra manera.

b₁) 1 - que son malos; 2 - que contenía; 3 - y ganaron; 4 - por hacerlo ellos; 5 - al salir el sol; 6 - ha hecho.

d) 1 - impreso; 2 - suelto; 3 - electo; 4 - confuso; 5 - atento; 6 - preso; 7 - distinto; 8 - bendito; 9 - maldita; 10 - abstracto; 11 - convicto y confeso; 12 - suspenso.

Repasa: 1 - seas... entiendas / entenderás; 2 - estés... pongas; 3 - puede; 4 - moleste; 5 - terminas... paso / pasaré; 6 - vivía... obedecían; 7 - dijera (-se); 8 - eche; 9 - se aproximó; 10 - dijo.

UNIDAD - 34

a) 1 - simple empleado = sólo un empleado; 2 - español medio = esp. común, esp. término medio; 3 - pobre hombre = un don nadie; 4 - playa privada; 5 - café solo = sin leche, café negro; 6 - dificultades económicas; 7 - señora pobre = que no tiene dinero / pobre señora = desgraciada, sola, abandonada; 8 - nuevos modelos o los modelos nuevos pero se usa más la 1.ª; 9 - palacio real = del rey; 10 - historia social.

b) 1 - jovencísimo; 2 -amabilísimo; 3 - fortísimo; 4 - sucísimo; 5 - paupérrima (se usa más *pobrísima*); 6 - friísimos; 7 - fresquísimo; 8 - puestísimo; 9 -bonísima (se usa más *buenísima*); 10 - simpatiquísimo; 11 - fidelísima; 12 -antiquísimo.

b₁) 1 - de lo más «progre» / de lo más avanzado; 2 - extra-fino; 3 - requeteguapa; 4 - superlista / sumamente lista; 5 - extremadamente pobre / más pobre que una rata; 6 - extra-plano; 7 - quemando / ardiendo; 8 - es más pesado que el plomo / más pesado que las moscas; 9 - super-buena / excelente; 10 -estoy como un flan.

a) 1 - por; 2 - por... por; 3 - por; 4 - para; 5 - para; 6 - para; 7 - por; 8 - para; 9 - por; 10 - por; 11 - para; 12 - por; 13 - por; 14 - por; 15 - para.

e) 1 - estrecha; 2 - fina; 3 - nuevo; 4 - joven; 5 - ligero; 6 - agradable / simpático; 7 - mate; 8 - opacos; 9 - raro; 10 - blandos / tiernos.

Repasa: 1 - como vuelvas; 2 - con tal de que ganes; 3 - a menos que / salvo que me lo impidan; 4 - con que / a condición de que me cuides; 5 - en caso de que te moleste; 6 - mientras no le lleves; 7 - a condición de que te comas; 8 - con que lo entregues; 9 - siempre que las medidas estén; 10 - como me duelan/en caso de que me duelan.

UNIDAD - 35

a) 1 - por; 2 - para... por; 3 - por / para; 4 - por; 5 - para; 6 - para; 7 - por; 8 - por; 9 - para; 10 - para.

a₁) 1 - en; 2 - a... a; 3 - en; 4 - a... a...; 5 - a... a... en; 6 - en; 7 - a; 8 - a; 9 - en; 10 - al... en.

a₂) 1 - de... con; 2 - con; 3 - a... en; 4 - de; 5 - con... de; 6 - con... de; 7 - con; 8 - del... de... con; 9 - en... de; 10 - al... en.

b) 1 - por / casualmente; 2 - a / golpeándole; 3 - con / lógicamente; 4 - a / saltando; 5 - con / alegremente; 6 - con / en / ordenadamente; 7 - por / diciéndole; 8 - con / en / bailando; 9 - por / pidiendo; 10 - de / verdaderamente.

d) 1 - la has tomado conmigo; 2 - hice de; 3 - pasar por; 4 - está de; 5 - he tomado por; 6 - responder de; 7 - responder por; 8 - paso de; 9 - estoy por; 10 - haré por.

d₁) 1 - a la pata coja; 2 - pagar el pato; 3 - metido la pata; 4 - tengo mala pata; 5 - eres un patoso.

Repasa: 1 - lo que... lo cual; 2 - los que... lo que; 3 - el cual / quien / que; 4 - dónde; 5 - los que / quienes; 6 - que; 7 - cuando; 8 - como; 9 - cuya; 10 - a quien... que.

UNIDAD - 36

a) 1 - por; 2 - para; 3 - por; 4 - para; 5 - para; 6 - por / para; 7 - por... para... por; 8 - para; 9 - por; 10 - para; 11 - por; 12 - para; 13 - para; 14 - por; 15 - para; 16 - por; 17 - para; 18 - por... para; 19 - para; 20 - para; 21 - para... para; 22 - por; 23 - para; 24 - para; 25 - por; 26 - para; 27 - por; 28 - para; 29 - para; 30 - por... por; 31 - para... por; 32 - por; 33 - para; 34 - por; 35 - por... para; 36 - para; 37 - por; 38 - por; 39 - por; 40 - para.

b) 1 - con; 2 - del; 3 - no cambia; 4 - a / para... a; 5 - no cambia; 6 - con... por; 7 - con; 8 - no cambia; 9 - no cambia; 10 - no cambia.

c) 1 - me he quedado con; 2 - se anda por; 3 - he quedado con; 4 - ha quedado para; 5 - quedarte con; 6 - contar con; 7 - te apuestas a; 8 - apuesta por; 9 - hemos quedado / quedamos en; 10 - te metes a; 11 - me quedo con; 12 - te metas con.

d) 1 - mandarte a paseo; 2 - llevar la voz cantante; 3 - estar al loro; 4 - es un gorrón; 5 - salir del paso.

REPASA

1 - tengo superados; 2 - llevo visto -as; 3 - llevas trabajando; 4 - viene (-n) ocurriendo; 5 - viene repitiendo; 6 - tienes aburrido -a; 7 - he dejado sentado / doy por sentado; 8 - echó a andar; 9 - dejes de decirle; 10 - seguiréis pensando; 11 - siguen casados; 12 - llego a hacerlo; 13 - llego a comprender / acabo de comprender; 14 - volvimos a verlos; 15 - sigo sin tenerlo.

2.ª PARTE

UNIDAD - 37

a) quería... me casara (-se). Me tenía... estaba... es... son... me prometía... se llamaba... me sonreía... tienen / tenían... son /eran... les ha dado / había dado... las ha acostumbrado / había acostumbrado... me parece / parecía / pareció. Se casó / se había casado... se había concentrado / se concentraba... era... se manda... podía... lo contrariara (-se). Se casó (se casaron)... pasó (pasaron)... tuvo... estuvo... volvió... quiso / quería... preguntó... estamos... escuchó... preguntó... se cena... replicó... creía... consistía (consiste)... fue... pidió... dijo... mandé... estuviera (-se)... puede... tiene... despide... puedo... me la recomendó / ha recomendado... es... haga... la hagas... estuvo / estaba... rompió... dio... consiguió / se cenara (-se)... le convenció... se hacía / se haría... había / habría... mandara (-se)... dijo... se cena / cenamos... te conviene... es... decía... miraba... comprendió... estaba... se fue... me induce / inducía / indujo / ha inducido.

b) (II) casarme, casarse, etc.: *se* reflexivo
unirme, se llamaba: »   »
el almíbar... se había concentrado: *se* pasiva refleja (involuntariedad)
se manda: *se* p. impersonal.
se cena: *se* p. impersonal.
se hacía su voluntad: *se* p. refleja
marchar*te*... ir*te*... se fue: *se* reflexivo.

(III) tenducho, pueblucho, casucha, etc.

botellazo, portazo, navajazo, coletazo // ojazos, manazas, besazo, bocaza.

c) 1 - almíbar; 2 - modales; 3 - licencia; 4; módico; 5; modoso; 6 - modos; 7 - licenciatura; 8 - empalagosas; 9 - no has dado ni clavo; 10 - has dado en el clavo; 11 - licenciosa; 12 - goloso; 13 - remachar el clavo; 14 - glotón; 15 - modo; 16 - modal; 17 - adujo; 18 - indujo; 19 - seduce; 20 - reducir.

UNIDAD - 38

a) 1 - están... son; 2 - estaba; 3 - estoy; 4 - es... está / esté; 5 - está; 6 - es; 7 - estamos; 8 - es; 9 - está; 10 - está; 11 - es; 12 - estoy; 13 - soy / estoy; 14 -está; 15 - soy; 16 - es / era / fue; 17 - estaban; 18 - están / fueron / han sido; 19 - ser / estar; 20 - están / han sido; 21 - fue; 22 - esté; 23 - está; 24 - está; 25 - es; 26 - está / ha sido; 27 - estoy; 28 - eres / estás; 29 - están; 30 - está.

b) (I) 1 - no cambia; 2 - está; 3 - no cambia; 4 - está; 5 - estaba; 6 - no cambia; 7 - no cambia; 8 - está; 9 - está; 10 - no cambia.

(II) 1 - fue leído; 2 - es / está; 3 - fue aprobada; 4 - ha sido rechazada; 5 - está convocada / ha sido convocada; 6 - es servida / está servida; 7 - está quemada; 8 - está despedido; 9 - está trasplantado; 10 - ha sido / está propuesto.

c) (I) *estar de más* = no ser necesario; no hacer nada. Ej.: Ya hemos entendido perfectamente, por lo tanto todas tus aclaraciones están de más // Hay mucho que hacer, no te estés de más.

ser un chulo = presumido, creído, matón, atrevido, insolente. Ej.: Ese tipo es el chulo del barrio, nadie se atreve a hacerle frente. // ¿Te has fijado cómo camina? Sí, muy tieso, es un chulo. // No te las des de chulo, conmigo esa actitud no te vale. *Ser chulo* = elegante, vistoso. Ej.: ¡Qué zapatos más chulos tienes!

estar mosca = enfadado. Ej.: No le pidas ahora dinero; ha reñido con su novia y esta mosca.

ser la monda = algo o alguien extraordinario por bueno o por malo. Ej.: Tío, eres la monda, nadie se hubiera atrevido a decirle eso como lo has hecho. También se dice de lo que hace reír. Ej.: Le metimos a la profesora una rana en el cajón de su mesa, ¡fue la monda!

estar colocado = bebido, fumado. Ej.: Ya me he tomado un par de cubatas y estoy colocado. // Como no tiene costumbre, con un cigarrillo de «hash» ya está colocado.

ser un-a ligón-a = persona que liga mucho (ligar = entablar conversación con una persona del otro sexo y desconocida para salir y divertirse juntos). Ej.: Acaba de entrar en la discoteca y ya está hablando con una chica, es un ligón profesional.

(II) 1 - cristalino; 2 - rotunda; 3 - terminante; 4 - inequívocas; 5 - palmaria; 6 - concluyente; 7 - nítida; 8 - obvio; 9 - diáfana; 10 - categórico.

UNIDAD - 39

a) Era... se decía... sentía... iba.. hacía... tenía... daba... pillaban... viera (-se)... pensó / pensaba... irritaba... irritaba... irritaban... comían... hacían... bordeaba... experimentaba... había / habría... salía / saldría... había / habría... llevaba... había fregado... había recogido... había regado... había dejado... mimara (-se)... regara (-se)... dijera (-se)... se pusieran (-sen)... echaran (-sen)... sabe... gustan... iba... comenzaba / había comenzado... se colaba / había colado / coló... luchaba / luchó... empezó / empezaba / había empezado.

b) (I) el sudor *le iba dibujando*; los muchos volantes que aún *había de alisar* = tenía que = debía alisar; *llevaba encerrada* = había estado encerrada; el montón *iba menguando*.

1 - he de estar; 2 - llevamos pagadas; 3 - vas dándote; 4 - irá enseñándote; 5 - has de saber; 6 - llevan / llevamos recogidos.

(II) 1 - no cambia; 2 - no cambia; 3 - que habíamos ligado; 4 - que se vendieran (-sen); 5 - no cambia; 6 - no cambia.

1 - yo, en su posición / estando en su posición; 2 - un actor profesional / De haber sido; 3 - ¿que te molestan mis recriminaciones? te aguantas; 4 - con que le envíes; 5 - con un poco más de tiempo / un poco más de tiempo y lo terminaría; 6 - Como no hagas / A menos que hagas / A no ser que hagas.

c) (I) *Hacer chapuzas* = h. el trabajo mal, sin esmerarse. // Trabajo hecho en los ratos libres y días de descanso. Ej.: Eso es una chapuza, no puedes presentarlo al examen de trabajos manuales. // Con las chapuzas que hace por el barrio saca un dinerito para sus gastos.
Recoger la casa = Poner orden en ella. Hacer todas las tareas que dejan limpia la casa. Ej.: Como está sola con su hijo y trabaja en una escuela, se levanta muy temprano para recoger la casa.
A ojos vistas = muy evidentemente. Ej.: le quitaron la cartera a ojos vistas. Ha copiado el examen a ojos vistas.

(II) 1 - colarse; 2 - menguar; 3 - colado; 4 - pillado; 5 - bordea; 6 - pilló; 7 - cuela; 8 - menguante.

UNIDAD - 40

a) 1 - tengan; 2 - hubieran (-sen) instalado / instalaran (-sen); 3 - llegues / hayas llegado; 4 - concedieran (-sen) / hubieran (-sen) concedido; 5 - critique; 6 - mantuvieras (-ses) / mantengas; 7 - se convertirían / iban a convertirse // fueran (-sen) a convertirse; 8 - crea; 9 - mueva; 10 - quiera / quisiera (-se); 11 - viva; 12 - se sepa... importa; 13 - mejoren; 14 - eran; 15 - digas; 16 - fuera (-se); 17 - te partas... salgas; 18 - habla; 19 - sea / haya sido / fuera (-se); 20 - hagan... conste; 21 - vienen / vendrán / han venido / habrán venido; 22 - debía / debería; 23 - has sido; 24 - hubiera (-se) / había; 25 - tendrá / tiene; 26 - podían / podrían; 27 - vayan; 28 - fuera (-se); 29 - vayan; 30 - puedes / podrás / podrías... encuentras / encontraras (-ses).

b) (I) 1 - de ese modo / de esa manera; 2 - por lo tanto; 3 - aunque; 4 - ojalá; 5 - en cuanto / tan pronto como; 6 - tanto; 7 - has cumplido 5 añitos ¿eh?; 8 - de esa manera; 9 - aunque; 10 - en cuanto / tan pronto como.
(II) F. 23: *conque* no aporta ningún sentido especial a la frase; podría omitirse. Con valor consecutivo podría sustituirse por *entonces*.
F. 30: *conque* consecutivo = por lo tanto, entonces.
F.9: *con que* condicional = «si». Tiene el matiz de *basta con que, sólo con que*.

1 - en consecuencia; 2 - no, ¿eh?; 3 - si tú me quieres / sólo que me quieras; 4 - basta con comer una vez al día para vivir / si se come...; 5 - por lo tanto / así que; 6 - si te presentas / preséntate... y será suficiente.
(III) F. 14: *como cuando*: comparativa temporal. Hecho real en el pasado.
F. 28: *igual que si*: hace una comparación irreal.

1 - sólo; 2 - en cuanto empieza; 3 - sólo; 4 - en cuanto me echaron; 5 - sólo; 6 - sólo.

c) (I) *Llevar la contraria* = oponerse. Ej.: Todo lo que yo sugiero te parece mal ¿Ah, no? Entonces, ¿por qué me llevas la contraria?
ser una lata = s. una molestia, un fastidio, un rollo. Ej.: Es una lata tener que fregar los platos ¿verdad?

ser un descarado = desvergonzado, insolente, atrevido. Ej.: No le hables así a tu abuela, no seas descarado.

ser un tramposo = persona que engaña, que hace trampas en el juego, que no juega limpio // que tiene deudas que no paga. Ej.: No quiero jugar contigo, eres un tramposo. // No le prestes dinero, le debe a todo el mundo, es un tramposo.

Hacer trampas, tener trampas = conf. arriba.

Meterse en líos, en jaleos = en problemas, complicaciones, situaciones conflictivas. Ej.: Te dejo ir solo si me prometes no meterte en líos.

hacer algo sin rechistar = sin protestar. Ej.: Haz tu trabajo y sin rechistar.

cundir el trabajo = aumentar, lucir, rendir. Ej.: Cuando me dejan sola una tarde, el trabajo me cunde más.

cundir el pánico = extenderse, propagarse. Ej.: No hay que decirles a los pasajeros que tenemos problemas en un motor para que no cunda el pánico.

(II) 1 - encuentro; 2 - oír / percibir; 3 - lamenté; 4 - me dio; 5 - oye; 6 - noto; 7 - profesaba a su perro; 8 - se aprecian; 9 - tengo / conservo; 10 - deploramos.

UNIDAD - 41

a) se inició... se pasó / se pasaba... estaban... estaban... pasaron / pasaban... se colaron / colaban... planchaba... se hacía / se hizo... recordó / recordaba... había tenido... se reunía... acababan... llamaban... deseaba... reventaban... estaban... pasaba... añadía... imaginamos... es... hay... torturan... se ensañan... importaba... se divierten... es / será... estamos... se decían / dijeron... es / será / sea... sufre... creo... es / sea... monta / monte... toque... es / sea... tortura / torture.

b) (I) acababan hablando = acababan por hablar.
la novela que nos estamos montando = nos venimos montando.
1 - acabarás haciendo; 2 - estás buscando; 3 - se puso a criticar; 4 - os estáis ganando; 5 - acabaron dándome; 6 - se puso a gritar.
(II) *Quizá* es / sea y **monta** / **monte**; *lo mismo es que* se **divierten**.
1 - *hay* mucho tráfico: **indicativo**; 2 - *se han perdido*: **indicativo**; 3 -*sea* desagradable: **subjuntivo**; 4 - *estaba / estuviera (-se)*: **indicativo / subjuntivo**; 5 -lo *hará*: **indicativo**.
(III) 1 - reducido; 2 - cueles; 3 - prestas; 4 - acordado; 5 - se reducirá a; 6 -me prestaré a; 7 - me he acordado de; 8 - se ha colado; 9 - ha pasado; 10 -se ha pasado.

c) (I) *Tener el tinglado en marcha* = hacer funcionar, poner en movimiento un espectáculo en el teatro o en la vida de cada día. Tiene el sentido figurado de *intriga, maquinación*. Ej.: Dentro de poco habrá elecciones generales, todos los partidos *están poniendo el tinglado en marcha*.
Montarse una novela = inventar una historia con poca base real. Ej.: *Vaya novela que se ha montado* para que no le echen del trabajo después de las irregularidades que ha cometido.
Montar un número = organizar un espectáculo (literal). Organizar un escándalo, una escena teatral en medio de la calle, un bar, etc. (figurado). Ej.: Encontró a su novia hablando con otro chico y *le montó un número* tremendo.
(II) 1 - ensañarse; 2 - ha reventado; 3 - aludió; 4 - arrastran; 5 - arrastra; 6 - aludido; 7 - ensañarse; 8 - reventar.

UNIDAD - 42

a) 1 - está; 2 - son; 3 - está... es; 4 - es; 5 - está / ha sido; 6 - está... son; 7 - es; 8 - eres... fuiste / estuviste; 9 - estás; 10 - es; 11 - está / es; 12 - está; 13 - sido... estado... soy; 14 - era / es... es; 15 - están; 16 - sido... está / estará; 17 - era / fue; 18 - fue / ha sido; 19 - estoy; 20 - es; 21 - está; 22 - es; 23 - estás; 24 - es; 25 - sido.

b) 1 - permanece... se encontrarán; 2 - permaneció; 3 - están; 4 - me encuentro / me hallo / me siento; 5 - estaba; 6 - se mantuvo; 7 - persiste; 8 - está; 9 - perdura;

10 - me sentía; 11 - estaba; 12 - se halla / se encuentra; 13 - permanecía / se mantenía; 14 - te mantienes / permaneces; 15 - me encuentro.

c)   (I) *No ser para tanto* = No hay que exagerar. Ej.: Lo que te ha dicho no es tan grave, no tienes que enfandarte así, *no es para tanto.*
No ser para menos = La reacción está justificada, hay motivo para ella. Ej.: Comprendo muy bien su enfado, *no es para menos,* yo, en su lugar también hubiera reaccionado así ¡qué maleducado!
Estar a dos velas = No tener dinero. Ej.: Necesito que me prestes algo de dinero, *estoy a dos velas.*
Estar a la que salta = Estar en disposición de hacer notar las equivocaciones que tiene otro en la conversación. Ej.: Ten cuidado con lo que dices delante de él, *está a la que salta.* // Chico, *estás a la que salta* ¿es que tú no te equivocas nunca?
Estar en todo = No olvidar ningún detalle. Ej.: En esta casa nadie piensa en nada, tengo yo que *estar en todo* ¿es que nadie había observado que no había papel higiénico? // ¿Cómo te has acordado de que mis flores favoritas son los gladiolos? Eres un encanto, *estás en todo.*
Ser un cero a la izquierda = No tener ningún valor. Ej.: Tú te callas, nadie te ha preguntado, *aquí eres un cero a la izquierda.*

(II) 1 - ideó; 2 - ha escrito; 3 - genera; 4 - fabricado; 5 - aportar / sugerir / dar; 6 - se ha forjado; 7 - engendra; 8 - producirá; 9 - inventó; 10 - fundó.

UNIDAD - 43

a)   Tenía... llevaban / habían llevado... era... dejaban... decían... seas... alborotes... pasa / pasara... asómate... llama... decía... ocurría / ocurrió... pasaba... veía... estaban... era... levantaba... miraba... haces... tenía... juego / estoy jugando... decía... seguía... volvía... fue... llegaba... se pasaba... hablas... se llenó... estaba... pasaba... tenían / habían tenido... estaba... se había preocupado / se preocupaba... hacía / hizo... había pedido / pidió... fueron... acaben / hayan acabado... vuelva... echaré... se decía / se dijo... se enteró... era... explicó... era... pidió... echara (-se)... dudó / dudaba... echó... resultó.

b)   (I) seguía cosiendo = durativa; volvía a pensar = reiterativa.
1 - sigo enamorado; 2 - «volver a empezar»; 3 - sigo pensando; 4 - ha vuelto a abrirse; 5 - dejamos sentados; 6 - sigo reventado-a; 7 - sigue haciendo; 8 - has dejado acostado.

(II) asóma*te* = reflexivo con un verbo transitivo de movimiento.
se pasaba = ref. enfático o redundante. Puede omitirse.
se llenó = ref. directo (este verbo alterna con construcción transitiva: llenó la caja).
se preocupaba = ref. directo (alterna con construcción transitiva: preocupa a todos).
se lo había pedido = se < le: comp. indirecto.
se dijo = reflexivo indirecto (alterna con: dijo para sí, entre sí).
se enteró = reflexivo.
1 se; 2 - Ø; 3 - se; 4 - Ø; 5 - se; 6 - se.

(III) 1 - *en cuanto* termine mis estudios...; 2 - *después de que* me oyó...; 3 - *mientras* no me devuelvas el que te presté...; 4 - *antes de que* vosotros llegarais...; 5 - *tan pronto como* pueda...; 6 - hasta que yo lo mencioné...; 7 - *apenas* entré...; 8 - *siempre que* puedas...; 9 - *mientras* estoy / esté fuera...; 10 - *mientras* las cosas se aclaran / *hasta que* todo esté aclarado...

c)   (I) *Pasarse de rosca* = Lit. = no coincidir las vueltas del tornillo con las de la tuerca. // Excederse en sus palabras o en sus hechos. Ej.: No puedo cerrar el grifo porque *se ha pasado de rosca* // Creo que te *has pasado (de rosca)* con todo lo que le has dicho / con el trabajo que les has mandado.

Pasar por alto = no tener en cuenta. Ej.: Esta vez *pasaré por alto* vuestra falta de puntualidad, pero espero que no se repita.
Pasar de todo = no tener interés por nada. Ej.: A mí no me preguntes, ni me des la lata, yo *paso de todo*.

(II) 1 - cotilleo: 2 - cuchicheos; 3 - el parloteo; 4 - despotricando; 5 - chismorreos; 6 - regañar; 7 - renegado; 8 - sermonear.

UNIDAD - 44

a) 1 - hayan concedido; 2 - se preocupen / preocuparan (-sen); 3 - lleguen / hayan llegado; 4 - ofrezcas / hayas ofrecido / ofrecieras (-ses); 5 - me siento; 6 - se lo manches; 7 - pueden / podían... hablan / hablen / hablaran (-sen); 8 - puede / podrá / podría. 9 - está / estaba; 10 - vaya / fuera (-se); 11 - vaya; 12 - hagamos; 13 - había / hubiera (-se); 14 - contara (-se); 15 - se producen / han producido / producirán; 16 - darían / dieran (-sen) / habían dado / hubieran dado;

17 - existieron / existían / habían existido; 18 - hayan instalado / instalaran (-sen) / instalen; 19 - daría... dejara (-se); 20 - tenemos... desarrolle; 21 - esperaba / estaba esperando; 22 - llegaste / llegaras (-ses); 23 - sea; 24 - llame (-n); 25 - llegues; 26 - ocurre / ha ocurrido / ocurrirá; 27 - haga / haya hecho... entere / haya enterado; 28 - ha hecho; 29 - iré / fui / he ido; 30 - es; 31 - pasó / ha pasado / había pasado... supiera (-se)... diría; 32 - darían... pedía... aceptaría... humillara (-se).

b) (I) *Finales: no sea que* (Fr. 6); convencerlo *de que* (Fr. 10), *con tal de que* (Fr. 19, 23); *Condicionales: con tal de que* (Fr. 27); *a menos que* (Fr. 24); *caso de que* (Fr. 25).
(II) *Dado que* (Fr. 20); *debido a que* (Fr. 21); *porque* (Fr. 22).

(IV) 1 - *si sacas / siempre que saques*; 2 - *para que* te que*des / a condición de que* te que*des*; 3 - *como* ya *somos* amigos; 4 - *puesto que has* hecho; 5 - *pues* la cinta *estaba*; 6 - *aunque sea* una obligación; 7 - *para que ...vieran*; 8 - *si* me *gusta*; 9 - *para olvidar*; 10 - *si* me *trae / a condición de que* me *traiga*.

c) (I) 1 - Rehusar / declinar / rechazar; 2 - rechazar; 3 - Denegar / negar; 4 - persuadir / convencer de, para; 5 - anular / revocar.
(II) 1 - alcanzar / lograr un propósito / llegar a la meta; 2 - llevar a cabo la palabra empeñada / cumplir la palabra dada; 3 - cumplimentar; 4 - rematar /concluir; 5 - simular que se cumple una obligación; 6 - obedecer / sujetarse a / supeditarse a.

UNIDAD - 45

a) devolvió... había prometido... siguió... hablaba... quería... estaba... escuchaba... bebía... dejó... preguntó... contestó... habían dado... tenía / había tenido... se iba... oía... se decidió... sabía... regañaría... estás... empezó... contó... era... había quitado... se aburría... dijo... pidiera (-se)... devolviera (-se)... trató... miró... se marchó... volvió... insistió... prometió... bajó... compró... pareció / parecía... se la entregó... apareció... enfrió... dejó... recogió... envolvió... subió... dijo... confeccionó... regañó / regañaba... iba... iba... se murió... sintió... había nacido... fue... apareció... levantó... miró... se dijo... tenía... era / es.

b) (I) 1 - ha dejado de asistir; 2 - empiece a soltarnos; 3 - se echó a temblar; 4 - no dejo de reconocer; 5 - empezará a funcionar; 6 - echarás todo a perder.
(II) 1 - la de veces; 2 - menudas / vaya / qué; 3 - vaya / menudo / qué; 4 - qué de libros; 5 - qué de amigos... bien de ellos; 6 - menudo / vaya.
(III) 1 - a; 2 - Ø; 3 - al; 4 - Ø; 5 - a; 6 - Ø; 7 - Ø; 8 - a; 9 - al; 10 - Ø.

c) (I) *estar embebida* = absorta, ensimismada. Ej.: *Estaba tan embebida* en mi trabajo que no te he oído entrar.
privar una cosa = gustar; entusiasmar. Ej.: *Me priva* el chocolate.
ser el hazmerreír = ser la causa de que la gente se burle. Ej.: Si vas ahora al bar a buscar a tu marido, *será el hazmerreír* de los hombres, ya sabes que la mujer no debe ir a un bar a buscar a su marido.
(II) 1 - dibujó; 2 - arderán / prenderán; 3 - plantes; 4 - colgaba / pendía / oscilaba; 5 - yacía; 6 - se adivinaba; 7 - apreciar / reconocer / admitir; 8 - se levanta / se cierra; 9 - te urgues; 10 - sobornar / untar.

UNIDAD - 46

a) 1 - es; 2 - son; 3 - estamos; 4 - es; 5 - estás; 6 - está; 7 - es / fue; 8 - estamos; 9 - fueras (-ses); 10 - estaba; 11 - son / están; 12 - estás / eres; 13 - ha sido... está; 14 - estaré; 15 - ser / estar; 16 - es... eres; 17 - está / es; 18 - es; 19 -eres; 20 - está; 21 - es; 22 - está... es; 23 - es; 24 - es; 25 - es; 26 - está; 27 - eres; 28 - está; 29 - fue; 30 - está.

b) (I) Fr. 3: *estar decidido* = e. dispuesto a hacer algo después de pensarlo; Fr. 4: *ser decidido* = s. audaz, valiente, lanzado; Fr. 23: una cosa *es obligada* = artificial, no es espontánea; Fr. 24: una persona *es creída* = presumida, pagada de sí misma; Fr. 26: *estar desprendido* = casi arrancado; Fr. 27: *ser desprendido* = generoso.
(II) 1 - continuaban; 2 - va (perfectamente); 3 - cae; 4 - está; 5 - anda; 6 -voy; 7 - siguen; 8 - anda; 9 - va; 10 - está.

c) (I) *Estar de rechupete* = estar muy bueno. Ej.: Todo lo que tú cocinas *está de rechupete.*
Ser un creído = un presumido. Ej.: Ya sabemos que eres guapo, pero no hace falta que nos lo recuerdes constantemente, *eres un creído.*.
Ser un lanzado = atrevido, valiente, temerario. Ej.: En cuanto le propones algo, se apunta para hacerlo sin pensar en los incovenientes, *es un lanzado.*
Ser desprendido = generoso. Ej.: *Siendo tan desprendido* la gente puede abusar de tu generosidad.
Tener apego a algo, a alguien = sentir cariño, afición, afecto por ello. Ej.: No me gusta tener que cambiarme de casa, les *tengo apego* al barrio y a los vecinos.
Tocarse las narices = perder el tiempo. Ej.: Te pasas el tiempo *tocándote las narices,* ahora tienes que quedarte a estudiar, mientras los demás se divierten.
(II) 1 - estrechó; 2 - abarca; 3 - pilló; 4 - pescarás; 5 - atrapado; 6 - empuñó; 7 - guárdame; 8 - cabe; 9 - detuvo / capturó; 10 - alcancé; 11 - agarró / asió; 12 - sujétame; 13 - recoge / coloca; 14 - cazar; 15 - entender.

UNIDAD - 47

a) se vinieron... había dicho... encontraría... estaba... estaba ... estuvo / había estado... quedó.:. tiraba... se empeñó / se había empeñado... se lo tenía... andaría / iba a andar... encontraría... advertí / había advertido... entró... estuvo / había estado... se vino... cayó... me encontré... estaban... tenían... daba... quise... se había creído / creía... realquilaría / iba a realquilar... realquilar / iba a realquilar... acaban / se acaba... aprecio / aprecie... comprendo... busqué... sabe / sabía... se colocó... puse... trajera... pudiera... sabe... sabía... hay... se murió / se murieron... se va / se ha ido / se irá... hace / hacía... decía / diría... ir / iba... comprar / compraba.

b) (I) yo se lo tenía advertido = había advertido: v. reiterativo; iba a andar = andaría; iba a realquilar = realquilaría; se va espabilando = está espabilando (= despertando) v. durativo.

1 - va a saber; 2 - tengo aprendida / voy aprendiendo; 3 - iba a pensar; 4 -van per-
diendo / tienen perdidas; 5 - va a parar; 6 - tengo preparada.

(II) *a pesar de que* yo se lo *tenía* (pero es posible también *tuviera*), *aunque* le *aprecio*
(pero también *aprecie*).

1 - trabajando como un animal; 2 - por preocupado que esté; 3 - por muy bonito que
sea; 4 - aun a riesgo de que pueda; 5 - a sabiendas de que me iba a...; 6 - por mucha
oposición que había / hubiera (-se) / con oposición y todo; 7 - con dificultades y todo /
por muchas dificultades que tuvieron / tuvieran; 8 - Así le machaques / le macharás la
cabeza y no le harás...; 9 - si bien tenían / pese a las reservas que tenían / tuvieran;
10 - ni regalándomelo / ni aun si me lo regalas.

(III) V. exclamativo.
1 - F. real = te van a dar; 2 - F. real = me callo; 3 - F. de mandato = planteadle... F.
real o de probabilidad = os va a escuchar; 4 - F. de cortesía = ¿Quieres...? / ¿Que-
rrías...?; 5 - F. exclamativo = has visto; 6 - F. real = van a venir; 7 - F. de mandato
= Lávate... sientas / vas a sentar / sientes; 8 -F. real = van a volver; 9 - F. exclamativo = si es; 10 - F. concesivo = aunque lo haya hecho, a mí no me consta; 11 - F. de
probabilidad = probablemente es...; 12 - F. concesivo = aunque haga sol... F. de
probabilidad = debe de ser / probablemente es.

c)   (I) *entrarle a uno algo* = sentir repentinamente. Ej.: *Me ha entrado un hambre* al ver
esos pasteles; // ¡Vaya sueño *que me ha entrado!*

dar grima = producir asco, repugnancia, desagrado. Ej.: No arañes la pizarra con las
uñas, *que me da grima.*

ser un negado = no tener habilidad; no servir para algo. Ej.: *Eres un negado* para los
trabajos manuales. // *Eres una negada* para los deportes.

tener salero = tener gracia, donaire; tener energía, coraje. Ej.: Hay que ver *qué salero tienes* cuando andas. // Si quieres que nadie te quite lo que es tuyo, tienes que *tener
más salero.*

(II) 1 - se ha espabilado; 2 - empeñar; 3 - me he tirado; 4 - se han cargado; 5 - cargado; 6 - tiras; 7 - se han empeñado; 8 - espabila.

Rasgos lingüísticos de la lengua hablada: 1 - Frases cortadas en las que falta la subor-
dinación: «cuando se vinieron del pueblo... casa. *Además* ya estaba cargado... no por
mí, sino por él > y *no lo hacía por mí sino por él»;* 2 - Empleo repetitivo de conjunciones o frases hechas: «*Nada, que* le tiraba...; *nada que* se vino...; *pero* a él le entró...; *pero* yo no quise...»; 3 - Uso de la exclamación y de las negaciones categóri-
cas: «Si le dije yo que nanay... que por ahí no. ¡Si sabré yo...!

UNIDAD - 48

a)   1 - era / sería... encontráramos (-semos)... eran... ponían; 2 - había animado; 3 - terminaré / he terminado... esté; 4 - podías / podrías... pareciera
(-se)... estaba; 5 - haré... quieres / quieras... tienen... salgas... estás; 6 - están; 7 -
estén; 8 - dice; 9 - comas; 10 - tenía; 11 - te metas; 12 - despidiera (-se); 13 - pasa /
pase... va / voy / iré; 14 - crece... caracterizan / han caracterizado; 15 - comes; 16 -
supe... fuera (-se); 17 - estaba; 18 - quitan / han quitado... se ofenda; 19 - había
trabajado / trabajaba; 20 - reconozcan; 21 -compro / compre... pides / pidas; 22 - devuelvas; 23 - he mentido / mentí / miento... presento; 24 - tengo; 25 - he dicho / dije
/digo... da / dé; 26 -sea... están / estaban... permanecía / permaneció / ha permaneci-
do / permanece; 27 - habla / ha hablado - 28; seas / eres... dejes; 29 - haya atrevido /
atraviera (-se) / atreva.

b)   (I) Fr. 4 y 26: *por (muy) + adjetivo + que* = lleva subjuntivo; Fr. 12: *aun a riesgo de
que* = lleva siempre subjuntivo; Fr. 23 *aun si:* lleva indicativo e imperfecto de subj.
en concordancia con el condicional; Fr. 24 *con los + sustantivo* = lleva indicat.

(II) En la frase 8 puede tener v. *cond.* = «si él lo dice...»; *o consecutivo:* «puesto que él lo dice...»; Fr. 7 - puede tener v. *temporal* o *condicional;* Fr. 13 - A medida que Fr. 14 conforme; Fr. 15 - mientras = al mismo tiempo que; Fr. 16. No bien = tan pronto como; Fr. 20. Mientras = temporal condicional = hasta que no / si no; Fr. 21 mientras = cuando / si; Fr. 26 mientras = al tiempo que.

(III) Fr. 10. No necesita el subjuntivo porque el verbo principal es de *lengua;* Fr. 11. Necesita el subj. porque el verbo principal es de *voluntad.*

(IV) 1 - de (tanto); 2 - con / dada; 3 - como / en vista de que; 4 - como; 5 -que / por-que; 6 - visto que; 7 - tantas... que; 8 - tanto que; 9 - puesto que / si; 10 - entonces; 11 - por lo tanto; 12 - a fuerza de.

c) (I) *salirse con la suya* = conseguir siempre sus propósitos; *estar listo* = (1) preparado, (2) equivocado, (3) en una situación difícil; *dar la gana* = querer; *dar ganas* = sentir deseos; *ser un cantamañanas* = que tiene mucho cuento; *entrometerse* = meterse en asuntos que no competen; *meter baza* = intervenir en una conversación; *ponerse morado* = comer o beber mucho; *ponerse negro* = enfadarse, enfurecerse.

(II) 1 - levántate; 2 - ha prosperado / ha ascendido; 3 - se encarece / aumenta; 4 - escalar / ascender; 5 - aumentar; 6 - se ha encumbrado; 7 -montado; 8 - alzó; 9 - importa / asciende a / se eleva a; 10 - ha crecido / ha aumentado.

UNIDAD - 49

a) tendremos // tendríamos... hace // hacía... lucha // luchaba... ha llegado // llegó... hacemos / hagamos / hemos hecho // hiciéramos (-semos)... tiene // tenía... (nos) afecta // afectaba // *la* acompaña // acompañaba... va / iba... pueda // pudiera (-se)... *se* esmera // esmeraba... recogen // recogían.:. divierten // divertían... borran // borraban... proliferan // proliferaban... sirve / ha servido // sirvió... se resuelve // resolvía... ande // anduviera (-se)... *se* pone // ponía... *nos* parecía... es / era... ha procurado // procuró... (le) explique // explicara (-se)... fue... *se* habría / hubiera... condescendió... se caía... podría... estaban / estarían... respondió... *me* llamó... *me* mostró... asistimos... circulaban... pasaban... yacía... nos fuimos... volvió... *nos* limitamos... *la* acompañamos... *le* damos... *le* compramos / hemos comprado... sigue / ha seguido... es.

b) (I) mi padre, *que* fraternalmente = el cual = explicativa = indicativo. Las pelotas *con que* = las cuales / las que: especificativa: ind.; gallinas *que* proliferan: especificativa: ind. todo chico *que* ande: especificativa: subjuntivo (antecedente desconocido); un desplazamiento *que:* especificativa: ind.; un silencio *que:* especificativa: subj. (ant. desconocido).

1 - no cambia; 2 - no cambia; 3 - no cambia; 4 - el cual; 5 - no cambia; 6 - la cual / quien; 7 - a quien / a la que / a la cual; 8 - en el cual / en el que / donde; 9 - con el cual / con el que; 10 - del cual.

(II) 1 - cuyo hijo; 2 - donde / en la cual; 3 - al cual / al que le; 4 - a las que / a quienes / a las cuales no; 5 - cuya flor; 6 - para lo cual; 7 - fue donde; 8 - así como; 9 - poco cuando; 10 - por las que / por lo que me.

c) (I) 1 - ha rozado; 2 - yace; 3 - disponer; 4 - proliferan; 5 - destemplada; 6 - enderezar; 7 - has titubeado; 8 - condescendió; 9 - enderezarlo; 10 - destemplado; 11 - roce; 12 - disponen / han dispuesto.

(II) *ser afectado:* artificial, amanerado. Ej.: No hagas esos gestos, pareces muy afectado. *Estar afectado:* impresionado, emocionado. Ej.: ¡Quién iba a decir que le quería tanto! está muy afectado por su muerte. *Estar de uñas:* enfado, reñido con alguien. Ej.: Hace días que no se hablan, *están de uñas. Estar sin pasta:* sin dinero.

UNIDAD - 50

a) 1 - es... serás; 2 - es... estoy; 3 - es... está... estuviera (-se); 4 - está... ha sido; 5 - está / ha sido... estamos (-án); 6 - está... son; 7 - está / fue... estaba... estoy; 8 - soy... soy... estás... estás; 9 - estoy; 10 - está... es / era; 11 -son... sea / fuera (-se) / esté; 12 - es... están; 13 - están / estaban... son / eran; 14 - estuve; 15 - es... uno está; 16 - fue... estuvieron; 17 - están / han sido... están; 18 - fui / estuve; 19 - es / fue... estuve / estaba... es / fue; 20 - están... es; 21 - están / son... estás; 22 - es... estará; 23 - está... es / era; 24 - está; 25 - está... está; 26 - son... estás; 27 - son / están... es; 28 - es; 29 - está... estar; 30 - está.

b) 1 - volverse; 2 - ha llegado a (ser); 3 - se ha vuelto; 4 - se queda; 5 - se quedó / se ha quedado; 6 - cayó; 7 - acabarás / terminarás; 8 - terminas / acabas; 9 - se vuelven / se hacen; 10 - hace; 11 - se queda; 12 - cayó; 13 - llegó a (ser); 14 - acabo / termino / quedo; 15 - se ha vuelto / se ha hecho.

c) (I) *Hacerse de nuevas:* Fingir que uno no sabe lo que sí sabe. Ej.: Yo te cuento la sorpresa que te preparan, pero luego tú, delante de ellos, *te haces de nuevas.*
Hacer de las suyas: Hacer algo típico de alguien, que suele ser malo. Ej.: ¿No oyes?, me parece que los niños ya están *haciendo de las suyas* en la cocina.
Hacerse de rogar: Hacer que nos pidan muchas veces algo. Ej.: Anda, mujer, canta ya te lo ha pedido todo el mundo, *no te hagas de rogar.* Bueeeeno.
Hacerse a todo: Acostumbrarse. Ej.: Jamás me hubiera imaginado a mí misma, fregando, planchando; hoy día me parece normal. Una *se hace a todo.*
Ponerse a mal: (con alguien). Regañar, reñir, enfrentarse con alguien. Perder las buenas relaciones. Ej.: Si le cuento que su «precioso hijo» anda en malas compañías no me creerá y encima *me pondré a mal con él.*
Poner verde a uno: insultar, regañar, hablar mal de una persona. Ej.: Mi marido no me respeta, como no tenía el pantalón planchado, *me puso verde* delante de nuestros amigos. // Cuando no están delante *pone verde* a todo el mundo.
(II) 1 - Su ineficacia le privó de un ascenso; 2 - la rotura de frenos provocó el choque del camión; 3 - los éxitos de su hijo le enorgullecen; 4 - el humo hace que me lloren los ojos; 5 - El tiempo transcurrido ha borrado mi rencor hacia él / ella; 6 - los éxitos que obtiene la aseguran / la confirman / la mantienen en su puesto; 7 - El viento impide ver bien la «tele»; 8 - Su silencio nos intranquiliza; 9 - los premios le han decidido /le han impulsado a participar; 10 - las vacaciones han dejado desierta la ciudad.

UNIDAD - 51

a) Hacía... me había citado / me citó... soy... adoran... comprendo... es... se le dice... da... sean... tengo... he sido... hay... se pueden... sea... sea... obliga... reconocerán... existe... he dicho... hacía... estaba / está... es... se pregunten... lo / le dejé... es... soy... quieren... digo... *la* cumplo... me había citado... *me* cabía / cabe... estaba... *me* dolían... *me* dolían... *me* dolía... *me* dolía... es... hubiera (-se) llevado... es / habría sido... hubiera (-se) pasado... son... *les* aseguro... salí... podía / habría podido / hubiera podido... se levantara / se levantaría... llegó... *lo* pude... *lo* / *le* empujé... pasaba.

b) (I) **da lo mismo que** *sean:* const. impersonal que no es sinónima de *verdad, seguro, evidente.*
por muy liberal que uno *sea:* const. concesiva *por + adjetivo + que.*
que yo *sea:* **(el hecho de) que,** suele llevar subj. La 1.ª parte está elidida.
es natural que Vds. *se pregunten:* mismo caso de fr. primera.
si **hubiera (-se) llevado:** fr. condicional irreal referida al pasado.
lo más probable es / habría sido que no *hubiera (-se) pasado:* mismo caso frs. 1 y 4.

podía... **suponer** que se *levantara* (-se) // levantaría: depende del vb. *suponer* que admite el *ind.* y el *subj.* sin cambio de sentido.

1 - quisiera; 2 - invites / hayas invitado / has invitado; 3 - queremos / querríamos... sufra / sufriera; 4 - pueda... consiga; 5 - fueras (-ses); 6 - se aclaran / se aclaren... haga (-s)... dé.

(II) 1 - me; 2 - Ø / te; 3 - Ø; 4 - Ø; 5 - te... te / Ø; 6 - te; 7 - Ø; 8 - Ø; 9 -Ø /me; 10 - se.

c)   (I) *Dejar plantado:* Abandonar a alguien. Ej.: Le pedí a la chica que me besara y me *dejó plantado* en medio de la pista (de baile) / La *ha dejado plantada* a la puerta de la iglesia.

      Estar chapado a la antigua: Tener ideas y costumbres antiguas. Ej.: Mi abuela no me permitía salir sola con mi novio, estaba *chapada a la antigua.*

      Dar un plantón: No presentarse a una cita. Ej.: La próxima vez no quedo contigo para ir al cine, vaya *plantón que me diste* el sábado.

      Hacer buenas migas: Entenderse bien. Ej.: A pesar de la diferencia de edad, estos niños *hacen buenas migas* ¿no te parece?

      (II) 1 - ... a cántaros / están cayendo chuzos (de punta) / ¡vaya diluvio que está cayendo!; 2 - ...de perros / ...criminal; 3 - ...de justicia / de castigo / de plomo; 4 - ...a mares / a chorros / pareces un pollo / un pato sudado; 5 - helado / congelado / como un carámbano / se ha quedado tieso; 6 - muerto de miedo / se le ha encogido el ombligo / se le han puesto los pelos de punta.

      (III) 1 - sudoroso; 2 - laborable; 3 - fogosas; 4 - paciente; 5 - favorable; 6 -valiente / valerosa; 7 - valiosas; 8 - intransitables / fangosas / enfangadas.

UNIDAD - 52

a)   1 - ha podido / habrá podido // pudo / habría podido... conteste / haya contestado // contestara (-se); 2 - llegue; 3 - nos reunamos; 4 - asistierais (-seis) / asistiríais... vinierais (-seis) / hayáis venido; 5 - quedaríais / quedarais (-seis) // habríais quedado / hubierais (-seis) quedado... podríamos // habríamos / hubiéramos podido; 6 - puedes /podrás / has podido... intentas / has intentado; 7 - descubran; 8 - concedan... necesitarás / necesitas; 9 - despreciaba; 10 - consiga (-s) (-mos) (-áis); 11 - se emborrachan; 12 - llega / llegue; 13 - habían; 14 - faltes; 15 - haya... esté / está; 16 - ha tenido; 17 - iban / fueran (-sen); 18 - te metas; 19 - consuele; 20 - arranque... quieres / has querido; 21 - saliera (-se); 22 -estaban / estuvieran (-sen)... pagaban / pagaran (-sen)... trabajaban; 23 - diga; 24 - fueran (-sen)... recibía / había recibido; 25 - hago /haré; 26 - sea; 27 - he dicho / diré... sabían / saben / sepan; 28 - des / hayas dado; 29 - hubiera (-se) sabido... me regalaría / iba a regalar... me había prometido; 30 - haga... hagas... esté.

b)   (I) Fr. 16 - *Indicativo:* predomina el carácter habitual; Fr. 17 - *Ind.* si para el hablante la idea del torrente es *conocida.* *Subj.* Si la idea es *metafórica.* Las dos posibilidades vienen dadas por el verbo *parecer;* Fr. 18 - *Subj.:* antecedente desconocido; Fr. 19 - *Subj.:* antecedente negado.

      1 - has visto: no cambia; 2 - vengan; 3 - el que busca: no cambia; 4 - los que estuvieran; 5 - los que tuvieran; 6 - no cambia; 7 - no cambia; 8 - no cambia; 9 - a... te lo pida; 10 - se puede decir *el último que llegue,* pero *paga* adquiere valor de *futuro,* y pierde el valor *habitual* que tiene en la frase original.

      (II) 1 - si bien no quiero; 2 - mal que te pese / por mucho que te pese; 3 - Por poco que hayas estudiado; 4 - Feo y todo / por muy feo que sea; 5 - mustia y todo / aun estando mustia; 6 - como vuelva; 7 - a poco que te preocuparas / con que te preocuparas un poco; 8 - a menos que me lo confisquen; 9 - De habérmelo avisado; 10 - con que lo cuides / bien cuidado; 11 - conque puedo; 12 - de tanto como ha maltratado está para... / ha maltratado tanto el coche que está...; 13 - de ahí que te llame; 14 - es tan mentiroso que nadie...; 15 - ...así es que tenemos que...

c) 1 - tendré en cuenta; 2 - tenemos en cuenta; 3 - dar cuenta; 4 - te tiene cuenta;
5 - dar cuentas; 6 - se dio cuenta; 7 - tiene más cuenta; 8 - daré cuenta; 9 - dar cuentas; 10 - tener en cuenta; 11 - date cuenta; 12 - daré cuentas.

UNIDAD - 53

a) volvió... *se* acercó... tomó... (le) preguntó... *se* encontraba... (le) contestó...
hacía... hablaba... *se* podían... (le) recomendó que *se* animara (-se) y *se* fue... interrogó... (le) aseguró... (le) dijo que (le) telefonearía (el médico) / telefoneara (-se)
(el marido)... insistió... hacía... había advertido... tuviera (-se)... le apoyó...
añadió... ocurrirá... está... puede / podría... *se* marchó... le debía / debería... era / sería... pasó... *se* adormilara (-se)... pensaba... recordaba... estaba... *se* lo tuvo / tenía... acaecía... (se) estaba... había comenzado... hacía... consiguió... fuera (-se)...
(le) telefoneó... le / lo fuera (-se)... era... comentaban... hablaban... leían... le sudaban... se abría... hacía... le llegó... le preguntó... le miraba... le sudaban / sudaron...
le temblaba / tembló... le hizo... le ofreció... le tendió... pudo / podía... estaba... de-
seó... (le) dijera (-se)... (le) tenía / tuviera (-se)... sabía... estaba... era / sería... hacía
// hace... había amanecido // ha amanecido... *se* veía // *se* ve... respiraba // respira...
estaba / está... aparecían // aparecen... hacía // hace... *se* quejaba // *se* queja... había
durado // dura / ha durado... había dejado // ha dejado... era // es... *se* quedó / *se* había quedado... *se* despertó... fallecía / había fallecido... daba... era / había sido... *se*
acercó... encendió... le tomó... era... latía... lloró... (se) había muerto... estaba... latía... *le / lo* reconocían / habían reconocido.

b) (I) 1 - (me) lo... lo... lo; 2 - la... la; 3 - les; 4 - les... (se) las; 5 - se os; 6 - la... le...
me / lo; 7 - Ø; 8 - Ø / le; 9 - Ø / nos / les / os; 10 - Ø / acérca(le)... tómesela / tómela.
(II) 1 - Se *le* aproximó; 2 - *nos* ha dedicado; 3 - aguanta*ros*; 4 - *le* organizaron; 5 - se
les advierten; 6 - *los* interrogó.
(III) 1 - *se*: pasiva impersonal; 2 - *se*: p. refleja; *les*: C. I.; 3 - *se* p. refleja que expresa
involuntariedad; *le*: C. I.; 4 - igual; *me*: C. I. valor posesivo; 5 - *te*: reflexivo; *me*: dativo ético; 6 - *te*: C. I. con valor posesivo; 7 - *nos*: reflexivo de un verbo que siempre
se construye con pronombre; *le*: C. I.; 8 - *se*: C. I. < le, les; *los*: C. D.; 9 - *lo*: C. D.;
me: C. D.; 10 - *le*: C. I.; *le*: C. I. con valor posesivo.

c) 1 - tiende; 2 - trasponer; 3 - descarnar; 4 - trasponía; 5 - tender; 6 - acaeció;
7 - agoniza; 8 - acaecen; 9 - descarnar; 10 - agonizan.
(II) 1 - dormirse, quedarse dormido; 2 - no dormir / no pegar ojo / pasar la noche en
vela; 3 - dormir profundamente / dormir como un tronco / dormir a pierna suelta; 4 -
Estar lleno / estar atestado / estar de bote en bote / estar hasta los topes.

UNIDAD - 54

a) 1 - estás; 2 - estamos; 3 - estoy; 4 - está; 5 - estamos; 6 - estás / has estado / estuviste; 7 - es; 8 - estás... ser; 9 - estás; 10 - estás; 11 - están / han sido... estás; 12 - está /
estoy / estamos; 13 - es; 14 - estoy; 15 - es; 16 - es; 17 - estoy / está; 18 - estás... estás; 19 - está; 20 - es; 21 - estoy; 22 - están / son; 23 - es / era... están / son; 24 - estás... estás; 25 - será / estará; 26 - estás... es... eres... estás; 27 - está... es / fuera (-
se)... es... estar; 28 - está / es; 29 - seas; 30 - es.

b) 1 - se consideraba; 2 - se creen; 3 - resulta; 4 - ha salido; 5 - se ve / se verá; 6 - parecía... parece; 7 - semejaban; 8 - se mostraron; 9 - apareció / se presentó; 10 - se ma-
nifestaba / se mostraba.

c) (I) 1 - Tener dificultades para hacer algo. Ej.: *Me las veo y me las deseo* para aprender todo el subjuntivo; 2 - Salir corriendo. Ej.: Al ver a la policía los ladronzuelos *salieron pitando*; 3 - Salir / Resultar muy bien. Ej.: El plan que había trazado *me salió*

redondo; 4 - Pasarlo muy mal. Ej.: En el extranjero sin amigos y sin dinero *las pasé moradas* para «sobrevivir»; 5 - Sin dinero. Ej.: Después de pagar a todo el mundo nos hemos quedado *a verlas venir*; 6 - No pararse. Ej.: No quería detenerme a saludarle y *pasé de largo* cuando llegué a su altura.

(II) 1 - llevas razón; 2 - des la razón; 3 - dar razón; 4 - entrar en razón; 5 -dar razón; 6 - dan la razón; 7 - llevar razón; 8 - entrar en razón.

UNIDAD - 55

a)   Llevaba... *se* atropellaban... *le* parecía... pudiera (-se)... *le* propondría... (se) escaparan (-sen)... sería... pudieran (-sen)... estaba... *lo* decía... *se* curaba... se curaba... *se* pondría... podría / podía... sabía... (lo) sabía... *se* acababa... *se* enteraba... *la* dejaría / dejaba... *se* decidía / hubiera (-se) decidido... no sería / habría sido / hubiera sido... piensa... (le) dirá... se da... dirá... podía... estaba... *le* hacía... le echara (-se)... era / sería... había hecho... había visto... tenía / tendría... sería... van / iban... van / iban... estaba / estaría... se acordara (-se)... *se* iba... conocía... tuviera (-se)... viviera (-se)... estaba... *lo / le* encontraba... era... hacía... era... *se* podía / podría... había tenido... era / había sido... estaba / había estado... *se la* llevó... *la* quería... *la* respetaba... *le* pidiera (-se) / hubiera (-se) pedido... *se lo* negaría / habría / hubiera negado... *le* podría... tenía / tendría... vivía... *la* llamaba... iba... tenía... *la* vio... llevaba... había hecho... parecía... parecía... había / hubiera crecido... pedía.

b)   (I) 1 - me... me lo / las; 2 - le... nos los... se le... nos; 3 - te... nos las; 4 - le... se le... lo... me; 5 - lo / le... lo... me... le; 6 - lo / le... te... se... las.

(II) 1 - valor *modal*; 2 - v. *condicional* = si trabajamos; 3 - v. *temporal* = al salir; 4 - v. *adjetivo*; 5 - v. *modal*; 6 - v. *condicional*.

(III) 1 - Hay momentos *en los que* Victoria **piensa**: Ind. porque el antecedente es conocido; 2 - Sin alguien *que* le **echara (-se)**: Subj. antecedente desconocido; 3 - no conocía a *nadie que* **tuviera...** *que* no **viviera**: Subj. ant. desconocido; 4 - ... de caballería, *que* no **hacía**: Ind. ant. conocido; 5 - un hombre *con el que* no **se podía** contar: Ind. ant. conocido; 6 - *Quien* **había tenido** suerte...: Ind.; 7 - La Pirula, *que* **había estado**: Ind.; 8 - y *que* se la **llevó**: Ind.; 9 - un señor, *que* además... **la quería**: Ind.; 10 - en un año *que* **llevaba**: Ind.; 11 - el cambio *que* **había hecho**: Ind.

1 - que... los que; 2 - que / a quienes / a los cuales... que; 3 - cuyo; 4 - lo cual; 5 - los que / quienes... lo que / lo cual; 6 - como; 7 - lo que... lo que; 8 - con quienes / con los que; 9 - que; 10 - cuando... lo que / lo cual.

c)   (I) 1 - Resultar problemático / Presentar dificultades. Ej.: Aunque parece fácil a primera vista, ese plan tuyo *tiene sus más y sus menos;* 2 - Ser autoritaria, mandona. Ej.: A mí no me sorprendieron las órdenes en la «mili», viví con una tía que *era un sargento*; 3 - Bien arreglado / De punta en blanco. Ej.: Cada vez que quiere ligar con un chica, se arregla tanto que *va hecho un pincel*; 4 - Tener mala suerte. Ej.: *Qué mala pata tengo,* toda la semana ha hecho buen tiempo y precisamente hoy que quería ir a la piscina se nubla; 5 - Ser débil, sin personalidad, manejable. Ej.: A ese profesor no lo respetan los chicos porque no tiene autoridad, *es un blandengue.*

(II) 1 - investigando / buscando; 2 - arriesgado / peligroso / comprometido; 3 - juntaban / mezclaban / embarullaban; 4 - obstáculo / problema; 5 - generoso / dadivoso; 6 - cogió / pilló... corriendo / pitando / zumbando; 7 -descuidado / abandonado; 8 - intranquilices / inquietes / alteres; 9 - presume / alardea / se vanagloria; 10 - cabezota / testarudo / empecinado.

(III) 1 - efectivo; 2 - eficiente; 3 - eficaz; 4 - efectivas.

UNIDAD - 56

a) 1 - encuentres... sepa... quieres / quieras; 2 - vio... se asustó... tenía / tuviera (-se); 3 - repite... acabo; 4 - es // era... acepte / haya aceptado // aceptara (-se)... haría // habría hecho / hubiera hecho; 5 - se termine / haya terminado... corra... termina / terminará; 6 - haga; 7 - deje... reciba; 8 - cambiará / ha cambiado... cuesta / cueste /ha costado / haya costado; 9 -viva... olvidaré... has hecho / estás haciendo / hagas; 10 - haz // hiciste... puedas // pudiste... diga / dijera (-se)... abandonas / has abandonado // habías abandonado; 11 - creo... pida // creía... pidiera / pediría; 12 - prefiero // preferiría... habléis // hablarais (-seis); 13 - juzgues // juzgabas... puede / podrá // podía / podría / pudiera; 14 - es / era; 15 - te ayudará / te ha ayudado; 16 - sabía // sé... encantaría // encanta / encantará; 17 - sabía... llamara (-se); 18 - quiera / haya querido... tengo / he tenido; 19 - tendré / tenga... será; 20 - recuerde... llevo / llevaba; 21 - es / ha sido / fue / sea / haya sido / fuera (-se); 22 - consiste / ha consistido; 23 - tenga // tuve... me largaré // me largué; 24 - quiera... mandé / he mandado; 25 - llega / llegará / ha llegado; 26 -abandonara (-se) / hubiera (-se) abandonado; 27 - gane... quedan; 28 - terminó / había terminado... siguieran (-sen); 29 - iba... se rendiría / se rindiera (-se); 30 - fuera (-se); 31 - se desbordaran (-sen); 32 - tenga; 33 - dices... se me ponen // decías... se me ponían // digas... se me pondrán.

b) (I) Fr. 11: *Subj.* en el verbo subordinado porque creer está en forma negativa. Fr. 13: *Ind.* en el vb. subordinado si *juzgar* se construye en **imperativo negativo:** no juzgues. *Subj.* si *juzgar* se construye en forma negativa, aunque la obligatoriedad no es tan fuerte. Fr. 15: *Ind.* porque *pensar* está en **imperativo negativo:** no pienses.
1 - tienes razón; 2 - supiera (-se); 3 - es; 4 - piensas / pienses; 5 - es / ha sido; 6 - me disguste... es llamativo; 7 - estoy haciendo; 8 - había; 9 - hayas quitado; 10 - gustaría; 11 - pensaba / había pensado; 12 - tuviera (-se).
(II) 1 - he pensado; 2 - admito... estás / estés; 3 - sentiréis (notaréis); 4 - sentisteis (lamentasteis); 5 - esperan... llegue; 6 - espera... llegue / llegará; 7 - parece... has visto / hubieras (-ses) visto; 8 - dijo (= aconsejó); 9 - dijo (= avisó / comunicó); 10 - confían... sea / será.
(III) Fr. 29: *Quien* es un relativo que supone un antecedente conocido. Fr. 30: *Quién* es una expresión fija de deseo que exige el imperf. o pluscuamperf. de subj.
1 - que; 2 - cuál; 3 - cuál; 4 - que; 5 - que; 6 - cuáles; 7 - quién; 8 - quiénes; 9 - quién.
(IV) que asuma las consecuencias de sus actos / Que no lo haga, pero después que no proteste si saca malas notas.

c) 1 - electrizante; 2 - rendimiento; 3 - descabellada; 4 - largura; 5 - ascensión; 6 - desistir... se rindieron; 7 - rendir; 8 - ascenso; 9 - ha largado; 10 - asciende; 11 - rendición; 12 - ascensor; 13 - espeluznante; 14 - rendir; 15 - rendir (les).

UNIDAD - 57

a) (I) 1 - Función adjetiva (modifica a un sustantivo); 2 - F. adjetiva; 3 - Cláusula absoluta; equivale a una frase temporal; 4 - Const. concertada. Valor condicional; 5 - Const. perifrástica. Equivale a: **he pensado.** 6 - Const. concertada. V. condicional; 7 - Const. concertada. V. concesivo; 8 - Const. absoluta. V. temporal; 9 - F. adjetiva; 10 - Const. perifrástica de sentido pasivo. Equivale a: **está entendido.**
(II) 1 - llegada la hora / al llegar la hora / en llegando la hora; 2 - viéndolo yo misma / con verlo yo misma; 3 - De ser / siendo; 4 - llegando / de llegar; 5 - preocupado por las notas / al estar preocupado; 6 - vistas así las cosas / viendo así las cosas; 7 - hecho por ti / habiéndolo hecho tú / de haberlo hecho tú; 8 - al llegar / llegado al desvío / (en) llegando; 9 - por haberlo confesado; 10 - vendida la casa / nada más vender / (en) vendiendo la casa.

(III) Las 5 primeras tienen participios con sentido activo. La frase 6 tiene el participio con sentido pasivo.

b)   1 - innato; 2 - acertar; 3 - desnaturalizada; 4 - límpido; 5 - rectifiques; 6 - leal; 7 - irreversible; 8 - sobrevino; 9 - afrontar; 10 - ha recalcado.

(II) 1 - otro que pierde su libertad / otro que ha sido pescado / cazado; 2 - está muy enamorado / loco, chiflado por ella; 3 - la encontró agarrándole las manos a su amigo, los encontró con las manos cogidas; 4 - a mí no me parece nada especial; me deja indiferente; 5 - atrapar a un chico tan guapo, atractivo / casarse con un chico tan guapo, tan atractivo; 6 - no sigas hablando porque a mí no me engañas; no me la pegas.

(III) (ver Vocabulario).

UNIDAD - 58

a)   (I) 1 - V. condicional; 2 - V. temporal de anterioridad; 3 - V. temporal de anterioridad; 4 - V. modal; 5 - V. adjetivo (válido por referirse al C. D. de un verbo de percepción); 6 - V. condicional; 7 - V. concesivo; 8 - V. concesivo; 9 - Const. **estar** + **gerundio** = perífrasis durativa; 10 - perífrasis reiterativa.

(II) 1 - De haber estudiado / habiendo estudiado; 2 - regando; 3 - (en) proniéndote a trabajar; 4 - (en) leyendo el libro; 5 - ni (aun) arreglando el vestido, te servirá; 6 - paseando.

(III) 1 - El gerundio es incorrecto porque expresa posterioridad al verbo principal: ...y *obtuvo*; 2 - Correcto: tiempo simultáneo; 3 - Correcto: se refiere al sujeto del verbo principal. V. causal; 4 - Incorrecto: se refiere al atributo del verbo principal. Además tiene significado permanente: un libro *que explica*; 5 - Correcto: V. modal; 6 - Correcto: tiempo simultáneo.

b)   (I) 1 - largas; 2 - sobria; 3 - engolosinado; 4 - pregonando; 5 - la mosca; 6 - deparará; 7 - aplomado; 8 - currar; 9 - flamear; 10 - lárgate; 11 - flameados; 12 - irradia.

(II) 1 - sois un montón / una pandilla de; 2 - ese don nadie / ese advenedizo /ese arrimado; 3 - ardiendo / quemando / siento ardores en el estómago; 4 - pedir dinero prestado (normalmente a gente conocida); 5 - no vale nada / cualquiera habría podido hacerlo; 6 - así puede hacerlo cualquiera.

(III) (ver vocabulario).

UNIDAD - 59

a)   (I) 1 - Ø; 2 - se: F. reflexiva; hay un pequeño cambio de significado; 3 - Ø... comer*me*: reflexivo enfático, no es necesario para el sentido de la frase; 4 - *me... me*: 1.º C. I; 2.º ref. con cambio de significado en el verbo; 5 - Ø... acordar*me*: ref. con cambio de sig. Ø / me: ref. redundante o enfático, no es necesario para el sentido... le: C. I.; 6 - *me* ref. necesario para la construcción preposicional... lo: C. D.; 7 - Ø... lo: C. D.; 8 - *se*: pasiva refleja (ambas); 9 - *te*: ref. hay un cambio de sentido; le / lo: C. D.; 10 - Ø... se: ref. enfático... lo: C. D.; 11 - *lo*: C. D. ...*se*: p. refleja con expresión de involuntariedad (ambas); 12 - *le*: C. I... *la*: C. D.

(II) 1 - se dice que...; 2 - Trabajas / se trabaja...; 3 - se advirtió a los niños; 4 - hay que llamar la atención; 5 - ...no se acudió a votar; 6 - ...o te adaptas o te mueres; 7 - hay que cambiar; 8 - estás a tus anchas / está uno a sus anchas...

(III) 1 - una chapa... que *se* cantea: p. refleja; 2 - sin mover*se*: ref. de un verbo transitivo de movimiento; 3 - un ojo sólo que *se* ve: p. refleja; 4 - *se* bajó: ref. enfático; insiste en la idea «de donde»; 5 - *se* fue: ref. con cambio de significado; 6 - *los* mataba: C. D.; 7 - *los* colgó: C. D.; 8 - *los* puso: C. D. por anteposición del sustantivo al verbo; 9 - porque no *se les* había secado: *se*: p. refleja con expresión de involuntariedad; *les*: C. I. con valor posesivo; 10 - *se* llama «amarillor»: p. refleja.

b) (I) 1 - rojizo; 2 - azulado; 3 - amarillento; 4 - verdoso; 5 - anaranjado; 6 - grisáceo; 7 - rosáceo; 8 - violáceo; 9 - blancuzco.

(II) 1 - resoplando; 2 - reblandecer; 3 - chirriaron; 4 - flagelado; 5 - empapamos; 6 - empapados; 7 - chirrió; 8 - flagelan; 9 - resoplar; 10 - reblandezca.

(III) (ver Vocabulario).

UNIDAD - 60

a) (I) 1 - *F. nominal:* compl. preposicional de un adjetivo; 2 - *saber* = sujeto; *amar* = C. D. de saber; saber = atributo: *F. nominal*; 3 - *F. nominal*: C. D. de un verbo; 4 - *F. nominal*: C. D. de un verbo; 5 - *F. nominal*: comp. preposicional de un sustantivo; 6 - *F. verbal*: en const. perifrástica; 7 - comp. preposicional de un adjetivo *F. nominal*; 8 - *F. nominal*: comp. circunstancial de un verbo; 9 - *F. nominal*: comp. preposicional de un adverbio; 10 - en construcción perifrástica: *F. verbal*.

(II) 1 - Niños ¡dormíos!;·2 - ¡Cómo voy yo a hacerle eso! / ¡Jamás le haría yo...!; 3 - El es incapaz de llorar; 4 - si digo la verdad; 5 - aunque tiene tanto dinero / por mucho dinero que tiene / tenga; 6 - cuando llegué; 7 - hubieras / habrías debido avisarme; 8 - tú lo haces mal y para colmo pretendes...; 9 - en cuanto me vio...; 10 - no sé lo que debo pensar; 11 - como me has avisado / habiéndome avisado; 12 - si hubiéramos (-semos) tenido...

b) (II) 1 fruncía; 2 - sofocado; 3 - tercié; 4 - tragarse un rollo; 5 - suficiencia; 6 - vocear; 7 - estridencia; 8 - ademán; 9 - rompo la crisma; 10 - hubiera / habría dado el coñazo.

(II) 1 - ¡Hombre! no exageres / no lleves las cosas tan lejos; 2 - eres un tipo raro, especial, diferente, capaz de hacer cosas que nadie hace / haría (buenas o malas); 3 - es intolerable, increíble, inaguantable, inaudito; 4 - no es nada fácil; 5 - un montón de gente; 6 - aunque le rompas las muelas.

(III) (ver Vocabulario).

UNIDAD - 61

a) (I) 1 - a; 2 - de; 3 - a; 4 - de; 5 - con; 6 - con; 7 - con; 8 - de; 9 - de... a; 10 - a.

(II) 1 - en tal caso; 2 - con creces; 3 - a ciencia cierta; 4 - a destiempo; 5 - de carretilla; 6 - de cuidado; 7 - bajo cuerda; 8 - de refilón.

b) (I) 1 - paladear; 2 - contrapunto; 3 - acorde; 4 - postrado; 5 - amago; 6 - tantear; 7 - se trabaron; 8 - embestida; 9 - los barrotes; 10 - entrevera.

(II) 1 - lo comprendo muy bien / me pongo en tu lugar; 2 - le servía de estímulo; 3 - está loco / está como una cabra / no está en sus cabales; 4 - Y desafinó / y se le quebró la voz; 5 - ¿qué quieres? / ¿qué demonios quieres? / ¿qué cosa mala te ha pasado? / ¿qué cosa molesta, desagradable vienes a decirme?; 6 - Tienes cara de estar enfadada-o, de mal humor; 7 - no cambiará de opinión / no dará su brazo a torcer / seguirá en sus trece; 8 - Habla claro / sin palabras oscuras / en español / sin tecnicismos; 9 - Y se sorprendió mucho / se quedó de una pieza / atónito; 10 - no me lo agradeces / si tuvieras que devolverme el favor, no recordarías que antes lo había hecho yo por ti.

UNIDAD - 62

a) (I) 1 - para; 2 - por; 3 - para; 4 - en; 5 - en; 6 - para; 7 - por; 8 - por; 9 - en; 10 - por; 11 - por; 12 - por.

(II) 1 - sin rodeos; 2 - en redondo; 3 - de relleno; 4 - de par en par; 5 - de antemano; 6 - en lo sucesivo; 7 - de raíz; 8 - en seco; 9 - en falso; 10 -en su fuero interno.

b) (I) 1 - abordar; 2 - charlatán; 3 - hacía guiños; 4 - atolondramiento; 5 - conglomerado; 6 - charlatán; 7 - hacía guiños; 8 - abordó; 9 - atolondramiento; 10 - conglomerado.

(II) 1 - entablar conversación / trabar conversación / iniciar una conversación; 2 - estoy muy escarmentado / he sufrido ya varias decepciones; 3 - es una persona peligrosa / de mal carácter // es una persona extraña; 4 - es que soy muy despistado-a; 5 - ¿Por qué te metes conmigo? / ¿Tengo yo que sufrir las consecuencias de lo que a ti te pase? / ¿Tengo yo que pagar el pato?; 6 - sorprendido; 7 - No hay que llegar a los extremos / hay que buscar el término medio; 8 - Te lo tenías merecido / tú te lo habías buscado; 9 - ¿Cómo dices eso ahora? / Nadie esperaba que hicieras / que dijeras eso / Tu reacción es inesperada, imprevista; 10 - No esforzarme nada / Dejar que los demás lo hagan todo por mí / No mover un dedo para hacer algo.

(III) (Ver Vocabulario).

UNIDAD - 63

a) (I) 1 - Ya he dado con; 2 - estoy con; 3 - se hace a; 4 - hacer de; 5 - dé a; 6 - dar por; 7 - estoy en; 8 - le ha dado por; 9 - haz por; 10 - está de; 11 - se ha hecho con; 12 - estoy para.

(II) 1 - de sopetón; 2 - con buen pie; 3 - de un tirón; 4 - de balde; 5 - en balde; 6 - con buen pie; 7 - a carcajada limpia; 8 - de sopetón; 9 - de un tirón; 10 - a carcajada limpia; 11 - de balde; 12 - en balde.

b) (I) 1 - profesan; 2 - medran; 3 - arrogarse; 4 - encomendó; 5 - consternada; 6 - hostigas; 7 - vahído; 8 - engatusar; 9 - catequizar; 10 - menudearon (-aban).

(II) 1 - alteras / inquietas / intranquilizas; 2 - se jacta de / presume de / tiene a gala haber... / se enorgullece de; 3 - obedecer; 4 - nadan / se mueven / existen; 5 - mostrarse en público / pasearse / lucirse; 6 - enterrar / dar sepultura a; 7 - has perdido; 8 - es casi una / está próxima a / se aproxima a; 9 - incluido / añadido a / insertado en; 10 - preguntó.

(III) 1 - No quiero seguir estudiando matemáticas / las mando a paseo; 2 - A todos nos gusta lo bueno / que nos ofrezcan algo bueno; 3 - Ha pasado mucho tiempo; 4 - Menos obtendrías de una piedra / confórmate / algo es algo / menos es nada; 5 - Ha cometido el mismo error que todos los nuevos; 6 - El que tiene enchufes consigue cosas y el que no los tiene o no las consigue o tiene que esperar mucho.

UNIDAD - 64

a) (I) 1 - Te vales del; 2 - tacharán de; 3 - ando tras / he andado tras; 4 - te andes con; 5 - lucirse con; 6 - ir para; 7 - corren (-an) con; 8 - pasaré por; 9 - anda en; 10 - van con; 11 - pasar por; 12 - acierto a.

(II) 1 - a granel; 2 - en depósito; 3 - sin ton ni son; 4 - so pena de; 5 - al grano; 6 - aposta; 7 - a rabiar; 8 - de puntillas; 9 - en concepto de; 10 - al vuelo; 11 - a flor de; 12 - en definitiva.

b) (I) 1 - cumplimentados: 2 - estropicio; 3 - se estrecha; 4 - inusitada; 5 - precavido; 6 - pegote; 7 - se ha desvanecido; 8 - fechorías; 9 - desolado; 10 - tenga reparos; 11 - se ha evaporado; 12 - farfullar.

(II) 1 - avidez; 2 - antojos / caprichos; 3 - ahínco / tesón; 4 - prurito / afán; 5 - anhelo; 6 - requisito; 7 - bártulos; 8 - herramientas / instrumentos; 9 - sensación; 10 - cinta.

(III) 1 - es fiel; 2 - no te hagas el distraído, el despistado / no finjas que no te acuerdas; 3 - cómo se acarician, se besan, se miran tiernamente los enamorados; 4 - el jefe / el que mande aquí / el que dirija esto; 5 - no es nada especial / es una cosa corriente y común; 6 - si no es por una cosa es por otra / siempre tienes excusas para no venir a la hora.

UNIDAD - 65

a) (I) 1 - Una y otra vez = conj. copulativa; y nada = matiz adversativo = pero; 2 - matiz condicional = si se le sacude, caen bellotas; 3 - matiz adversativo = pero no sirve de nada; 4 - Sólo se puede explicar si la conj. Y enlaza con lo dicho anteriormente o con la situación = y después de todo lo dicho ¿cómo va su salud?; 5 -Enlaza con una síntesis de lo que se querría decir = y le daba una buena lección /y le cantaba las cuarenta; 6 - Enlaza con lo dicho por el interlocutor: A) (Deseo) que el (nuevo) coche le dure muchos años. B) Y (yo también deseo) que Vd. lo vea; 7 - De nuevo hay una síntesis de lo que se podría decir = se armó una pelea que se puede comparar con la guerra de Troya; 8 - Parece que la 2.ª parte de la frase es la consecuencia de la primera = y así volveréis a ser tan amigos como antes // o expresa la finalidad = para que volváis a ser tan amigos como antes; 9 - Enlaza con lo dicho anteriormente o con la situación; 10 - De nuevo comentario concentrado = y así se acabarán los problemas, las discusiones.

(II) 1 - matiz intensivo = muy, muy bueno; 2 - no se contraponen los adjetivos *pobre* y *honrado*. En realidad no tendría que usarse este PERO (se oye muy a menudo); 3 - Insatisfacción del hablante respecto de la situación; 4 - El mismo caso que en fr. 3 o bien, una cortesía exagerada, incluso fingida; 5 - Insatisfacción, incomodidad del hablante.

(III) 1 - pronombre relativo (sujeto); 2 - conj. causal. Hay una elipsis: (lo sé) porque te conozco; 3 - Conj. final = para que; 4 - conj. completiva: (te digo) que no, (te digo) que no hay...; 5 - conj. completiva... conj. causal.

b) (I) 1 - (se) empeñó; 2 - tenacidad; 3 - rapacidad; 4 - certero; 5 - mantener; 6 - mojigato; 7 - apoyen; 8 - sostener; 9 - conturba; 10 - recurrir; 11 - se han empeñado; 12 - gazmoñería.

(II) 1 - tejen / fabrican; 2 - preparando; 3 - corroídas / estropeadas; 4 - en fila; 5 - ha roto / ha partido; 6 - una basura / está aniquilado / no parece una persona, sólo queda de él el cuerpo; 7 - fiero / amenazador / airado; 8 - Fingían que iban a dar el golpe, hacían intención de ejecutar el golpe; 9 - se sublevó / se insubordinó / se levantó; 10 - persistente.

(III) 1 - Para terminar todo esto; 2 - con obstinación, tercamente; 3 - unas veces eres duro y otras blando / unas veces concedes y otras prohíbes; 4 - de gusto pueblerino, de mal gusto; 5 - con toda seguridad / sin ninguna duda; 6 - nadie podrá privarme de todo lo que he disfrutado.

UNIDAD - 66

a)   (I) 1 - diminutivo de *arroyo*. Arroyo pequeño. Ej.: Por entre las rocas discurría un *arroyuelo* de aguas claras; 2 - Despectivo de *rey* / Rey sin autoridad. / Figura que manipulan otros. Ej.: No se puede confiar en las promesas de ese *reyezuelo* insignificante; 3 - Diminutivo de *loco*. Puede tener sentido cariñoso. Ej.: ¡No seas *locuelo*! ¡Pórtate bien!; 4 - Dim. de *señor*. Despectivo e irónico. Ej.: ¡Mira qué *señorito*! No mueve un dedo para hacer nada, hay que dárselo todo hecho / el *señorito* es el dueño y puede decidir; 5 - Dim. de *caliente*. Cariñoso e irónico. Ej.: ¡Tápate bien, hijo, para que estés *calentito*! / le pegaron una paliza y se fue a la cama *calentito*; 6 - Dim. de *fiesta*. Puede usarse con valor despectivo. Ej.: Voy a organizar una *fiestecita* para su cumpleaños / ¡Vaya *fiestecita*! ¡qué aburrimiento!; 7 - Aumentativo de *amigo*. Despectivo. Ej.: No me gustan tus *amigotes*, cuando estás con ellos te portas como un sinvergüenza; 8 - Aumentativo-despectivo de *palabra* = taco. Ej.: ¡No digas *palabrotas*, niño!; 9 - Aum. de *grande*. Ej.: ¡Qué *grandote* es ese balón!; 10 - Derivado de *porra* = golpe dado con una porra / Golpe grande. Ej.: Me pusieron la zancadilla, me caí y me di un *porrazo* tremendo; 11 - Aum. de *ojo*. Ej.: ¡Qué *ojazos* tienes!; 12 - Movimiento brusco de un lado a otro. Ej.: En medio de la tempestad el barco iba dando *bandazos*.
        13 - *Golpe* dado con un puñal. Ej.: lo han matado a *puñaladas;* 14 - *Zumo* extraído del limón, mezclado con agua. Ej.: *La limonada* fresca quita la sed; 15 - *Cantidad* que cabe en una cuchara. Ej.: ¿Cuántas *cucharadas* te pongo?; 16 - Aum. de *hombre*. Ej. *Tiene 15 años y ya está hecho un hombrón;* 17 - Persona que manda mucho. Ej.: Oye, no seas *mandón*, que sólo eres mi hermano y no mi padre; 18 - Golpe brusco. Ej.: Entró en el autobús a *empujones;* 19 - Despectivo de *blando*. Ej.: No creo que el pescado esté fresco, está *blanducho;* 20 - Desp. de *fea*. Ej.: Tu novia es más bien *feúcha;* 21 - Desp. de *casa*. Ej.: A juzgar por la casucha en que vive, está en la miseria; 22 - Dim. de *cigarro*. Ej.: ¿Quieres un *cigarrillo*?; 23 Dim. de *duro* (-s). También es despectivo. Ej.: Sólo puedo darle algunos *durillos*, no tengo más; 24 -Dim. o despec. de *pobre*. Ej.: ¿No ves que está muy nervioso? No le grites más, *pobrecillo*. 25 - *lugar donde se come*. Ej.: *La cena está servida, pasemos al comedor;* 26 - *Agente*. Ej.: Es un *vendedor* nato; 27 - *Utensilio*. Ej.: ¡Usa el *tenedor* y el cuchillo para partir el filete!; 28 - *Lugar*. Ej.: lo condenaron y está en el *penal* de Ocaña; 29 - *Periodicidad*. Ej.: Es una revista *semanal; 30 - De una parte*. Ej.: Ha sido un eclipse *parcial/*. Serás *parcial* en tu juicio, estás implicado tú también; 31 - Despect. de *pueblo*. Ej.: Ahí no encontraremos nada, es un *poblacho* inmundo; 32 - *Vivo*, alegre. Ej.: Es muy *vivaracha*, lo alegra todo en cuanto llega; 33 - Desp. de *pueblo* (gente). Ej.: El *populacho*, enloquecido, pidió su muerte; 34 - *Fácil de*. Ej.: Para enamorarla, le dio un *bebedizo*, hecho por una bruja; 35 - *Fácil de*. Ej.: Hay que cuidar al niño, es muy *enfermizo;* 36 - *Fácil de*. Ej.: El preso huyó de su celda a través de un *pasadizo*.
        (II) 1 - de; 2 - de; 3 - de... en; 4 - para; 5 - por; 6 - con; 7 - con / por; 8 -entre / para; 9 - bajo / desde / según; 10 - ante / bajo; 11 - tras... al; 12 - a; 13 - para / contra; 14 - contra; 15 - hasta.
        (I) 1 - perentorio; 2 - radiante; 3 - caducó; 4 - decorosamente; 5 - ímprobo; 6 - se percató; 7 -.desaire; 8 - encajaba; 9 - indolencia; 10 - se bamboleaba; 11 - esgrime; 12 - han suscitado.
        (II) 1 - callejón sin salida / apuro; 2 - lata / molestia / engorro; 3 - ha desobedecido / ha quebrantado / ha infringido; 4 - gravosas / una carga; 5 - Ha rehabilitado / ha restablecido; 6 - privilegios; 7 - apocado / tímido / cobarde; 8 - escapar de / evitar / eludir; 9 - escasas / raras / aisladas; 10 - incoherente / ilógica; 11 - deformes / desvirtúes /confundas; 12 - sustituir.
        (III) 1 - mucha gente; 2 - mucha gramática; 3 - hablas demasiado; 4 - me vale perfectamente / llega cuando más lo necesito; 5 - tengo mala suerte, nada me sale bien; 6 - me siento en casa extraña.

VOCABULARIO

A

Acicalarse (U. 4) = arreglarse mucho, ponerse guapo.

A ese no le sacas ni... (U. 58) = Es un tipo muy tacaño, no sacarás nada de él.

Agarrado (ser) («ser más agarrado que un chotis») (U. 38) = ser muy tacaño.

Aguantar a los pelmas de... (U. 34) = Soportar a los pesados de...

Aire triunfalista (U. 22) = Comportamiento que suele tener el que está acostumbrado a triunfar o ha triunfado en una ocasión especial y cree que siempre será así.

A la buena de Dios (U. 56) = Sin planes, sin ayuda.

A la chita callando (U. 63) = A escondidas de todos. Sin que nadie se dé cuenta.

A la pata coja (U. 35) = Sobre un solo pie.

A la primera de cambio (U. 58) = En la primera ocasión favorable.

A lo grande (U. 30) = muy bien, ostentosamente, con lujo y derroche.

¡Allá tú (él, ella, Vd., etc.)! (U. 15) = Tú serás responsable de las consecuencias de tus actos. Es cosa tuya lo que decidas.

A mí me deja frío (U. 59) = Me es indiferente. No me afecta. «No me hace ni fu, ni fa».

A mí no me mires para... (U. 58) = No busques ayuda en mí.

¡Anda ya! (U. 57) = No, hombre / mujer, no. Ej.: ¿Vas a salir con Juan? ¿Quién, yo? ¿Con ése? ¡Anda ya!

Andarse con ojo (U. 61) = Andarse con cuidado. Tomar precauciones.

A ojos vistas (U. 39) = muy evidentemente.

¿A que ahora resulta que...? (U. 27) = Se usa para mostrar sorpresa ante una reacción o comentario totalmente contrarios a lo esperado. Ej.: ¿A que ahora resulta que el bueno eres tú?

¿A que no sabes...? (U. 61) = Se usa para preguntar algo que creemos, casi con seguridad, que la otra persona no sabe.
= ¿Verdad que no sabes...?

¡A quién se le ocurre...! (U. 10) = Se usa para expresar sorpresa por lo descabellado de la actuación de alguien. Equivale a: ¡Cómo es posible que hayas tenido una idea, un comportamiento, etc., tan absurdos!

Armar jaleo (U. 26) = Hacer ruido, alborotar.

Arrimarse al sol que más calienta (U. 27) = Ser oportunista.

A ver si cuela (U. 39) = A ver si se lo creen.

B

Bailar el agua a alguien (U. 29) = Tratar de hacerse grato a alguien adulándole o dándole siempre la razón.

Bajar de las nubes (U. 30) = Dejar de soñar. Poner los pies en la tierra.

Bien mirado... (U. 27)   = Se usa para quitarle importancia a un hecho = En realidad... / En el fondo...

Buscarle las vueltas a alguien   = Tratar de encontrar su punto débil.
   (U. 15)   = Tratar de encontrar las dificultades que pueda tener para que no me pillen de sorpresa.

Buscarle tres pies al gato (U. 41) = Buscar complicaciones, empeñarse temerariamente en cosas que pueden suponer daño.

C

Caer bien / mal una persona (U. 27) = Gustar / no gustar una persona desde el primer golpe de vista.

Cargar con el muerto (U. 35)   = Echarle la culpa a alguien, hacerle responsable, aunque no lo sea en realidad.

Cargar en (U. 17)   = Suspender. Ej.: «Me han cargado en Física».

Cargarse algo (U. 27)   = Romperlo // A alguien = matarlo.

Colarse (U. 39)   = Equivocarse // Entrar sin pagar // no esperar el turno en la cola.

Comer el coco a alguien (U. 35)   = Preocupar, obsesionar, aburrir, tratar de convencer a alguien.

Como el perro y el gato (llevarse) = mal.
   (U. 19)

Como le pille... (U. 31)   = Si puedo, me vengaré de alguna manera.

Como lo oyes (U. 61)   = Se contesta así para confirmar lo que decimos ante la incredulidad del otro. Ej.: ¡No es posible! Sí, hijito, sí, ¡como lo oyes! = tan verdad como que tú me / lo estás oyendo.

Como si no tuviera otra cosa que = Se usa como protesta cuando alguien nos pide
   hacer (U. 30)   que hagamos algo que significa pérdida de tiempo // Como recriminación ante alguien que hace algo que nos parece no debería hacer.

Como una cabra (estar) (U. 38)   = loco = «como un cencerro».

Con pelos y señales (U. 14)   = Con todo detalle.

Costar un ojo de la cara (U. 00) = carísimo = un riñón.

Creerse más que nadie (U. 25)   = creerse superior.

Creerse un «fitipaldi» (U. 28)   = Conducir como un loco, es decir, como si las calles fueran las pistas de una competición, y el conductor, «un campeón».

Cuando las ranas críen pelos (U. 57) = Nunca.

Cundir el pánico (U. 40)   = Extenderse, aumentar, crecer el pánico.

Cundir el trabajo (U. 40)   = Se hace mucho en poco tiempo. Ej.: Cuando me quedo sola en casa, el trabajo me cunde más.

CH

Chapar (U. 17)   = estudiar mucho - empollar.

Chiste verde (U. 24)   = Broma que trata de hacer reír burlándose, ridiculizando el sexo.

D

Dar coba (U. 16)   = Lisonjear de manera insincera e interesada, a veces para burlarse = «Hacer la pelota».

Dar como ganador/perdedor (U. 22)	= Considerar como... antes de saberlo definitivamente.
Dar corte (U. 59)	= Dar vergüenza. Ej.: «Me da corte hacer eso delante de todos».
Dar el alta (U. 25)	= Decir el médico que el enfermo ya está bien y puede hacer vida normal.
Dar en el clavo (U. 37)	= Acertar, encontrar la solución, la respuesta, la cosa justa.
Dar ganas de (U. 48)	= Sentir deseos de.
Dar grima (U. 47)	= Dar horror, escalofríos.
Dar la gana (U. 48)	= Querer.
Dar la imagen (U. 22)	= Hacer, reunir todo lo que se supone configura la imagen de un personaje.
Dar la lata, la paliza, la vara a alguien (U. 9)	= molestar, fastidiar, insistir hasta el cansancio.
Dar las uvas (U. 55)	= Tardar mucho.
Dar pie (U. 16)	= Propiciar, ofrecer una ocasión.
Dar un plantón (U. 51)	= No acudir a una cita.
Dar un sablazo (U. 30)	= Pedir dinero prestado.
Dar una lección/un escarmiento (U. 17)	= Castigar severamente.
Dar una paliza (U. 16)	= Golpear mucho.
Darse aires de (U. 16)	= Actuar con superioridad.
Darse bien/mal una cosa (U. 16)	= Tener/no tener habilidad para hacerlo.
Darse de alta/de baja (U. 16)	= inscribir(se)/borrar(se).
Darse el gustazo de (U. 31)	= Se usa como frase de venganza, después de que otros nos han hecho algo malo, nosotros nos damos el gustazo de devolvérselo // Permitirse un gran placer.
Darse por contento (U. 16)	= conformarse.
Darse una paliza (U. 16)	= Trabajar mucho para hacer algo en poco tiempo / Llevar a cabo algo en poco tiempo.
Dárselas de guapo, listo, etc. (U 13)	= Creerse guapo, listo y actuar en consecuencia / Presumir.
De bote en bote (U. 8)	= Lleno completamente.
De un plumazo (U. 15)	= De una sola vez, rápidamente.
Decir a todo amén (U. 34)	= Aceptarlo todo sin protestar, aunque no guste.
Dejar mucho que desear (U. 14)	= Tener muchos errores, faltas // No ser lo que se había esperado.
Dejar plantado (U. 51)	= Abandonar a una persona o un trabajo o tarea.
Dejar todo como un espejo (U. 5)	= Brillante, limpísimo.
Dejarlo estar (U. 27)	= No seguir con algo; no seguir moviendo un asunto, no seguir discutiendo, etc.
Dejarse (U. 14)	= No continuar una relación o noviazgo.
Dejarse llevar (U. 20)	= No ofrecer resistencia.
¡Déjate de cumplidos! (U. 14)	= No uses cortesías innecesarias, aquí tienes un trato de confianza.
Despotricar (U. 32)	= Protestar contra algo o alguien.
¡Dichosos...! (U. 26)	= (despectivo) molestos.

E

Echar un sermón (U. 26)	= Amonestar, moralizar.
» una bronca (U. 26)	= Reñir, regañar.
» una mano (U. 33)	= Ayudar.
Echarle jeta a la cosa (U. 59)	= Atreverse. Ej.: ¿Tienes que hacerlo? ¿no? ¡Pues échale jeta a la cosa y hazlo!
Echarse encima (U. 28)	= No frenar, lanzarse sobre.
El que se pica, ajos come (U. 2)	= El que reacciona ante una afirmación, ante una crítica, una ironía, etc., es porque se siente aludido.
Emperejilarse (U. 4)	= Arreglarse, adornarse, ponerse guapo-a = acicalarse.
¿En qué quedamos? (U. 14)	= ¿Te decides o qué? ¿Sabes lo que quieres o no? ¿Qué vamos a hacer, por fin?
En un abrir y cerrar de ojos (U. 54)	= Rápidamente.
Enchufes (U. 33)	= Recomendaciones, influencias.
Enrollarse (U. 9)	= Empezar a hacer algo y no saber cuándo terminar. Ej.: «Se enrolló a contarnos los detalles del viaje y nos tuvo allí dos horas» / Empezar una relación.
Entrarle a uno algo (U. 47)	= Sentir. Ej.: «Me entra hambre cuando me hablan de comida»...
Entrometerse (U. 48)	= Meterse donde a uno no le han llamado.
Estar a dos velas (U. 42)	= Sin dinero.
» afectado (U. 49)	= Impresionado // Ser afectado (U. 47) = artificial, no natural.
» al cabo de la calle (U. 54)	= E. enterado, saber algo.
» al loro (U. 36)	= E. atento a lo que ocurre alrededor.
» al margen (U. 25)	= fuera.
» a mis (tus, sus...) anchas (U. 59)	= E. a gusto, cómodo.
» amuermado (U. 9)	= E. aburrido, apático, sin ganas de hacer nada.
» apañado (U. 25)	= (irónico) en situación difícil.
(no) estar católico (U. 25)	= No encontrarse bien de salud / ser católico = de religión.
Estar colocado (U. 38)	= Tener un empleo // Haber bebido o fumado droga.
» como pez en el agua (U. 25)	= Cómodo, seguro.
» como un pasmarote (U. 28)	= Mirar sin hacer nada, sin ayudar, sin intervenir.
» como un roble (U. 8)	= E. fuerte, con buena salud.
» como un cencerro (U. 62)	= E. loco.
» chapado a la antigua (U. 51)	= Tener costumbres, educación de antes, conservadoras.
» de más (U. 38)	= No hacer nada; no ser necesario.
» de rechupete (U. 46)	= E. rico (una comida).
» de sobra (U. 14)	= No ser necesario.
» de uñas (U. 49)	= E. enfadado con otro; reñido, peleado.
» despierto (U. 25)	= no dormido/ser despierto = vivo, ágil de mente.
» embebido (U. 45)	= concentrado, ensimismado, metido en sus pensamientos.
» empantanado (U. 5)	= Se usa cuando las cosas están desordenadas y sucias o cuando el trabajo no progresa y no se sabe cómo continuar.

Estar enchufado (U. 20)	= Obtener privilegios sin merecimientos, gracias a recomendaciones.
» en las nubes (U. 27)	= E. distraído, soñando.
» en paz (U. 25)	= (1) E. tranquilo. (2) No deber nada a nadie.
» en todo (U. 41)	= Cuidarse de todo y de todos. Procurar que no falte de nada a nadie en una reunión por ejemplo.
» entre la espada y la pared (U. 8)	= En una situación sin salida.
» fresco (U. 24)	= (1) E. frío. (2) E. equivocado. (3) (irónico) E. en una situación difícil. (4) Con fuerzas, no cansado // Ser fresco = (1) frío. (2) S. antipático. (3) S. sinvergüenza.
» hasta el moño, las narices, la coronilla (U. 26)	= E. harto, cansado de alguno o alguien.
» hecho polvo (U. 5)	= E. cansado; deprimido.
» hecho un mozo (U. 8)	= Encontrarse bien, ágil, fuerte a pesar de la edad.
» limpio (U. 25)	= (1) Después de haber limpiado. (2) Sin dinero // Ser limpio = Tener la cualidad de la limpieza.
» listo (U. 24)	= (1) E. preparado. (2) E. equivocado. (3) (irónico) en una situación difícil // Ser listo = inteligente, despierto.
» más pelado que el trasero de un mono (U. 54)	= Sin dinero
» molido (U. 5)	= E. cansadísimo.
» mosqueado (U. 25)	= E. enfadado = E. mosca (U. 38).
» muerto (U. 25)	= (1) Haber muerto. (2) E. cansado // Ser un muerto = aburrido, apático.
» negro (U. 25)	= (1) E. enfadado. (2) moreno. // Ser negro = de color.
» para chuparse los dedos (U. 54)	= E. riquísimo.
» patas arriba (U. 5)	= E. desordenado, fuera de su sitio.
» pegado en (U. 17)	= No saber nada.
» perdido (U. 25)	= No saber uno dónde está o qué hacer ante una situación difícil // Ser un perdido = Persona que no hace nada de provecho.
» pez en (U. 25)	= No saber = E. pegado.
» por las nubes (U. 1)	= E. carísimo.
» puesto en algo (U. 34)	= Saber mucho del tema.
» sin blanca (U. 25)	= E. sin dinero.
» trompa (U. 25)	= E. borracho.
» verde (U. 25)	= (1) No haber madurado una fruta por ejemplo. (2) No tener experiencia // Ser verde = (1) El color. (2) Preferir una persona las bromas, chistes, películas relacionadas con el sexo.
» vivo (U. 25)	= No haber muerto // Ser vivo = S. listo, despierto, ágil mental y físicamente.
Estás para que te encierren (U. 54)	= Estás loco.
Estos me van a oír (U. 29)	= Voy a protestar enérgicamente.
Estoy que me subo por las paredes (U. 38)	= Algo me duele mucho o me ha enfurecido.
Estoy que muerto (U. 54)	= Estoy furioso.

F

Fichar a la hora (U. 34)   = Llegar puntualmente al trabajo; a cualquier sitio.
Fumarse la clase (U. 27)   = No asistir a clase sin justificación = hacer novillos.

G

Gafotas, cuatro ojos (U. 10)   = Insulto dirigido a los que usan gafas.
Guardar la vez (U. 29)   = Reservar el puesto a alguien que se ha ido y que va a volver, en una cola, claro.

H

Haberse tragado un molinillo (U. 32)   = Tener una cara muy seria.

Hablar por hablar (U. 61)   = Hablar sin base real, sin saber a ciencia cierta lo que se afirma.

Hacer buenas migas (U. 51)   = Entenderse, llevarse bien.
Hacer caja (U. 34)   = Contar el dinero que hay en la caja, al final de una jornada laboral.

» chapuzas (U. 39)   = Hacer las cosas mal // Hacer trabajos fuera del horario oficial a vecinos, conocidos, etc., por cuenta propia, no para el empresario.

» el artículo (U. 34)   = Tratar de vender algo exaltando sus cualidades, su buena calidad.

» el ganso, el tonto, el payaso (U. 14)   = Comportarse de tal manera que se provoca la risa en los demás.

» el primo (U. 14)   = Ser tan bueno que los demás abusan de esa bondad.

» horas extra (U. 34)   = Trabajar fuera del horario regular. Se usa tanto si se pagan como si no se pagan esas horas.

» sombra (U. 20)   = Quitarle a alguien el brillo, la fama con la propia brillantez.

¡Hasta ahí podríamos llegar! (U. 51)   = Es una negativa que implica que la otra persona ha ido demasiado lejos. Ej.: ¿Puedo quedarme en tu casa? No, ¡hasta ahí podríamos llegar!

Horas punta (U. 11)   = Horas en que el tráfico aumenta por ser las de entrada o salida del trabajo.

Horno (el) no está para bollos (U. 38)   = No es el momento oportuno para hacer algo. Ej.: «Papá y mamá han discutido, no debes pedirles ahora el permiso, el horno no está para bollos».

¡Huele que alimenta! (U. 6)   = Muy bien. Se usa para expresar entusiasmo ante un guiso que se está preparando o que humea sobre la mesa.

I

Ir a estirar las piernas (U. 17) = Levantarse a dar un paseíto después de haber estado mucho tiempo con las piernas encogidas.

Ir a río revuelto (U. 22)	= Aprovechar una situación caótica para obtener beneficios en medio del desorden general.
Ir/venir a toda pastilla (U. 28)	= a toda velocidad.
Ir como sardinas en lata (U. 7)	= Tan lleno, que la gente está muy cerca y apretada.
» con pies de plomo (U. 13)	= Ir, actuar con precaución.
» de trapillo (U. 4)	= Llevar puesta ropa corriente, nada especial, como todos los días.
» hecho un adefesio (U 4)	= Ir mal vestido, mal arreglado; llevar ropa mal combinada; ir mal peinado; ir feo-a.
» pisando huevos (U. 7)	= Demasiado despacio.
Irse pitando (U. 13)	= marcharse rápidamente. Salir corriendo.

L

Lo más que puede pasar... (U. 62)	= Lo peor que puede ocurrir...
Lo sé de sobra (U. 14)	= Lo sé muy bien.
Los zapatos me están matando (U. 2).	= Los zapatos me están haciendo mucho daño.

LL

Llegar a país conquistado (U. 25)	= Comportarse como conquistador, con aires de superioridad.
Llegar al extremo de... (U. 25)	= Llegar hasta...
Llevar la contraria (U. 40)	= Decir lo contrario de lo que dicen los otros.
Llevar la voz cantante (U. 36)	= Hacer el papel de protagonista. Dirigir las actividades de los demás.
Llevar las de ganar/perder (U. 22)	= Tener posibilidades de ganar o perder en un juego, en política, en un enfrentamiento, etc.

M

Mandar a paseo (U. 60)	= Decir a alguien que nos deje en paz, que no moleste.
Me da corte (U. 62)	= Me da vergüenza, apuro.
¡Me entra un canguelo...! (U. 59)	= ¡Me da un miedo...! (Relacionado con los nervios y la inseguridad para hacer algo).
¡Menudo soy yo! (U. 26)	= Soy terrible.
Me urge (U. 29)	= Me corre prisa; lo necesito pronto.
Meter en cintura (U. 17)	= Imponer disciplina.
» paja (U. 64)	= Hablar mucho sin decir nada sustancioso = M. un rollo.
» por los ojos (U. 34)	= Poner en bandeja. Ofrecer una cosa e incluso una persona a otra para que la compre o se case con ella.
» un rollo (U. 17)	= Escribir o hablar mucho sin decir nada interesante ni profundo.
Meterse con (U. 25)	= Atacar a, gastar bromas a alguien.
Miren que... (U. 26)	= Tengan cuidado que...
Montárselo bien/mal (U. 14)	= Organizar los propios asuntos bien/mal. Enfocar la vida de una determinada manera.

N

Ni lo sueñes (U. 57)	= No; ni hablar; claro que no.
Ni que fuera... (U. 58)	= Ni que fuera un ministro. Ese tipo se comporta como si fuera alguien más importante que un ministro.
No dar su brazo a torcer	= No cambiar de opinión. No reconocer que uno puede estar equivocado.
¡No me digas! (U. 61)	= Se usa para manifestar incredulidad.
No me vaciles (U. 60)	= No te burles de mí, no me tomes el pelo.
No me vengas con cuestos, memeces, sandeces (U. 10)	= No me digas tonterías, estupideces, etc.
No mirar el libro ni por el forro (U. 17)	= No estudiar nada, ni siquiera abrir el libro.
No pegar ojo (U. 21)	= No poder dormir.
No se ponga así (U. 26)	= No se enfade tanto.
No seas gallina (U. 62)	= No seas cobarde.
No seas majadero (U. 10)	= No seas tonto, cretino, estúpido.
No ser quién para... (U. 25)	= No tener las atribuciones para...
No servir ni para descalzar (U. 25)	= Ser inferior, no valer tanto como...
No ver más allá de sus narices (U. 31)	= No darse cuenta, ni siquiera de lo más obvio.

O

¡Ostras! (U. 60)	= Exclamación eufemística en lugar de ¡Hostias!

P

Pagar el pato (U. 35), los vidrios rotos (U. 41)	= Sufrir las consecuencias de algún estropicio, aunque no se tenga la culpa.
Papeleo (U. 29)	= Todos los trámites necesarios para obtener algo de la administración.
Para mí es coser y cantar (U. 34)	= Para mí es muy fácil.
Parece alguien (U. 58)	= Se comporta, viste como si fuera alguien muy importante.
Pasar apuros (U. 59)	= Tener problemas. Pasar por una situación difícil.
Pasarlas canutas (U. 55)	= Pasarlo muy mal. Tener dificultades.
Pasarlo bomba, pipa (U. 9)	= P. muy bien. Divertirse mucho.
Pasarse de la raya (U. 29), de rosca (U. 43)	= Exagerar, ir demasiado lejos.
Pasarse las horas muertas (U. 34)	= Pasar el tiempo sin hacer nada útil.
Paso de esas cosas (U. 34)	= No me preocupan esas cosas. No me interesan.
Pegársele a uno las sábanas (U. 4)	= No levantarse temprano. Excusa que se da cuando se llega tarde por las mañanas.
Pintarlo muy negro (U. 29)	= Ver, contar las cosas con pesimismo.
Plantar cara (U. 27)	= Enfrentarse a, hacer frente a.
Política para la galería (U. 22)	= P. para que la mayoría esté contenta sin comprometerse, ni tomar medidas impopulares.
Poner a escurrir (U. 32)	= Hablar mal de alguien; regañar a alguien.

Poner patas arriba (U. 64) = Descolocar, desordenar.

Ponerse chulo (U. 39) = Presumir, alardear, crecerse ante la timidez o la cobardía de otro y ante las voces de ánimo del público.

Ponerse de punta en blanco (U. 4) = Arreglarse con la mejor ropa; ponerse lo mejor; vestirse elegantemente.

Ponte en su lugar (U. 32) = Trata de comprenderlo.

Por duplicado (U. 29) = En dos ejemplares.

Por poderes (U. 30) = Cada novio en un lugar distinto.

¿Por quién me has tomado? (U. 60) = Tú me has confundido; tú me crees capaz de hacer cosas que yo jamás habría imaginado.

Por ser vos quien sois (U. 31) = Obtener, otorgar algo sin esfuerzo, por ser alguien importante o recomendado.

Por tu cara bonita (U. 56) = Sin hacer ningún esfuerzo, sin dar / pedir algo a cambio.

Pues aquí que no vengan con... (U. 25) = Que no intente...

Pues, no te arriendo la ganancia (U. 34) = No quisiera estar en tu lugar.

Q

¡Qué chorra! (U. 34) = ¡Qué suerte!

¡Qué chorradas dices! (U. 10) = ¡Qué tonterías, estupideces dices!

¡Qué facha! (U. 4) = ¡Qué mal aspecto! ¡qué descuidado, ridículo! ¡qué inapropiado!

¡Qué marchoso! (U. 57) = Cómo le gustan las fiestas, las juergas.

Que me quieran menos y... (U. 32) = Es mejor que digan menos que me quieren y hagan algo para que yo lo vea.

¡Qué paliza de viaje! (U. 7) = Qué viaje tan cansado, tan agotador.

¡Qué piquito tienes! (U. 34) = ¡Qué bien hablas!

¡Qué... ni qué gaitas! (U. 27) = Se usa para desvalorizar el sustantivo que va detrás de «qué...»: «Lo del medio ambiente es una bobada».

¡Qué va a ser cierto! (U. 10) = No es posible que sea cierto. Seguro que no es cierto.

Quedar en las mismas (U. 27) = Haber hecho algo para nada. Encontrarse en el punto de partida.

Quedar que ni pintado (U. 2) = Sentar algo muy bien. Un vestido por ejemplo.

Quedarse con alguien (U. 14) = Expresión coloquial sinónima de burlarse, reírse de alguien = Tomarle el pelo a alguien.

Quien más, quien menos (U. 27) = Todos, aunque no se vea claramente.

R

Recoger la casa (U. 39) = Limpiar, colocar la casa, dejarlo todo en orden.

Remachar el clavo (U. 37) = Insistir hasta dejar las cosas muy claras. Añadir una cosa más por si quedaba alguna duda.

S

Saber algo a papagayo (U. 17) = Saber de memoria.
Saber de buena tinta (U. 61) = Saber a través de una fuente fidedigna.
Sacar tajada/partido de (U. 20) = Conseguir con maña alguna ventaja / obtener provecho, ventajas, etc.

Sacarse unas pelas (U. 30) = Ganar algún dinero con pequeños trabajos.
Salir del paso (U. 22) = Hacer o decir algo improvisado para resolver una situación comprometida. La expresión da idea de que no se resuelve del todo.

Saltarse a la torera (U. 28) = No respetar, no tener en cuenta.
Saltarse un semáforo (U. 28) = No respetarlo, pasarlo en rojo.
Seguir en sus trece = Mantener una opinión o postura aunque pueda ser o parecer equivocada.

Ser agarrado (U. 58) = Ser tacaño.
» alegre (U. 25) = De carácter // Estar alegre = (1) ocasionalmente. (2) Haber bebido.

» atento (U. 24) = S. amable, cortés // Estar atento = Prestar atención.

» avispado (U. 33) = S. vivo, despierto, listo, ágil de mente.
» comprometido (U. 24) = S. arriesgado, peligroso // Estar comprometido = Haber contraído una obligación.

» de un + adjetivo (bobo, tonto) = S. muy bobo, tonto.
que tira para atrás (U. 46)
» decente (U. 24) = S. honrado // Estar decente = E. presentable, visible.

» delicado (U. 25) = S. sensible // Estar delicado = No tener buena salud.

» despierto (U. 25) = Vivo, listo, que aprende fácilmente // Estar despierto = No estar dormido.

» desprendido (U. 46) = S. generoso // Estar desprendido = E. arrancado.

» gafe (U. 30) = Tener, atraer la mala suerte = Tener mala pata, tener la negra.

» grave (U. 24) = S. serio, arduo, difícil // Estar grave = E. muy enfermo.

» listo (U. 24) = S. rápido de ideas, astuto, que aprende fácilmente.

» seguro (U. 25) = Ofrecer seguridad // Estar seguro = (1) Después de haber comprobado. (2) E. protegido.

» un aguafiestas (U. 9) = Uno que estropea los planes de los otros, que arruina la alegría de una situación.

» un aprovechado (U. 20) = El que saca provecho, beneficio de lo que los otros hacen (se usa con sentido negativo).

» un armadanzas (U. 17) = Uno que no se está quieto (en clase por ejemplo) e incita a los otros al desorden.

» un arrivista (U. 20) = Advenedizo. El que pretende llegar lejos acercándose a los grandes.

» un carca (U. 32) = Ser viejo y tener ideas anticuadas. Uno puede ser joven y tener ideas anticuadas también: «Eres más carca que mi abuelo, y eso que eres más joven».

Ser un carroza (U. 32) = Ser viejo o comportarse como si lo fuera.
» un-a cobista (U. 31) = Adulador-a.
» un empollón, un pitagorín = S. demasiado estudioso.
  (U. 17)
» un-a gorrón-a (U. 36) = Persona que se aprovecha de las invitaciones de los demás, que nunca invita, sin embargo.
» un hueso (U. 17) = Profesor duro, exigente, con el que es difícil aprobar.
» un palizas (U. 9) = Uno que nos cansa, nos aburre.
» un patoso (U. 35) = S. soso, no tener gracia.
» un parado (U. 25) = S. apático, abúlico, sin gracia // Estar parado = (1) Sin trabajo. (2) Sin movimiento. (3) De pie.
» un pelota (U. 20) = El que adula al jefe, al profesor para obtener beneficios, buenas notas.
» un revoltoso/trasto (U. 17) = S. armadanzas.
» un rollo (U. 9) = S. pesado, molesto, aburrido, una lata. Se aplica a personas y cosas.
» un viejo verde (U. 24) = Persona mayor con un interés especial en lo relacionado con el sexo.
» un vividor (U. 20) = El que vive a expensas de los demás.
» una lata (U. 40) = S. un fastidio, es algo que produce molestias.
» una merienda de negros (U. 22) = Situación descontrolada donde cada uno va a obtener el máximo provecho sin reparar en los demás.
Sin apearse de su burro (U. 62) = Seguir en sus trece.
Sin venir a cuento (U. 2) = Decir o hacer algo que no tiene relación con lo dicho o hecho: sin saber por qué.
Sudar tinta (U. 57) = Tener muchas dificultades para hacer algo = Sudar la gota gorda.

T

¿Te has mirado a un espejo (U. 4) = Se usa para hacerle notar a alguien que va mal arreglado = ¡Qué facha! Ir hecho un adefesio.
Te la vas a cargar (U. 17) = Vas a recibir un castigo grave. Te voy a pegar.
Te lo digo yo (U. 61) = Si te lo digo yo, tienes que creerlo. Es artículo de fe. (En ese tono se dice).
Tener a alguien en un puño (U. 32) = Tenerlo asustado, sometido, no dejarle libertad.
» buena/mala percha (U. 2) = Tener buena/mala figura, de tal manera que la ropa sienta muy bien/mal.
» influencias (U. 20) = Conocer gente que puede ayudar en caso de dificultades o bien en caso de querer un puesto o un aprobado sin merecimientos o con menos merecimientos que otros.
» mala pata (U. 35) = T. mala suerte = Ser gafe.
» manga ancha (U. 28) = Tolerancia excesiva en el juicio o castigo de los errores.
» mano en/con (U. 20) = T. influencia en una organización o sobre alguien.
» más cara que espalda (U. 59) = Ser muy atrevido. No tener vergüenza para hacer o decir algo = Ser un caradura, un jeta.
Tirar por el camino del medio = Elegir una solución que no compromete.
  (U. 47)

Todo se pega (U. 20)   =Todo se contagia. Viviendo, tratando con alguien se adquieren sus costumbres buenas o malas. Se usa sobre todo para las últimas.

Tomar cartas en... (U. 28)   =Intervenir para arreglar, evitar algo.

V

¡Vaya chollo! (U. 34)   =¡Qué buena suerte! ¡Qué buen trabajo! (qué buena cosa en general).

Ver las estrellas (U. 2)   =Sentir un dolor muy fuerte.

Vivir de las rentas (U. 20) =Haber obtenido en el pasado un prestigio y vivir en el presente de él, sin hacer nada más para merecerlo.

Vivir del cuento (U. 20)   =V. sin hacer otra cosa que inventar historias que los demás deben creer para ayudar a la persona que no quiere hacer nada.

Y

...y sin vender una escoba (U. 34) =No haber logrado el propósito con el que se ha hecho algo. «No he vendido una escoba (nada), aunque llevo aquí todo el día».

Yo, que me he matado a... (U. 31) =Aunque yo he trabajado, me he esforzado para hacer algo, no he obtenido, logrado mi propósito.

INDICE

SEGUNDA PARTE